まさか私がクビですか？

なぜか裁判沙汰になった人たちの告白

日本経済新聞
「揺れた天秤」
取材班

日本経済新聞出版

はじめに

銀行の副店長がある日、突然「クビ」を宣告されました。通勤の道すがら、ショップの店頭に置かれていた洗剤の試供品を持ち帰っていたら「窃盗」と見なされたのです。

商社に転職が決まっていた男性は、入社前の歓迎会で泥酔し、内定を取り消されました。時に人生を狂わせる酒の失敗ですが、どこまで重い処分が認められるのでしょうか。

ドラマのヒットも記憶に新しい「地面師」事件。モデルとされる積水ハウスが55億円をだまし取られた背景にあったのは、取引を成功させたいという社員たちの焦りでした。ソニー生命、ソフトバンク……、有名企業でも日々、様々なトラブルが起きています。

本書は、日本経済新聞電子版の連載「揺れた天秤～法廷から～」を書籍化したものです。

取り上げたのは民事や刑事の裁判で明らかになった「本当にあった怖い話」の数々。どこから読んでいただいてもかまいません。先に紹介したのはほんの一例。「解雇は重すぎる」といった必死の訴えを、裁判官たちはどう判断したのでしょう。

リーガルサスペンスから町奉行の時代劇まで、「法廷もの」は今も昔もエンターテインメントの人気ジャンルです。一方で、弁護士などの法曹関係者か法務部に勤務する会社員でもない限り、リアルな裁判に触れる機会はあまりないことかと思います。なるべくなら関わりたくない、というのが正直なところかもしれません。

しかし、人類が社会を形成して以降、人は争いを避けて通れません。この国で各地の地裁に起こされた民事訴訟は年間14万件、起訴された刑事事件は6万件。そのうちニュースとして報道されるのは、ごくごくわずかな一部にすぎません。

関係者以外は誰も知らない「その他大勢」の裁判をのぞいたとき、私たちが目にしたのは、「裁判沙汰」が日常のすぐ隣にあるという現実でした。訴訟と無縁に生きてきたビジネスパーソンや市民も、いつ「落とし穴」に足を取られるか分かりません。

この世の一寸先は闇。どこでどんな暮らしをしていても、本書で紹介した47本のケースのどこかに、身につまされる物語があるはずです。

司法を扱った映画やドラマに、しばしば象徴的なアイコンとして「目隠しの女神像」が登場します。ギリシャ神話で法をつかさどる女神テミス。左手に提げた天秤は公平と平等を意味しています。

目隠しは公平無私に真実を見抜くためとされていますが、最高裁判所の大ホールに飾られているテミス像は目隠しをしていません。私にはそれが目を開いて当事者や事案に向き合い、見届けた上で公平な判断を下す覚悟に見えます。

事実はひとつでも、真実は人の数だけある。

ドラマ化もされた人気マンガ「ミステリと言う勿《なか》れ」にそんなセリフがありました。判決が勝ち負けを明確に示していても、単純に「勝訴」「敗訴」と割り切ることが難しい事案は珍しくありません。同じ事実も立場が異なればまったく違って見え、双方の視点に立ってみれば、それぞれの言い分が説得力を持って響いてきます。どんな争いでも、そこにいるのは紛れもない生身の人々。その切実な訴えと告白に触れたとき、気付かされることでしょう。

これは明日の私やあなたかもしれない。


もし本書を読んで実際の裁判に興味を抱いたら、全国各地にある裁判所に足を運んでみることをお勧めします。傍聴に事前の手続きは必要ありません。裁判の奥深さが少しでも魅力として伝わり、司法を身近に感じていただければ望外の喜びです。

裁判が終わっても人生は続きます。記事で取り上げた方々、裁判で争った人々に平穏な日常が回復されていることを祈ります。

２０２５年２月25日

日本経済新聞社　社会部次長　山田薫

第1章

会社員たちの転落劇。小さな慢心が悲劇を呼ぶ

第2章

まさか、あの会社で。有名企業のスキャンダル

第3章

平穏な家庭が壊れていく。溶けていくお金に、ご近所トラブル

第4章

会社員はつらいよ。今どき職場の悲喜こもごも

第7章

職場であった本当に怖い話。日常に流れる狂気

第8章

SNSの闇。バズリから生まれる誹謗中傷、毀誉褒貶

第9章

若者たちの心に、司法はどこまで迫れるだろうか

*本書は、日本経済新聞電子版の連載「揺れた天秤～法廷から～」に加筆、編集してまとめたものです。

*それぞれのケースの事実関係は、原則として初出時のものです。

初出年月日は、本書巻末に執筆者名と合わせて掲載しています。

表紙イラスト：ヤギワタル

第1章

会社員たちの転落劇。小さな慢心が悲劇を呼ぶ

CASE

1

洗剤「お持ち帰り」で失った銀行副店長のポスト。懲戒解雇はやりすぎか？

「おひとり様1個ご自由にお取りください」。ある銀行で副店長を務めていた女性は出勤時、何の気なしに近隣の携帯電話ショップの店頭に置かれていた販促物の洗剤を手に取った。それが銀行側から「窃盗」と非難され、信頼を失う行為だとして懲戒解雇された。あまりに高くついた「タダ」の代償。処分は妥当だったのだろうか。

２０２３年3月のある朝、女性はいつものように勤務先へ向かっていた。その日は大切な顧客から運用に関する相談の予約が2件入っていた。「きょうは忙しいだろうな」。スケジュールを頭に浮かべながら、店舗の入る長野県内の商業施設の中を歩いた。

勤務先の斜め向かいに携帯ショップがある。まだ営業前だったが、店頭近くに「ご自由にお取りください」の掲示とともに箱が置かれていた。女性はそのうち1つを手に取った。トランプサイズの箱には、1回分に小分けされた洗剤が3袋入っていた。

軽い気持ちによる行動は、しかし思いもよらぬ事態を招く。その日の昼、商業施設を管理する会社の担当者が銀行を訪ねてきた。いわく、携帯ショップの従業員が販促物が減っているのを不審に思い、防犯カメラを確認したところ女性の姿が確認されたという。

信用を失えば、取り付け騒ぎが起きる

銀行側の調査に、女性は販促物の洗剤を基本1日1個、計11個を持ち帰って自宅で使っていたと認めた。女性の上司が後日、謝罪に向かうと携帯ショップの店長は激怒していた。「営業時間外の取得は窃盗。まさか銀行員が犯人とは、がくぜんとする」。女性の直接の謝罪も

女性は販促物を手に取り解雇された

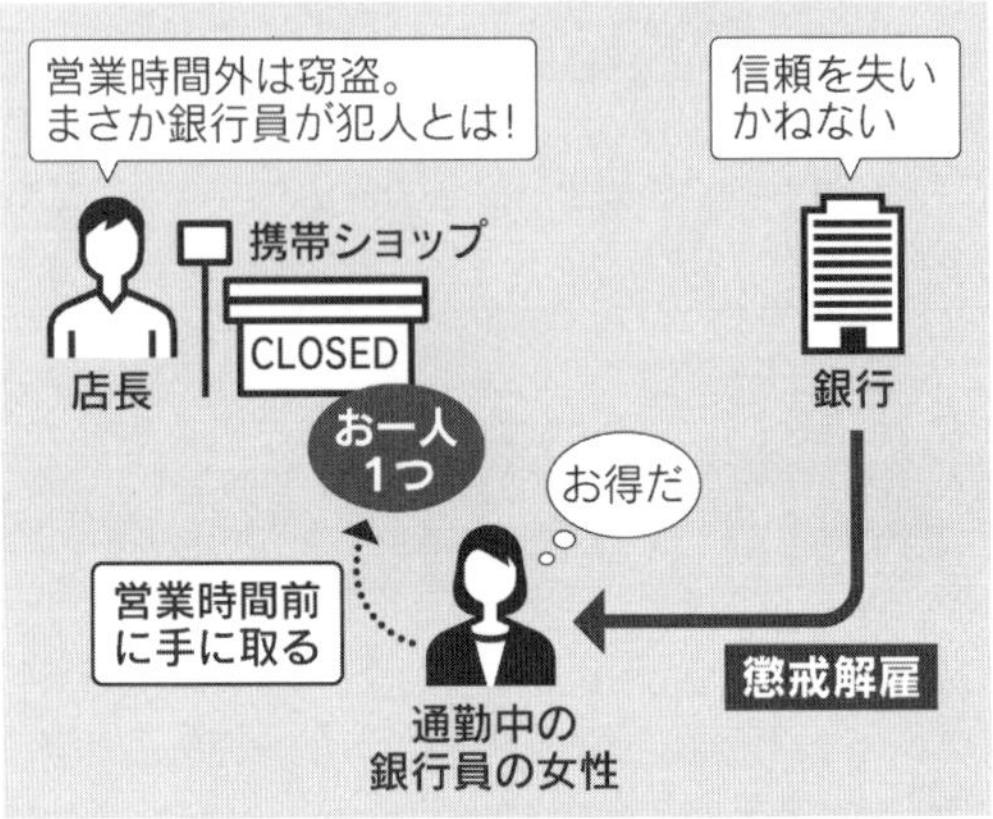

(注)判決などに基づく

「会いたくない」と拒んだ。

約1カ月後、女性のもとに銀行から通知が届く。「販促物の取得は窃盗罪に該当し、明確に法令、社会規範、行動規範に反する」「金銭その他の有価物を扱う銀行職員が決して犯してはならない重大な非違行為」。結論は懲戒解雇。女性は同年7月、従業員の地位にあることの確認を求めて東京地裁に提訴した。

窃盗罪は他人の所有物をその人の意思に反して自分の占有下に置いた場合に成立する。女性の行為は窃盗罪に当たるのか。訴訟では携帯ショップの「意思に反して」行われたといえるかが問題になった。

女性側は、営業時間前だったとしても通行人

企業が「懲戒解雇」を選ぶ理由

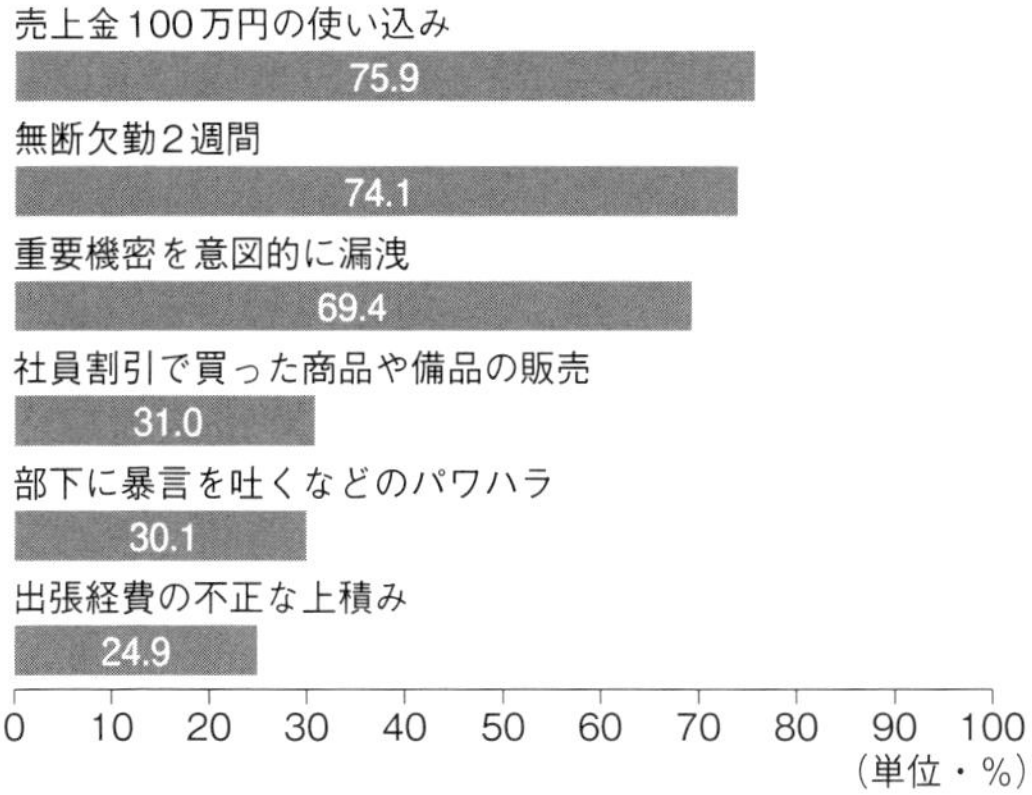

労務行政研究所の調査を基に作成

が手に取れる場所にあり、携帯ショップは取得を許容していたと主張。窃盗罪に当たらず、女性も潜在的な顧客である以上は非難される行為ではないと主張した。

銀行側は、販促物は営業時間中に手に取ってもらうからこそ意味があり、営業前に取得する行為は携帯ショップの意思に反すると指摘。さらに「1人1個」とは顧客1人がもらえる数量が「1日当たり1個」ではなく「配布期間中1個」という意味で、連日持ち帰った女性の行為は窃盗罪に該当すると述べた。

処分が重くなった理由に、銀行員という職種の特性も挙げた。問題発覚以降、携帯ショップの店長は「(女性に)同じフロアにいてほしくない」と発言し、他の行員までもがショップ前の通路を使わないよう迫られていた。「預金者の信用を失えば取り付け騒ぎが生じて、資金繰りが破綻し、他の銀行にもリスクが伝搬して、銀行が連鎖的に破綻し、金融恐慌が生じる」。銀行側は厳正処分の必要性を強調した。

取り付け騒ぎは過去、地方銀行で「倒産する」とデマが流されたケースなど数例に限られる。銀行業務は信頼で成り立つとはいえ、言いぶりの強さに女性側も「この行為に起因して取り付け騒ぎなど起きるはずもない。あまりに過度な制裁だ」と反論した。

労務行政研究所は23年4~7月、上場企業などを対象に、従業員による問題行為の具体的な事例を挙げてどのような処分にするかを尋ねた。225社の回答によると、「売上金100万円の使い込み」は75・9%が懲戒解雇を選択した。「2週間の無断欠勤」(74・1%)や「重要機密事項の意図的な漏洩」(69・4%)も解雇が目立った。

「社員割引で買った商品や会社の備品をネットで販売」や「出張経費の不正な上積み」といった場合は、解雇もあったが、出勤停止や減給、戒告まで判断が分かれた。社員の不祥事が発覚した際の処分内容は会社ごとの就業規則に沿って決まる。処分の重さが異なることも珍しくない。今回の銀行の場合、「刑罰にふれる、もしくはそれに類する行為」があった場合などが懲戒解雇の基準だった。

「解雇は重すぎる」

24年3月の東京地裁判決はまず、店頭に販促物を置く目的は「商品などへの興味関心を引き、店舗に足を向けてもらい購入などにつなげること」と確認。営業時間前に洗剤を持ち帰った女性の行為は「窃盗罪に該当しうる」と判断した。副店長という立場での窃盗行為を「厳しい非難に値する」とし、実際に信頼を大きく失墜させたとして「懲戒処分は避けられない」と断じた。

一方で、業務中の窃盗でないことや、販促物がそれほど高価なものではないことなどから「緩やかな処分を選ぶことも十分可能で、最も重い解雇を選択したのは重すぎる」とした。解雇処分は無効とし、判決が確定するまでの間の賃金の支払いを命令。銀行側は控訴しなかった。

銀行の調査によると、女性は部下に「お得だよ」と洗剤の取得を勧めたこともあった。不適切ではあったものの気配りのできる管理職だったのかもしれない。11個の洗剤が招いた結末は、女性にとっても会社にとっても拭い去れないくすみを残した。

CASE

2

入社歓迎会で泥酔からの暴言、失った「商社内定」の切符は重かった

宴席における酒の失敗は、ときに人生をも狂わせる。商社への転職が決まっていた30代の男性は、入社直前の歓迎会で酔っ払った際の言動を理由に内定を取り消された。「泥酔状態での発言は理由にならない」と処分の無効を訴えた裁判。垣間見えたのは取り返せないミスの重さであり、人を見極める採用の難しさだった。

男性が我に返ったのは、3軒目の焼肉店だった。2018年9月の金曜日。営業職の即戦力として専門商社から中途採用の内定を得ていた男性はその夜、10月の勤務開始に先立って支店長や同僚らが開いてくれた歓迎会で、不覚にも酔っ払ってしまった。

陳述書などによれば、1次会でビールやハイボールを7、8杯飲んだ。スナックでの2次会の途中から3次会の途中までの記憶がぽっかり抜けていた。覚えているのは、自分に向けられた「おまえ、ふざけんなよ」という同席者の憤りの言葉。何か粗相をしてしまったのではないか。周りに促されるままに「すみませんでした」と頭を下げた。

転職エージェントからの電話

週明け、支店長は参加者のヒアリングを始め、男性の知らないところで言動の「備忘録」が作られた。「(特定の社員に対する)『反社会的な人間に見える』などの暴言」「入社理由は『ついでに受けただけ』」「上司の名前を呼び捨てで連呼」——。会社の方針と違っても自分のやり方を通すのは当たり前、との発言もあったとされた。

約1週間後、男性は転職エージェントからの電話で初めて事の重大さを知る。その後に会

（注）判決などに基づく

社から書面が届いた。「社内ルール・コンプライアンス順守を著しく軽んじる発言」「社会人としての礼節を欠いた著しく不適切な言動」などを理由に内定を取り消すと書かれていた。

判例で内定取り消しが認められるのは「内定当時に知り得なかった事実があった」など合理的な理由がある場合に限られる。男性側は「正常な意識下での発言ではなかった」として取り消し無効を求めて訴訟を起こした。

同業の商社でキャリアを積んできた男性は、培ってきたスキルを生かせると思い、転職を決めた。法廷では「久々の飲酒の機会だった」と釈明しつつ「お酒の量をセーブするのが社会人として当たり前だった」と反省を述べた。その上で、詳しい理由の説明がないまま一方的に突

面接で活躍する人材を見極めるのは難しいか

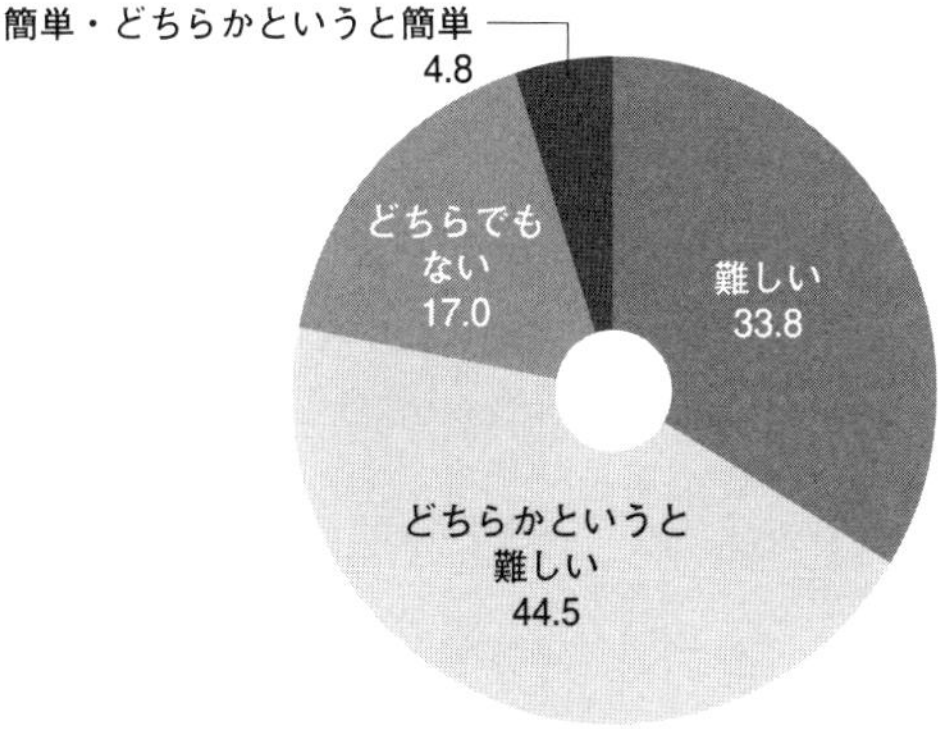

（単位・%）

（注）人事担当者400人を対象、四捨五入の関係で合計100%にならない
（出所）「ASHIATO」の2022年の調査

きつけられた内定取り消しに「憤りを抱いた」と語った。

会社側の証人として証言台に立った支店長は、男性の採用面接にも同席していた。従業員20人弱の小さな事業所では、何より協調性が求められる。面接会場での男性の印象は「質問にテキパキ回答し、コミュニケーション能力が高い」。豊富な営業経験も後押しし、内定を迷わなかった。

酒席での振る舞いを目の当たりにし「暗《あん》澹《たん》たる気持ちになった」。それでも自分が太鼓判を押した人物だ。途中までは「何とか一緒に働けないか」との気持ちもあった。

だが、何を言われても開き直る男性の態度に「もうかばう発言はできない。一緒には働けないな」との思いに至ったという。「面接ではおよそ知ることのできなかった言動を見て、募集していた人物像との齟齬《そご》は大きかった」

面接だけでは見極められない

人材サービス大手のエン・ジャパンが運営するリファレンスチェックサービス「ASHIATO（アシアト）」が22年、人事担当者400人に行った調査では、78・3％が活躍できる人材を面接で見極めることに難しさを感じていた。採用のミスマッチが起きる原因は、36％が「面接で相互理解ができていない」ことを挙げた。

選考過程で飲み会を開くなど、面接以外に候補者の人柄を探ろうと模索する企業はある。とはいえ多くの場合、そこまでの力は割けないだろう。人事や採用に関わる誰もが、支店長と同様の事態に直面する可能性がある。

東京地裁は22年9月の判決で、男性の酒席での発言を「職場の秩序を乱す悪質な言動」と重く見た。社会人としての礼節などの欠如を会社側は「内定段階では知り得なかった」として、内定取り消しは有効と結論付けた。

裁判所は、飲酒は一連の失態を正当化する理由にならないと判断した。判決理由は飲酒の影響について「気が大きくなっていたことは否定できない」としつつ「営業職では会食の場でもコミュニケーション能力が求められ、飲み会でこのような言動に及んだこと自体問題だ」と指弾。男性は控訴したが東京高裁も結論を維持し、判決は確定した。

「今もこの会社に勤めたい」

男性は内定を取り消されたことで自信を喪失し、しばらく就職活動もままならなかったという。別の会社でM&A（合併・買収）に関する仕事に就いた後も「今もこの会社に勤めたい」との思いを抱いて訴訟に臨んできた。ただ、歓迎会に同席した別の社員は陳述書で「このような人が入社してこなくて本当によかったと安堵している」と厳しい言葉を投げかけた。

一度なくした信頼は簡単には取り戻せない。「酒は飲んでも飲まれるな」。酒席について回る常とう句を社会人としていま一度、心の中で唱えておきたい。

CASE

3

誠実勤続30年の教員、たった1度の飲酒運転で退職金1720万円を失う

勤め人が積み上げてきたものは、一時の気の緩みで容易に失われてしまうことがある。30年間誠実に働いてきた公立高校教員の男性が、飲酒運転で物損事故を起こして懲戒免職された。受け取れるはずの退職金1720万円は全額不支給に。「処分が重すぎる」と訴えた訴訟で一、二審は支給を認めたが、最高裁の結論は非情なものだった。

２０１７年４月、ネオンサインのともる宮城県内の飲み屋街。午後10時半ごろ、公立高に勤務する男性が約20キロ離れた自宅へ向け、駐車場から車を発進させた。直後に差し掛かった信号機のない丁字路で、優先道路から曲がってきた乗用車の後ろのタイヤ付近にぶつかった。

職場の歓迎会の帰りだった。居酒屋でグラスビール１杯と日本酒３合、２軒目の焼鳥屋でビールを中ジョッキで１杯。「大丈夫だろう」とハンドルを握ってしまったという。幸いけが人はなかったが、警察による呼気検査で基準値を超えるアルコールを検出してその場で逮捕され、後に罰金35万円の略式命令を受けた。

「誠実勤務」の30年と2カ月

「あってはならないことをした」。強い反省の念とともに脳裏をかすめたのは自身の処遇だった。弁護士からは当初、「初犯なので免職はないのでは」と説明があった。ところが約１カ月後、県教育委員会から届いた書面には「懲戒免職」の文字。懲戒免職でも退職金は支給されるケースがあるが、男性は１７２０万円まで積み上がっていた退職金の全額が不支給とされた。

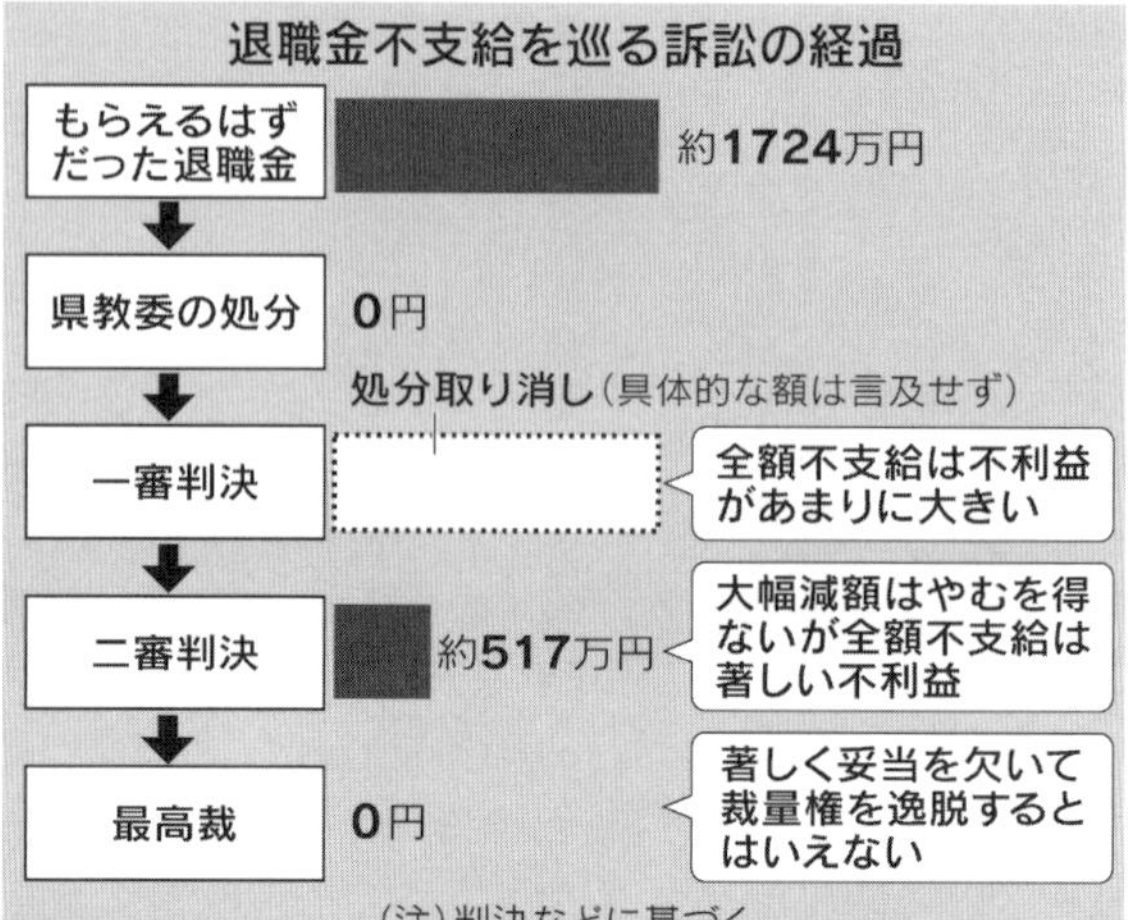

（注）判決などに基づく

生命保険文化センターの22年の調査によると、夫婦2人が老後に必要と考える生活費は月23万2千円、ゆとりのある生活なら月37万9千円。老後の生活資金を賄う手段は37％が「企業年金・退職金」と回答した。年金が支給されたとしても退職金ゼロが老後のライフプランに与える影響は小さくない。

県内の酒気帯び運転に関する過去の教員処分で、男性のような一般職の懲戒免職は人身事故を起こした例ばかり。物損事故の場合は停職処分にとどまっていた。「処分が重すぎる」と男性は県人事委員会に審査請求したが認められず、司法の判断を仰いだ。

教員として昼夜の別なく土日も休まず働き抜

老後の最低日常生活費（月額）

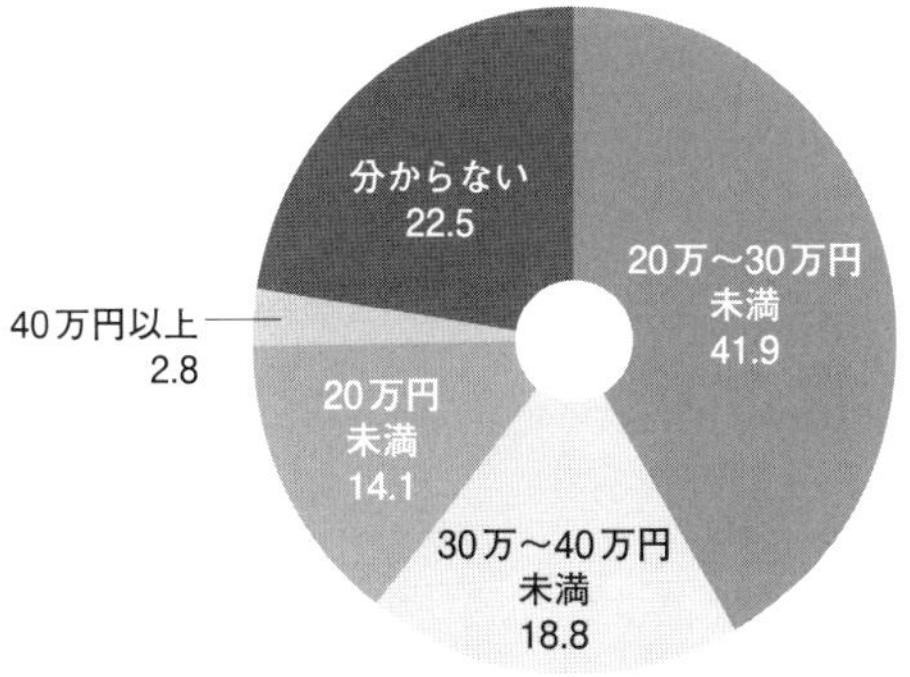

（単位・％）

（注）四捨五入の関係で合計100％にならない
（出所）生命保険文化センター「2022年度生活保障に関する調査」

いた30年と2カ月。「生徒のため」を思って走り続けてきた自負が男性にはあった。

法廷で「勉強のできない子も一人として見捨てない思いでやってきた」と胸を張った。サッカー部の顧問時代には大型免許を取り、遠征に自らマイクロバスを運転した。

21年の仙台地裁判決は男性の働きぶりを評価。「安易な酒気帯び運転に酌むべき事情はない」として免職自体は適法としたが、退職金については「全額不支給は不利益があまりに大きい」と処分を取り消した。

続く22年の仙台高裁判決も「大幅な減額はやむを得ない」としつつ、男性の勤務状況や反省の深さを重視。退職金の3割にあたる約517万円を支給すべきだとした。

不支給は適法とする県と、全額支給を求める男性。双方が上告し、舞台は最高裁に移った。

覆った裁判所の判断

「人生設計はすっかり無に帰しました」。23年5月、男性は最高裁で訴えた。免職後、しばらくは知り合いのツテをたどって運送会社で重労働をこなし、今はアルバイトで収入を得ていると明かした。

訴えは届かなかった。最高裁は翌月、退職金支給を認めた一、二審の判断を覆し、全額不支給は妥当とする判決を言い渡した。

悲惨な事故が起きるたび、法改正による厳罰化が繰り返されてきた飲酒運転。宮城県も高校生3人が犠牲になった05年の事故を機に、条例制定など県をあげて根絶に取り組んできた。県教委も男性が事故を起こす約9カ月前、各学校に1通の文書を配っている。そこには教員による飲酒運転の多発を「極めて遺憾」とし、各教員に向けて「今後はより厳格に対応することとします」と明記されていた。

注意喚起がされていた中で飲酒運転し、事故を起こしたことを最高裁は重くみた。「約30年間にわたり誠実に勤務し、反省していることを勘案しても（処分は）社会観念上著しく妥当性を欠いているとはいえない」と断じた。

警察官は停職3カ月

ただ、5人の裁判官のうち1人は男性の事故より後の18年に「教職員以上に自制すべき」警察官が酒気帯び運転をした事案で、県が停職3カ月の処分にとどめたことに着目。一部支給を認めた二審判決を支持し、反対意見を書いた。

男性が長年、実直に職務にあたってきたことは誰も否定していない。それでもたったひとつの不始末で努力の結晶ははかなく消えた。飲酒運転による死亡事故は毎年100件以上起きている。取り返しの付かない事態を招かなかったことは、せめてもの救いというべきかもしれない。

CASE

4

妻との関係悪化で手を染めた覚醒剤、やめられなかった大手私鉄の検査主任

やめないと——。首都圏の大手私鉄会社に勤めていた男性は泥沼にはまっていた。日々のストレスから手を染めた覚醒剤。5年にわたって使い続けて逮捕され、職を失った。妻とも別れ、子ども2人を抱えた生活は困窮を極める。支給されなかった退職金を求めて起こした訴訟は、薬物で失うものの大きさと同時に、周囲で見守る人たちの存在の重要性を浮かび上がらせた。

２０２２年6月初旬、午前7時過ぎ。東京都内にある男性の自宅に突然、３人の警察官が訪ねてきた。「署まで来てくれませんか」――。思い当たる節はあった。

軽い雑談をはさみ、捜査員が本題を切り出す。「気になること、ありませんか」。「特にありません」ととぼけると、尿の採取を求められた。「これ以上、抵抗しても無駄だ」。観念して受けた検査で覚醒剤成分の陽性反応が出て、逮捕された。

裏サイトで見つけた「アイス」

27年間、車両検査業務などを担い、当時は検査主任として働いていた。電車の安全な運行を縁の下で支えてきたはずの男性が薬物に手を染めたのは日常生活でため込んだストレスからだった。5年ほど前、40代半ばだった男性は妻との関係が悪化し、精神的に疲弊していた。

子どもが入学予定の小学校に悪い噂がないか調べようとのぞいた裏サイトで、覚醒剤を指す隠語「アイス」の文字を見つけた。公然と行われていた密売。思いとどまることはできなかった。掲示板に書いてあるアドレスや電話番号で売人と連絡を取り合い、指定された場所に赴いた。

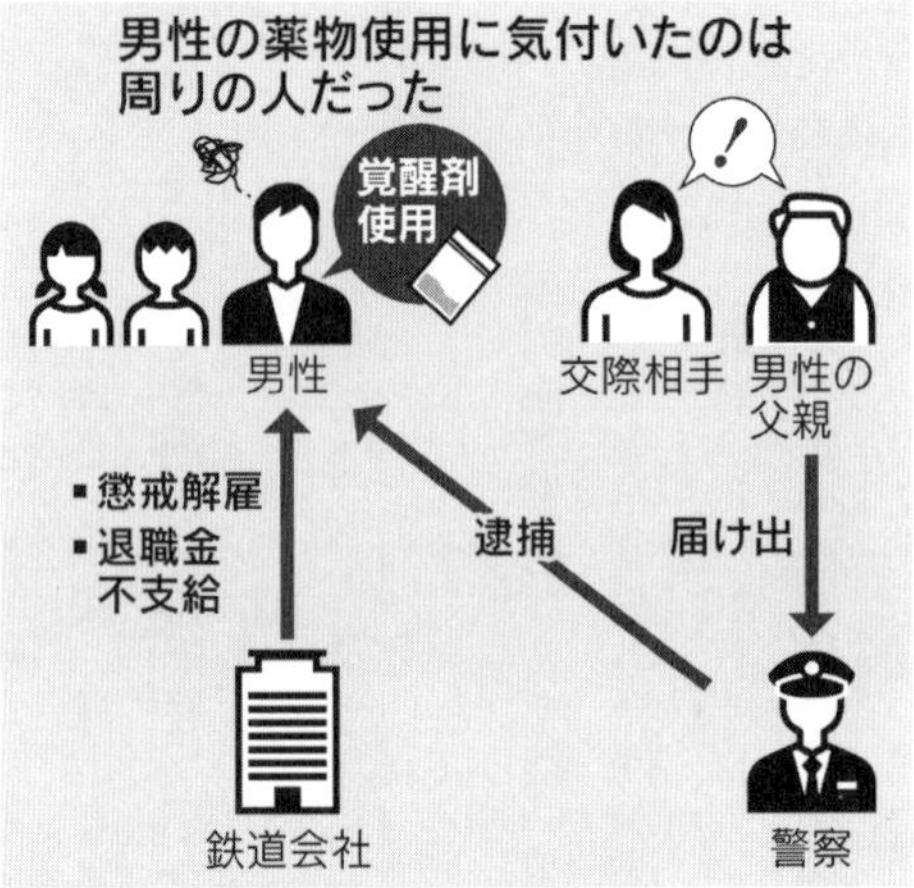

（注）判決などに基づく

仕事に影響しないよう、使うのは月4回で決まって毎週金曜日か土曜日、子どもたちの寝入った深夜。疲れが飛んで、嫌なことを忘れられる「いい気分」に浸るため、購入を繰り返した。

逮捕後に提出した退職届は会社に受理されず、男性は懲戒解雇された。退職金のうち前払いの13万円を除いた約1千万円をもらえなかった。刑事裁判では幸い執行猶予が付いたが、50歳を過ぎて職を失い、再就職はおぼつかない。離婚することになった妻との調停費用、住宅ローンに中学生の長女と小学生の長男を抱えた生活費。「自分のしたことの意味は理解している。でも、このままでは……」。いちるの望みをかけ、男性は退職金の支払いを求めて東京地裁に提訴した。

友人・知人が使用していた薬物

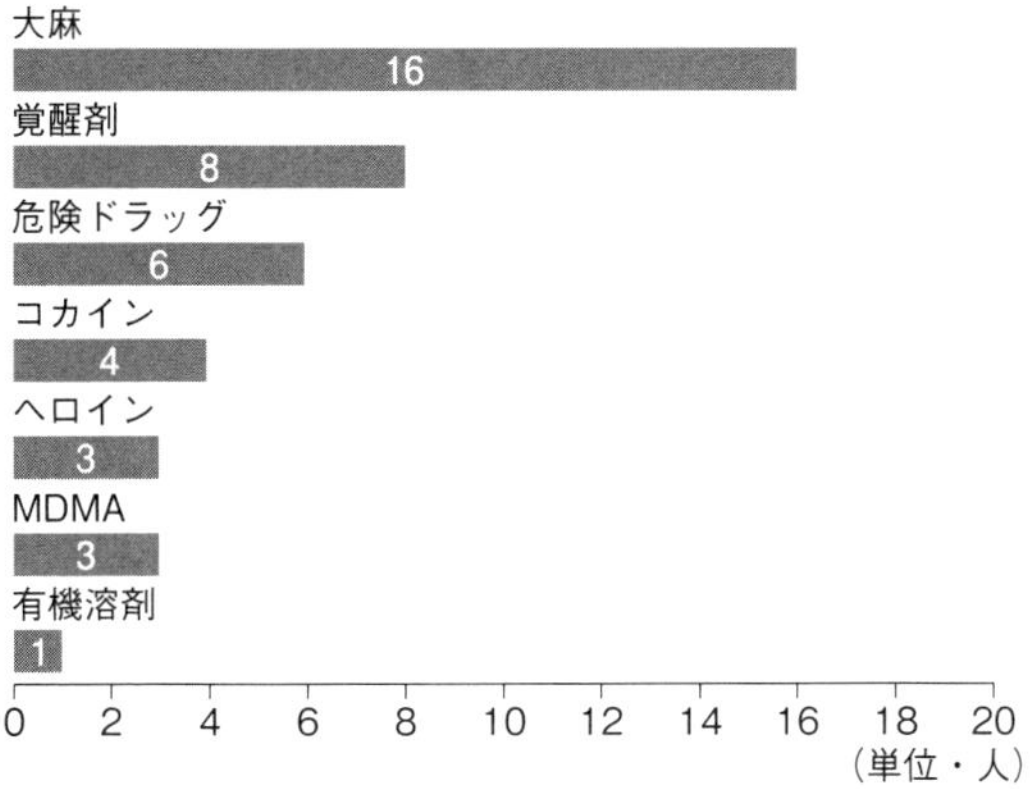

（注）有効回答は3026人、複数回答
（出所）国立精神・神経医療研究センター（2023年度）

訴訟では、薬物を使ったことが積み上げてきた仕事の成果を打ち消すほどの背信行為といえるのかが争われた。男性側は業務中に薬物を使用したことはなく、仕事に具体的な影響は生じていないと主張。飲酒して暴行に及んだ社員に退職金を支払った例もあったと訴えた。

会社側は検査主任の立場にあった男性の職責の重さを強調した。「覚醒剤の影響が残っていれば検査の微妙な感覚を間違えることも十分ありえる。結果として重大事故にはならなかったが、ミスがあれば異常走行など安全を脅かす重大事故につながりかねない」

裁判官からも厳しい質問が飛んだ。「覚醒剤が体から出るのには相当時間がかかる。覚醒剤が入った状態で検査していたことを率直にどう思っていますか」。「深く反省しています」という男性の返答に「当然ですね」と突き放した。

「自分の弱さが腹立たしい」

続けて裁判官は「27年間真面目に働いてきたというけど、起こしたことを今、どう思っているんですか」と尋ねた。男性は「やめないと、と何回思っても断ち切れなくて。自分の弱さが腹立たしいです」と後悔をにじませた。

裁判官の厳格姿勢は23年12月の判決文にも表れた。「覚醒剤への依存性、親和性は看過し得ない水準。首都圏の公共交通網の一翼を担う会社の安全運行を支える、極めて重要な業務を担当していた」と指摘した。その上で、解雇後に確定拠出年金など約200万円を受給したこと、男性の両親と同居するようになったことなどから「退職金不支給を酷とは評価できない」と結論付け、請求を退けた。男性は控訴せず、判決は確定した。

男性は逮捕されて会社を辞めさせられ、退職金も大半を諦めざるをえなかったが、生活が崩壊する前に覚醒剤を断ち切ることができた。男性を違法薬物の沼から救い出したのは周囲の人たちだった。

逮捕される約1カ月半前、妻と離婚が成立していた男性は仕事を休み、交際していた女性と山中湖へドライブに出かけた。男性が湖に釣り糸を垂らしている間、女性はひとり車に残り、男性のカバンを探った。数年前から男性の様子がおかしいと感じていた。出てきたのは妙に膨らんだグレーの靴下。中に白い粉とパイプ、ライターが隠されていた。

女性は靴下ごとこっそり持ち帰り、翌日、男性の父親に手渡した。父親は葛藤と逡巡《しゅんじゅん》の末、「隠すわけにはいかない」と近くの警察署に届け出た。

国立精神・神経医療研究センターの23年度調査で、薬物を使っている友人・知人がいると回答（複数回答）した人は３０２６人のうち延べ41人。見て見ぬふりせずに通報できただろうか。

訴訟資料によると、「密告」を知った男性は女性に「余計なお世話だ」とメッセージを送るなど怒りをあらわにした。だが、やがて罪と向き合い、女性や父親に感謝の念を抱くようになったという。子どもにも「もう二度と薬物はやらない」と約束した。

男性は訴訟の中で、タクシー運転手の職を得たと明かした。余裕のある暮らしはほど遠くても、自ら壊した生活を少しずつ取り戻そうとしている。

CASE 5

会社支給のスマホで集団移籍のグループチャット、引き抜き工作が明るみに

人材の出入りが激しいコンサルティング業界。転職を重ねてキャリアアップを果たしてきた男性が、役員を務めていた古巣から退職した後に訴えられた。自身に続く部下ら4人の同業他社への移籍を、前職の会社側から「違法な引き抜き」と見られて損害賠償など約1億2千万円を請求された。法廷でつまびらかにされたのが、生々しい「工作」のやり取りだった。

元役員の男性が部下らの勧誘を始めたのは、自身が移籍する2カ月ほど前。食事の席などで、同業他社に転職する意向を伝えて「一緒に行かないか」と声をかけた。しばらくして、元役員の部下にあたるチームメンバー4人のグループチャットが会社貸与のスマホ上に立ち上がった。元役員は加わらず、直属の部下だったチームのマネジャーが取りまとめ役となった。「（給与の）希望額は大方先方の予想レンジから外れていなさそうです。引き続き強気で交渉します」「一丸となって交渉し、チームとして買い取らせるという印象を持たせています」

抱えていた不満

チャットの投稿によると、元役員が想定していたのは「チームでの転職」と見られる。給与額や配属先など、転職後の条件について部下らの希望を聞き、自ら窓口役を引き受けて積極的に交渉していた。

当然ながら会社には伏せていた。元役員はマネジャーを通じて、履歴書を私用のメールアドレスから送るようグループチャットのメンバーに伝えた。退職時期が近づくと業務端末から一連のやり取りを削除するよう注意を促した。

引き抜き工作の構図

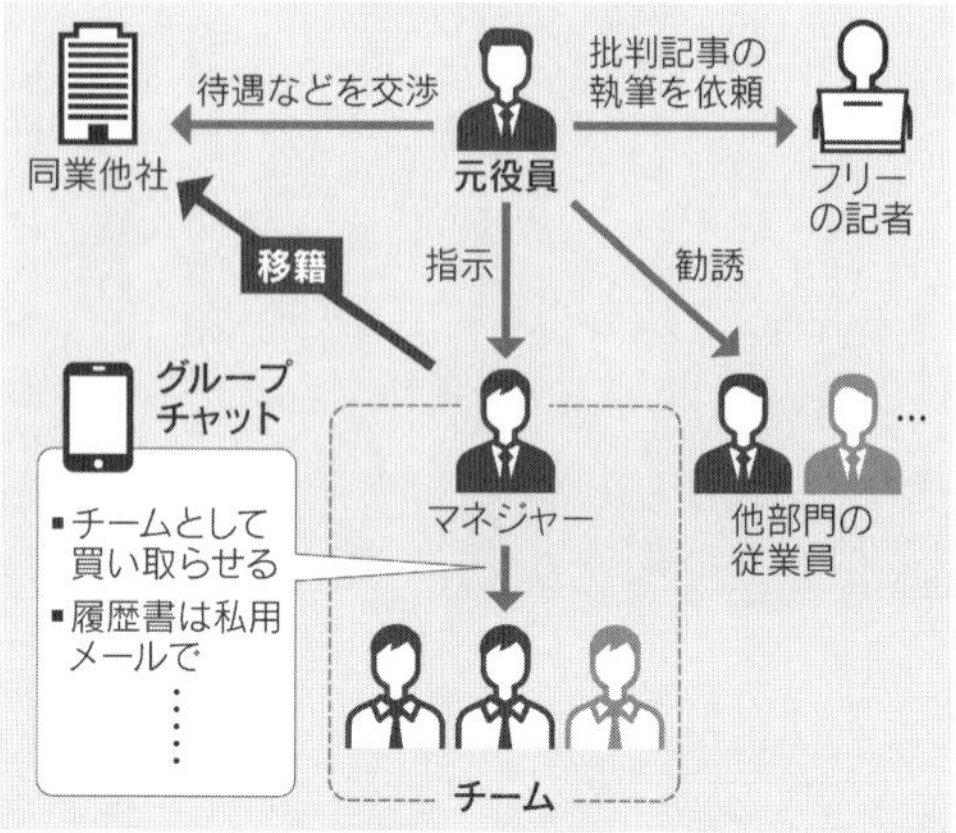

(注)判決などに基づく

元役員が同業他社に移籍した3～4カ月後、マネジャーやチーム員ら少なくとも4人が同じ会社に移った。

元役員はコンサル業界に身を置いて約20年のベテランで、今回の転職で6社目だった。法廷では「数年で転職するのが一般的な業界で、2千人超の従業員を抱える会社にわずか4人の移籍が与える影響は小さい」と主張した。チーム全体での移籍計画はなかったと説明。証人として出廷したマネジャーも同様に否定した。

裁判で明らかになったのは、元役員が抱えていた転職元の会社に対する反感と、移籍計画を成功させようとする強固な意思だった。

メンバーの証言や陳述書によると、元役員は

友人・知人から「自社に来ないか」と誘われた経験

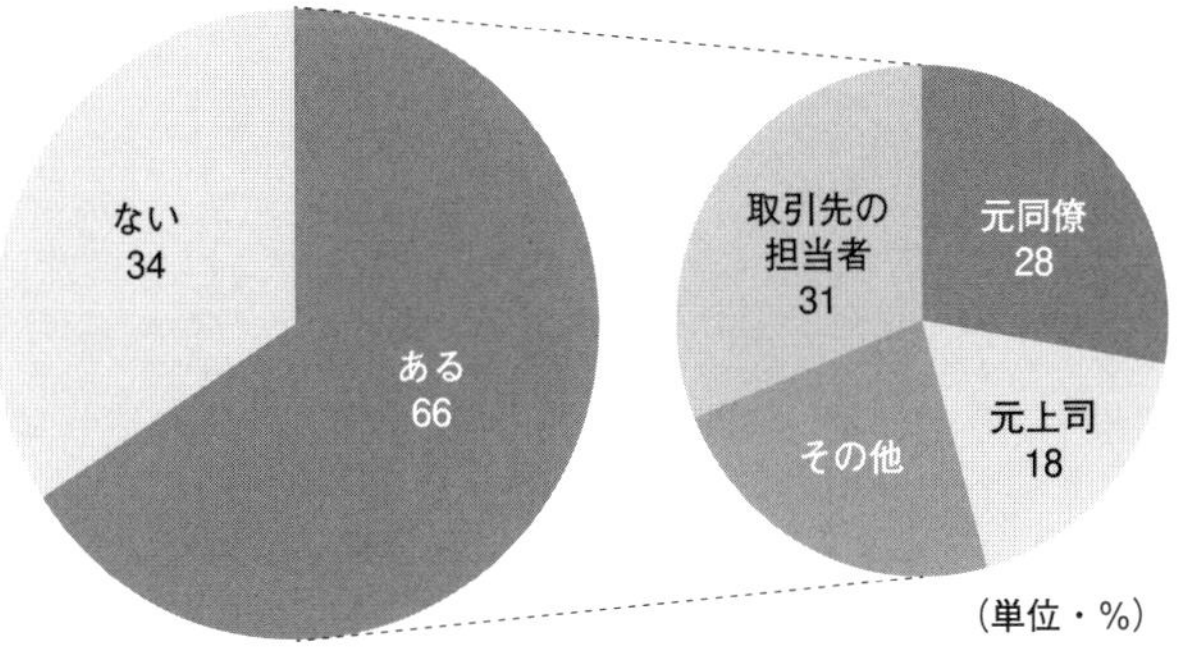

（注）2019年に調査、35歳以上の2123人が回答
（出所）エン・ジャパン

マネジャーを通じて「退職時の引き継ぎはしないように」と部下らに指示していた。従業員の不安をあおるため、会社の内部情報を付き合いのあるフリーランスの記者に伝えて批判的な記事の執筆を依頼し、掲載されていた。

　キャリアを磨き、専門分野で社内外から評価を得ていた元役員には、会社の方針が一方的なものに見えていたようだ。「（現在の体制で）日本の先端技術を守るコンサルは無理だ」「（これまでの仕事は）役割上やらされていた」。法廷でも会社に対する不満を隠さなかった。

　ただ、会社側が移籍を問題視し、事態が大ごとになるにつれ違和感を覚えた部下もいた。元役員の「片腕」だったマネジャーは、共に移籍したメンバーとの個別チャットで「俺のミスは（元役員の）『会社を潰してやるぜ』っていう感情に流されすぎたこと」と振り返った。「ミス」の2文字に込められたのは、行きすぎた行為の自覚と後悔の念だろうか。

引き抜き自体は違法ではないが

転職サイトを運営するエン・ジャパンが2019年に35歳以上の利用者約2千人に聞いたところ、友人や知人から「勤め先への転職を誘われた経験がある」と回答した人は66％を占めた。うち28％は元同僚、18％は元上司に声をかけられていた。

憲法は「職業選択の自由」を保障する。転職や転職先への勧誘、引き抜き自体は違法ではない。判例は、引き抜きで問題となるのは「会社に内密で移籍の計画を立てて一斉に多数の従業員を引き抜く」など、勧誘の域を超えて会社に大きなダメージを与えるケースとしている。

今回の元役員について、22年2月の東京地裁判決は「単なる勧誘行為にとどまらず社会的相当性を逸脱した背信的な引き抜き行為」と判断した。部下とのやり取りや批判的な記事の掲載などから、会社の事業に悪影響を及ぼすために人材を流出させようとしていたと認めた。

社内規定は引き抜きを禁止し、あった場合は引き抜いた従業員の前年の報酬分を会社側に支払うことになっていた。元役員は「退職後も引き抜きをしない」とする誓約書を退職時に交わしていた。引き抜き禁止条項と会社法などに基づく取締役としての善管注意義務・忠実義務に違反したとして、地裁は元役員に約5千万円の支払いを命令。元役員は控訴し、1年後に東京高裁で和解が成立した。

役員でなくても注意が必要

気心の知れた仲間と転職後も一緒に働きたいと思うことはあるかもしれない。だが、引き抜きは取締役だけでなく一般の従業員も注意が必要だ。労働契約法に基づく誠実義務などに違反したとして損害賠償責任を負う恐れがある。社内規定や退職時の誓約書に禁止条項が含まれている場合もある。

和解を果たした元役員は転職後も変わらぬ活躍を続けている。「立つ鳥跡を濁さず」というが、前職への不満や恨み言を残さないことが、新天地での成功のカギかもしれない。

第2章

まさか、あの会社で。有名企業のスキャンダル

CASE

1

ソニー生命不正送金、詐欺でも「返した」ビットコイン運用益は53億円

「必ずもうかる自信があった」。ソニー生命保険に勤めていた男(34)が巨額の会社資金に手を付け、独断で暗号資産(仮想通貨)に交換した。言葉通り、運用は50億円超もの巨利を生んだが、男は詐欺罪などに問われた。学生時代から投資に熱中してきた男は法廷で「大きな金を動かしたかった」と説明。暴走した投資熱のツケは懲役9年の実刑だった。

２０２０年秋、ソニー生命で海外子会社の清算業務を担っていた男に1通の業務メールが届いた。子会社の資金を日本国内に送金するための案内で、送金には自分と上司の「2重の認証」が必要と書かれていた。

男は上司になりすませれば巨額の資金を意のままに動かせることに気付き、「よこしまな考え」が脳裏をよぎった。上司を装って自分のアドレスを登録。静かにタイミングを待った。

「価格は必ず戻る」

21年5月中旬、機は熟す。

米テスラのイーロン・マスク最高経営責任者（CEO）が、同社の自動車販売で仮想通貨のビットコインによる決済を停止するとツイッター（現X）で表明。間もなく、ビットコインの相場が暴落した。

「本質的な価値は損なわれていないから価格は必ず戻る。絶好のタイミングだ」。男の動きは速かった。すぐに子会社の資金約１６８億円相当を自身の管理する別の米銀口座に不正送金。そのまま全額をビットコインに交換した。

ソニー生命保険子会社を巡る事件の構図

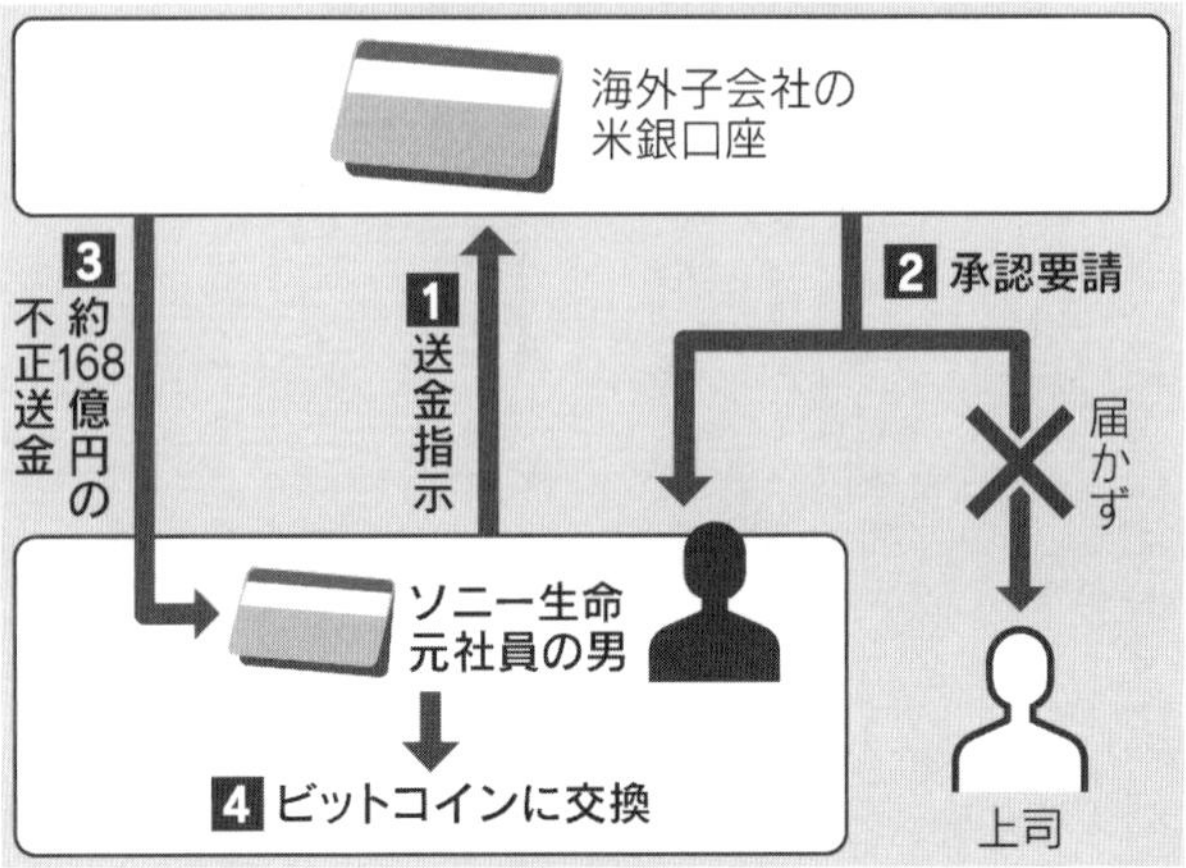

（注）判決などに基づく

あまりに巨額だったからか、上司は当日のうちに不審な資金移動に気付いた。会社による調査を経て、21年11月、男は詐欺容疑で逮捕された。流出額はソニー生命のその年度の経常利益（約536億円）の3割超に及んだ。保険業法に基づいて金融庁が経緯の報告を求める事態に至った。

事件を起こした男は米国で生まれ、中学2年まで日本で過ごした。その後、ハワイに移り、現地の高校を卒業。ハワイ大でファイナンスや金融財政政策を学んだ。投資にのめり込んだのはその頃からだ。

アルバイトでためた2千ドルを元手に、自ら企業分析して割安と考えた株を買い付けた。

個人株主数の推移（各上場企業の株主の延べ人数）

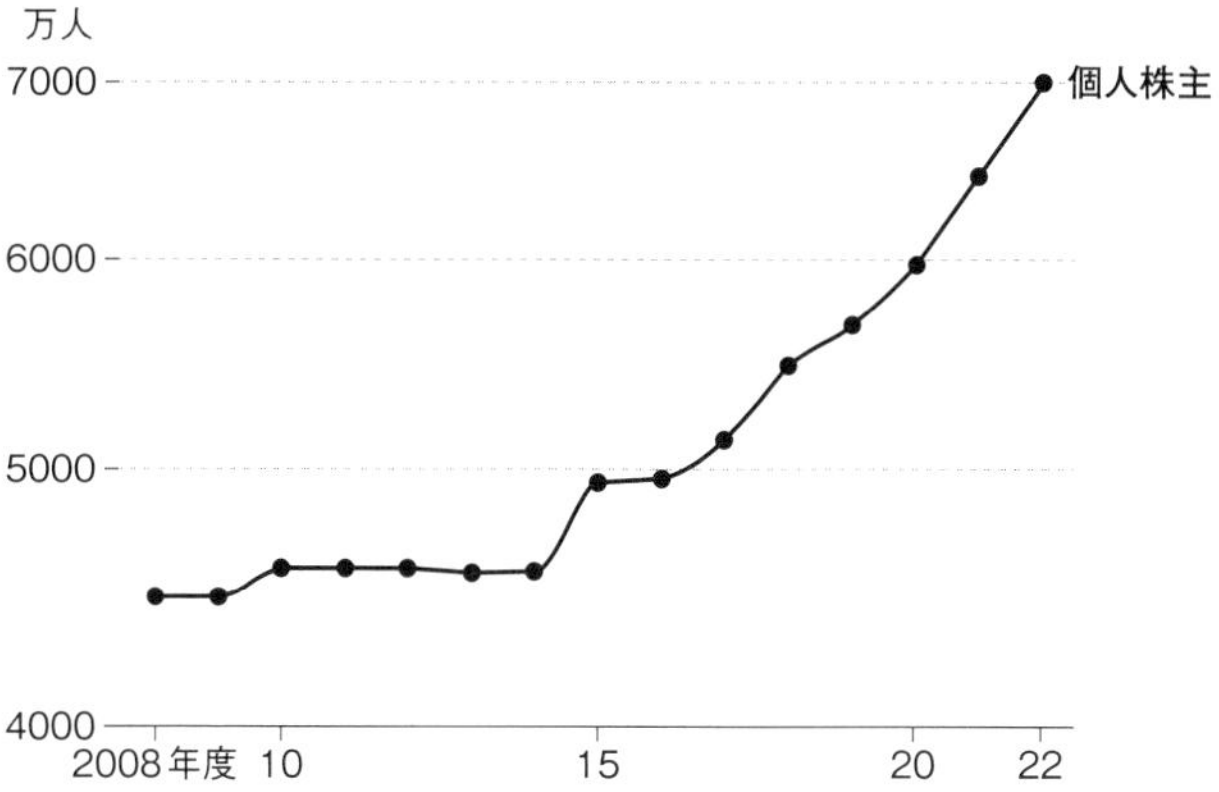

（出所）東京証券取引所など

折しも、リーマン・ショックを受けて米連邦準備理事会（ＦＲＢ）が大規模な金融緩和に踏み切った時期。就職で日本に帰国する頃までに、資金は２万５千ドルにまで増えていた。

13年に入社したソニー生命でも当初は集めた保険料を資産運用する部署に在籍し、各国の金利動向などをもとに外国債券への投資を担った。

プロとしての経験が投資熱を制御不能にさせたのかもしれない。「海外子会社に眠っているキャッシュを運用してリターンを生み、あわよくば利益の一部を自分のものにしようと思った」。被告人質問での落ち着いた口ぶりから、損失を計上する可能性をみじんも考慮していなかったことがうかがえた。

「会社に投資を提案する考えはなかったのか」。

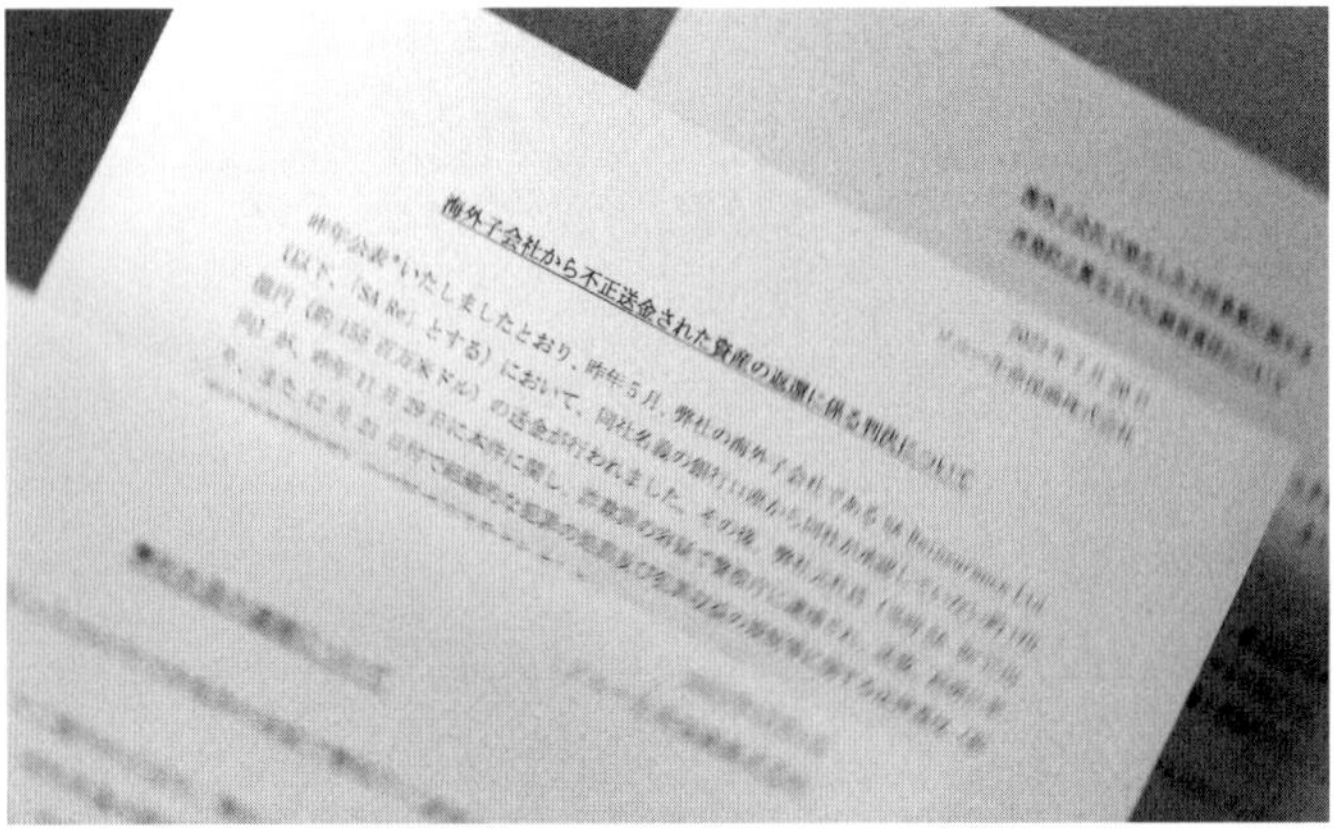

ソニー生命が公表した元社員による不正送金などについてのニュースリリース
（写真：小川望、以下同じ）

検察官が尋ねると、男は「考えたことはない」と言い切った。仮想通貨の投資は従来、日本では個人の短期マネーが中心とされてきた。「提案してもどうせ通らない。日本の保険会社ではまだ早計」と言葉を継いだ。

男の口座には犯行時、約1900万円の預金があった。「自分の金でやればよかったのでは。より大きなお金を動かしたかったのか」。解せない表情の裁判官に、男は「そういう思いがありました」と応じた。

投資が一定のリスクを伴うのは自明だ。東京証券取引所などの資料によると、個人株主は22年度に6982万人と10年で1・5倍に増えた。投資熱は若者や現役世代にも広がっているが、これだけ大きな「危険」を冒す投資家はそういないだろう。

「一生かけて償う」

判決は「清算業務を担当する立場を悪用し、計画的に犯行に及んだ」と指摘し、懲役9年の実刑を言い渡した。「一生かけて罪を償います」と法廷で述べていた男は判決を静かに受け入れた。

確かにビットコインが反発するという男の読みは見事に的中した。事件後に米連邦捜査局（FBI）が押収し返還されたとき、当初の約168億円は約221億円まで膨らみ、運用益は約53億円に及んでいた。

資金が増えて戻ってきたソニー生命は、これを機に犯罪防止や被害者救済などへの寄付を始めた。入社前、契約者を守ることがモットーとの先輩社員の言葉に感銘を受け「自分も社会貢献したい」と思って同社を志望した男。結果的に運用益を稼ぎ、寄付に貢献したのは皮肉というほかない。

CASE

2

隠れ副業の負債で追い込まれたソフトバンク部長、起死回生策は投資詐欺

ソフトバンクの部長職の男には秘密があった。会社に無届けで始めた副業で失敗し、1億円以上の負債を抱えていたのだ。追い込まれた男は手っ取り早く返済しようと、あろうことか会社の名前を使って詐欺を企てる。副業を認める企業は増えているが、目の届かないところで社員が思わぬ金銭トラブルを起こす危険もあるかもしれない。

「12億円を融資してほしい。配当を加えて14億4000万円を返金する」――。東京湾を眼下に望む高層ビルの19階にあるソフトバンク本社の会議室。2022年初め、デジタル部門で統括部長を務める40代の男は会社経営者の男性に、計画中という総額95億円のプロジェクトに関するつなぎ融資を持ちかけた。

ソフトバンクショップ向けの店頭システムを入れ替えるという数年に1度の大がかりな事業。システム会社に開発費用が支払われるまで運転資金としてつなぎ融資が必要になるという説明だった。

融資は4月末までに返済され、わずか数カ月で20％の配当が手に入る計算。ソフトバンクの事業だけに確実な支払いは疑いない。そう考えた会社経営者の男性は融資を即決し、7回に分けて計12億円を入金した。

1億5000万円の負債

だが、すべては男らがでっち上げた架空のプロジェクトだった。12億円の大半は会社経営者の男性の元に戻らなかった。男と部下はその後、詐欺の疑いで逮捕、起訴された。

ソフトバンク部長らによる巨額詐欺事件の構図

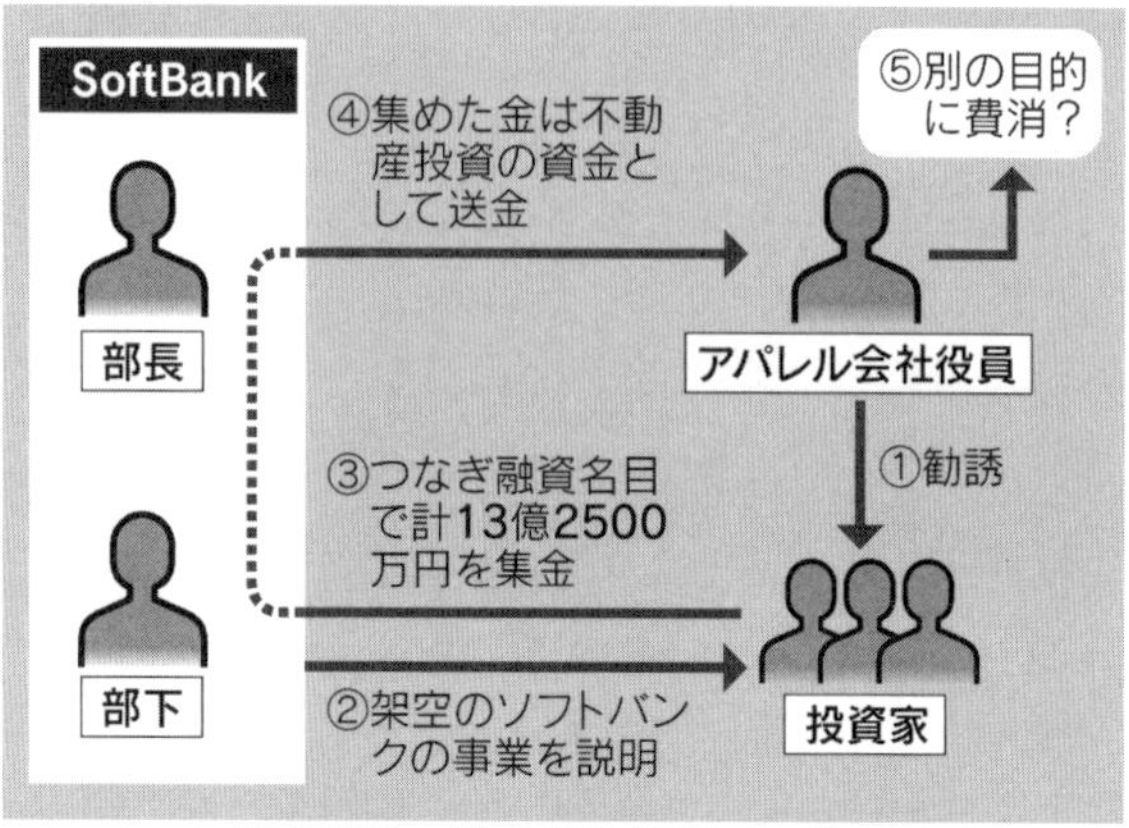

（注）肩書はいずれも当時。判決などに基づく

男らの法廷供述によると、本来必要な会社への届け出をせず、男がひそかに起業したのは数年前。最初は沖縄でパンを売り、フランチャイズビジネスも手がけていたが、会社の同僚から資金を募って手を出した蓄電池の卸売事業で歯車が狂った。不正に手を染めていた取引先があえなく経営破綻。男の会社は約1億5000万円の負債を抱えた。

大企業の部長職とはいえ容易に返済できる金額ではない。出資金を同僚に返せず、金銭トラブルになれば解雇も避けられない。憔悴《しょうすい》しきっていたとき、知人の紹介で年下のアパレル会社役員と出会った。高級車を乗り回し、家賃が月100万円の豪邸に住む会社役員は「本業ではなく不動産投資で財を築いた」と語った。

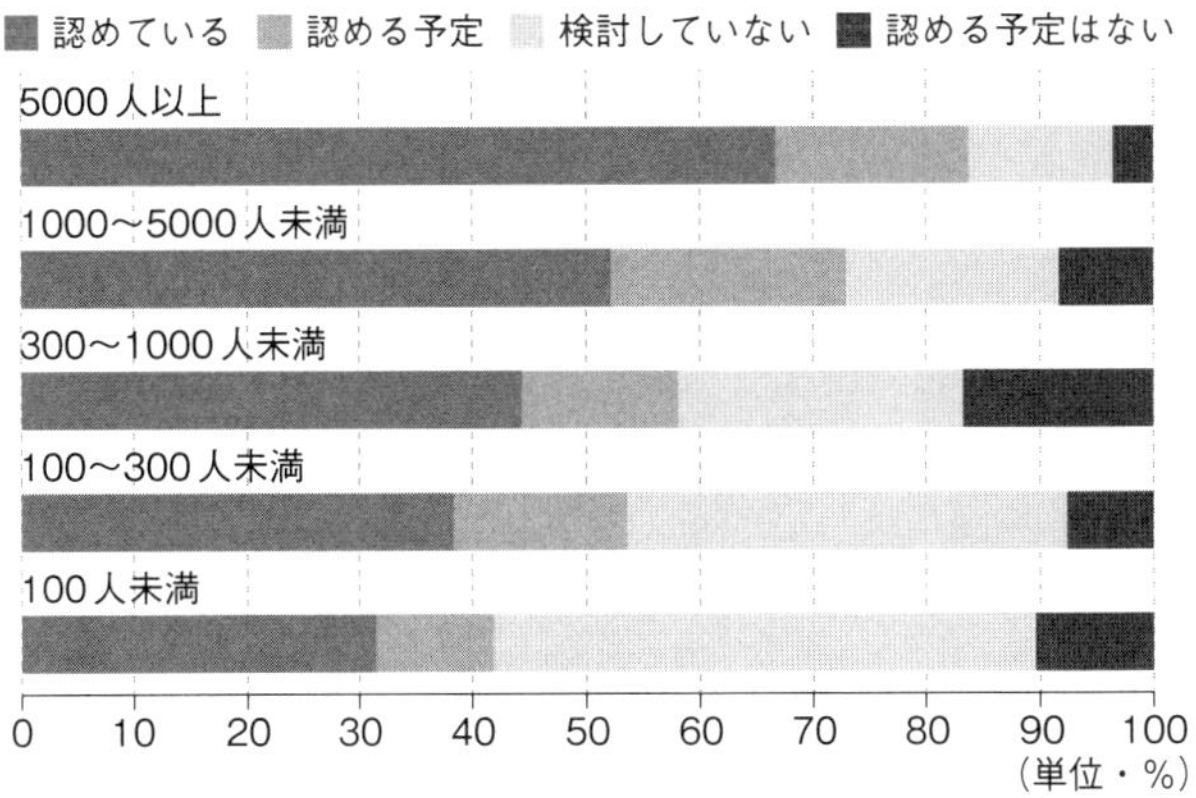

（出所）経団連「副業・兼業に関するアンケート」（2022年）

窮地にいた男は会社役員の派手な暮らしぶりに「自分には知り得ない世界がある」と完全に信じ込んでしまう。やがて会社役員から短期間で高配当が期待できる不動産投資案件に誘われ、飛びついた。

「信頼している人だけに紹介している案件。表に出ると取引自体がなくなる」と口止めされ、架空の事業計画で投資家から金を集めることを思いつく。明らかに詐欺行為だが「増やして返せば勧誘内容がウソでも丸く収まる」と高をくくった。

副業を手伝ってくれていた最も信頼する部下に資料作成を任せた。会社役員が集めてきた投資家にソフトバンクの会議室で事業内容を説明した。大手企業のネームバリューは抜群で、3人の投資家からすぐに計13億2500万円が振り込まれた。

典型的な「ポンジスキーム」

リモートワークの浸透など柔軟な働き方が広がり、副業する人は増えている。22年の総務省の就業構造基本調査に「副業している」と答えた人は305万人。5年前の前回調査から60万人増えた。経団連の22年調査によると、常用労働者数が5000人以上で副業や兼業を認めているか認める予定の企業は計8割。

その一方で「副業で手軽にもうけられる」などとうたって保証金を納めさせられたり、教材を売りつけられたりといったトラブルも急増している。

会社の名前で調達した資金を会社役員に送っていた男だが、約束の期日になっても配当金の振り込みはなく、ついに会社役員との連絡も途絶えた。持ちかけられた投資案件は、実際は投資せず他の出資者への配当に回す典型的な「ポンジスキーム」だったと見られる。

身元を明かしていた男と部下は逃げられず、投資家から矢のような催促を受けた。男は弁護士とともに警察を訪れ、洗いざらいを白状。逮捕されて自己破産し、妻と離婚して会社も懲戒解雇された。

「今もサポートしてくれる人たちがいる」

東京地裁は24年9月、男に懲役7年、部下に懲役2年6月の実刑判決を言い渡した。本社の会議室を使い、作り込まれた虚偽の説明資料を示すなど「極めて計画的かつ巧妙で悪質」と断罪したが、会社役員によるウソの投資話を契機とした犯行の経緯に情状酌量の余地は認めた。検察側が「主犯格」とみた会社役員も後に逮捕、起訴され、２人と分離された裁判の審理が続いている。

被告人質問で「できる限り被害者への弁済を続けたい」と述べた男。原資はどうするのかと聞かれるとすかさず答えた。

「仕事や副業を通じて知り合った人たちの中には今もサポートしてくれる人たちがいる。そういう人たちのサポートを受けながらビジネスを立ち上げたい」

CASE

3

近ツー過大請求事件、真面目な社員たちが会社のために犯した組織的な悪事

会社の難局に知恵を絞り奮闘するのは「社員のかがみ」かもしれない。だが、その手段が不正であれば、利益はいずれ帳消しになる。新型コロナウイルス禍で業績が悪化した近畿日本ツーリストで、自治体に業務費を過大請求していた支店幹部らが摘発された。「会社のために」。勤勉な会社員が語るはずの言葉はいつしか犯罪を正当化する方便に変わっていた。

「仕事が全くない」。新型コロナの感染拡大から1年が過ぎた2021年、近ツーの大阪市内にある支店で営業課長だった男（55）は焦燥に駆られていた。売り上げの大半を占めた旅行需要は蒸発。前年は「ＧｏＴｏトラベル」に沸く時期もあったが、寄せては返す感染拡大の波に翻弄される日々は終わりが見えなかった。

入社は1992年。バブル経済の崩壊後、羽振りのいい社員旅行などが消えゆく逆境を営業ひと筋で支えてきた自負があった。それでも、売上高が前年度から8割ほど減るコロナ禍は特別だった。社内を閉塞感が覆い、苦楽をともにした同僚たちが次々に職場を去っていく。なすすべはなく、会社人生で最大の危機を迎えていた。

社内表彰を受けるも

ひと筋の光明は、日本中の自治体が外注していた感染対策などのコロナ関連業務だ。以前から自治体業務を受託していた近ツーの社内でもこの時期、とりわけ重要視されていた。

「細かな事務作業は苦手だが、発想力で突破する。意欲も営業力もある」。社内でそう評価されていた男は未経験ながら受託業務に関する知識やコロナ対策などを勉強。営業努力も実

近畿日本ツーリスト過大請求事件の構図

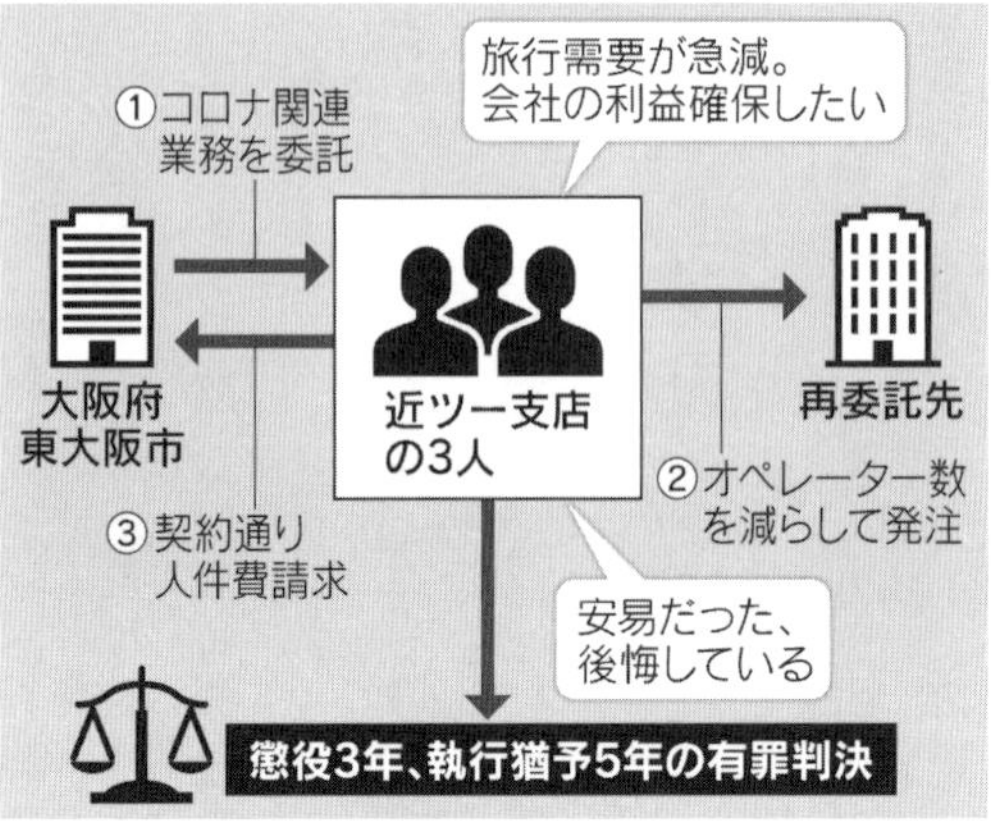
旅行需要が急減。
会社の利益確保したい
①コロナ関連
業務を委託
大阪府
東大阪市
近ツー支店
の3人
再委託先
②オペレーター数
を減らして発注
③契約通り
人件費請求
安易だった、
後悔している
懲役3年、執行猶予5年の有罪判決

（注）判決などに基づく

ってか、支店は東大阪市とワクチン接種に関する電話対応業務を請け負う契約を結んだ。厳しい環境下で数億円の事業をつかんだ支店は社内表彰を受けた。

21年3月、コールセンターが開設され、男は実務を担う再委託先を監督する立場となった。あるとき、センターを視察していた男は問い合わせの少ない曜日や時間帯があることに気がつく。「もっと効率的にやらないと」。再委託先からも、オペレーターの人数を減らしても業務に支障は出ないだろうと聞かされた。

この「合理化」の過程で不正の沼にはまった。オペレーターの人数を最大で約半分にまで減らしたが、市側に伝えていなかった。市から契約通りの業務委託費を受け取り、再委託先に支払

雇用調整助成金と緊急雇用安定助成金の不正受給

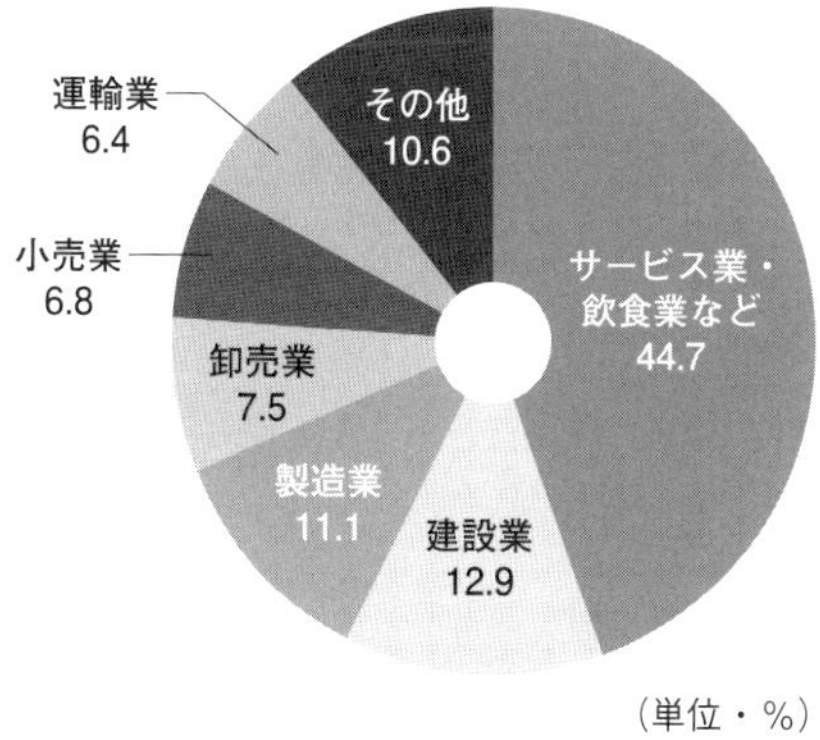

（出所）東京商工リサーチ

う経費を抑えられれば差額分は利益として上積みできる。

無論、正当なビジネスではないが、営業の第一線で結果を追い求めてきた男にとっては経費削減のつもりだったのかもしれない。社会全体が大混乱に陥っている中、深刻な問題にならないだろうという安易な考えも支店内に通底していた。男は当時の支店長（55）と副支店長（59）にも伝えていたが、ふたりとも「どこもやっている」「ばれなきゃ大丈夫」などと言うばかりで止めようとしなかった。

甘い見立ては外れた。「契約内容と相違ないか確認させてください」。不正が常態化していた23年2月、市の担当者から支店に連絡が入り、コールセンターの出勤簿の確認を求められた。直前に人材サービス大手が自治体からの受託業務で10億円以上の過大請求があったことを公表していた。

慌てた元支店長らは、あろうことか再委託先に虚偽の出勤簿を作成するよう要請した。契約通りに業務を実施したと取り繕おうとしたが、市のさらなる追及で不正が発覚。男は元支店長、元副支店長とともに23年6月、詐欺容疑で大阪府警に逮捕された。

「詐欺罪になると思わなかった」

コロナ禍で多発した支援制度や補助金を巡る不正。従業員の休業手当を事業者に助成する「雇用調整助成金」の不正受給額は500億円以上に上った。特にダメージの大きかった業界で目立ち、東京商工リサーチが800社弱を対象にした調査では半数近くを旅行業を含む「サービス業・飲食業など」が占めた。

「詐欺罪になると思わなかった」「会社の先行きが分からず何とかしなければと思った」。事件後に懲戒解雇された3人は公判で口々に反省を述べた。いくら会社のためと主張しても不正がもたらすのは不利益だ。会社は被害弁済の対応に追われた。3人は24年3月、約2億2千万円を水増し請求したとして大阪地裁でいずれも懲役3年、執行猶予5年の有罪判決を言い渡された。

「企業風土が影響」

判決は一方で、個人的な利得目的でなかった動機に同情的な見方も示した。「不正を是認する企業風土が犯行に少なからず影響していると認められ、会社のための犯行という側面が強い」と指摘。実際に事件後の調査で、近ツーは最大34自治体で計6億円以上を水増ししていたことが判明し、静岡市の支店でも社員が逮捕されて執行猶予付き有罪判決を受けている。当時の社長は引責辞任した。

一人ひとりの順法意識が不可欠なのはいうまでもないが、平時と異なる状況下では、真面目に働いてきた会社員が良からぬ誘惑に駆られることもあるかもしれない。そのとき自分の会社はブレーキをかけられる組織なのか。危機や混乱のさなかこそ、ガバナンス（企業統治）とコンプライアンス（法令順守）が組織に根付いているのかが問われる。

CASE 4

営業秘密を持ち出した「かっぱ寿司」元社長、「すごいと思わせたかった」

軽んじられるわけにはいかない――。ライバル会社への転職を決めた男は、新天地で存在感を示すために前の職場から「秘密」を持ち出した。年間300万人超が職場を変える大転職時代。即戦力として期待に応えられるか不安を抱く人もいるかもしれない。2022年に発覚した「かっぱ寿司」事件は、過度な虚栄とうかつな判断の代償の大きさを映し出している。

２０２０年９月下旬、神奈川県内のカフェにカッパ・クリエイトの元社長の姿があった。このときは同社に入社する直前の、つかの間の有給休暇。取締役を務めていた古巣「はま寿司」の旧知の部下と落ち合い、会社に貸与された業務用のパソコン画面をにらんでいた。退職を告げた際に返却を求められたパソコンは、「今日中は難しい」などとはぐらかし、手元に残し続けていた。カフェのＷｉ－Ｆｉにつなぎ、部下の助けを得ながら端末に保存してあったデータをファイル転送サービスにアップ。後日、部下がこのデータをＵＳＢメモリーに複製し、元社長に手渡した。

「実力」か「おごり」か

回転ずし業界はコストパフォーマンスがカギを握る。ネタの原価率や仕入れ価格は枢要な情報だ。元社長は現場が取引先と交渉するなどして蓄積したこれらを、新天地への〝手土産〟にしようとした。情報は転職後、カッパ社の元商品部長に共有され、同社の原価率と比べた表が作られた。

データは不正な持ち出しや使用が禁止されている「営業秘密」に当たるとされ、元社長は

事件の構図

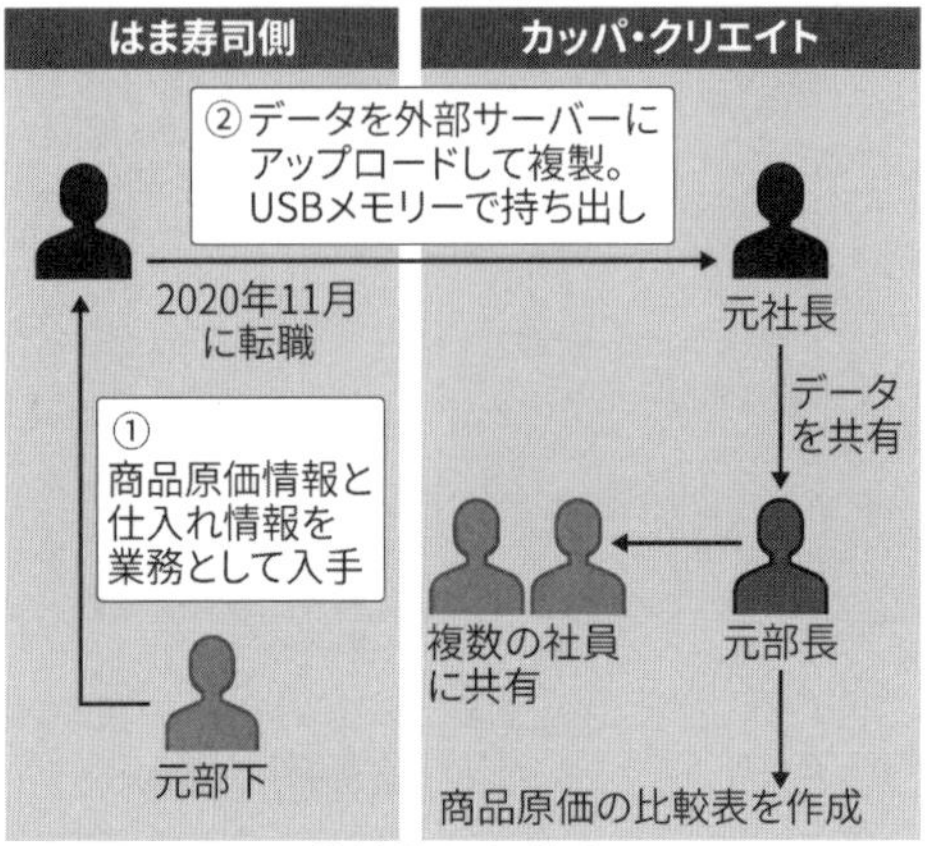

（注）判決などに基づく

逮捕、起訴された。公判の被告人質問で「これぐらいいいだろう」と、甘く考えていたと明かした。

「（カッパ社の）社員になめられてはいけないと思った。『この人すごい』と思わせたかった」。持ち出した動機については、そう説明した。転職から1カ月後に副社長のポストも約束されていた。「いち早く言うことを聞いてもらう必要があった」と当時の焦りを振り返った。

新卒入社から22年間、外食産業一筋で生きてきた。30代で子会社のファミレスチェーン社長に就いた。弁護側は公判で「人脈やコネに頼らず、自身の実力で幹部になり、売り上げ向上に貢献した」と功績を強調。別の幹部から因縁を

かっぱ寿司は創業1973年の老舗。かつて回転ずし業界のトップに君臨していたが、近年は苦戦が続いた

つけられたのを機に、社内での自身のキャリアに見切りを付け、転職せざるを得なくなったとした。

ところが、当の古巣での聞こえは取材ではいくぶん異なった。「出世は早かったけど、優秀と評価されていたとは思わない」。前職での仕事ぶりを知る関係者は、そう突き放す。「古株で発言力はあったが、社内の了承を得ないまま物事を進める強引さもあった」という、幹部からの「因縁」もこうした評価の結果にすぎないと見る。

実力か、あるいはおごりか。自身と周囲の評価が一致しないのは、どの組織の誰であっても起きうることだ。ただ、少なくとも元社長は今回、転職にあたって抱いた焦燥を「自

コロナ禍を除き転職者増加傾向、
営業秘密侵害事件は増えている

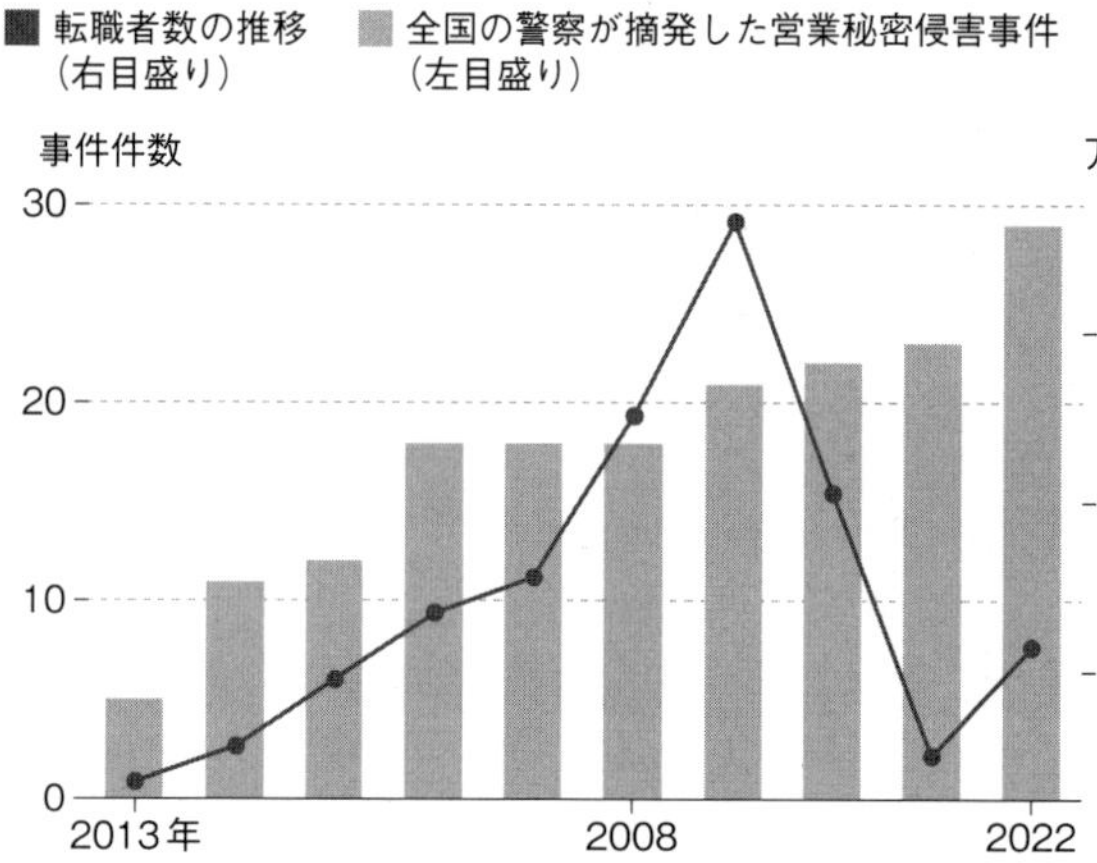

（出所）総務省、警察庁

身の実力」で拭い去ろうとはせず、持ち出したデータで虚飾をまとう道を選んだ。

転職する人は増えている。総務省の労働力調査によれば国内の転職者数は19年に351万人で、比較可能な02年以降で最も多かった。営業秘密侵害事件の摘発は22年に29件とこれまでで最多。前職のビジネス情報を転職先に持ち出したとして立件される事件も相次いでいる。

公判で起訴内容を全面的に認めた元社長。23年4月、結審前の最終意見陳述で、取り調べを担当した検事にかけられたという言葉をそらんじた。

「あなたは自分のやったことを悔いて悔いて、悔いていると思う。でも、あなたの成功体験がなくなったわけではない」

成功体験とは若くして誰もが知るチェーン店の経営を担う立場にまで上り詰めたことをさしていた。

積み上げてきたすべてを事件で失った元社長。地裁が言い渡した有罪判決を代償として受け入れ、控訴しなかった。

「再び活躍することを目指したい」

元社長は法廷で、今後は外食産業の場で再び活躍することを目指したいとも述べている。後ろ盾のない中で頼れるのは、まごうことなく「自身の実力」ただ一つだ。成功体験にも自ら犯した罪にもとらわれず、再び返り咲くことはかなうだろうか。

CASE

5

積水ハウス地面師事件、社長視察後、稟議書は猛スピードで社内を回った

JR山手線の五反田駅から徒歩数分の好立地に2024年春、タワーマンションが完成した。この場所はかつて、不動産大手の積水ハウスが組織ぐるみで「地面師」グループにだまされるという事件の舞台となった土地だ。多くの社員が関わり、何重もの幹部決裁を経たが、現場に生じた違和感をすくい上げて取引を中断することはなかった。架空取引による損失額は55億円に上った。

「なかなか売りに出ることがなかった物件で、ぜひ進めたいです」――。2017年4月18日、積水ハウスでマンション事業の本部長を務めていた男性は、都内の視察現場を訪れた社長（当時）への説明に力を込めた。

廃業旅館が建つ約2000平方メートルの土地は駅にも近く、マンションを建てれば確実に需要が見込めた。業界では売りに出ないことで有名だったが、同社の営業担当者が「いよいよ所有者が手放すことになった」とささやく知人業者から購入を持ちかけられた。

わずか2日で承認

積水ハウスは戸建て住宅が主要事業で、マンション建設は業界大手の後塵《こうじん》を拝する。同業も羨むに違いない「お宝物件」を手中に収められることへの期待は、いやが上にも高まった。当初はいぶかしんだ営業担当者も、公証人による所有者の本人確認資料が送付されてからは疑うことがなかった。

社長視察後の展開は速かった。本部長は売買契約の社内決裁を得るための稟議《りんぎ》書に急いで押印し、大阪本社に送った。「以前より注目され、様々な企業が取得を目指してきましたが、

地面師事件の構図

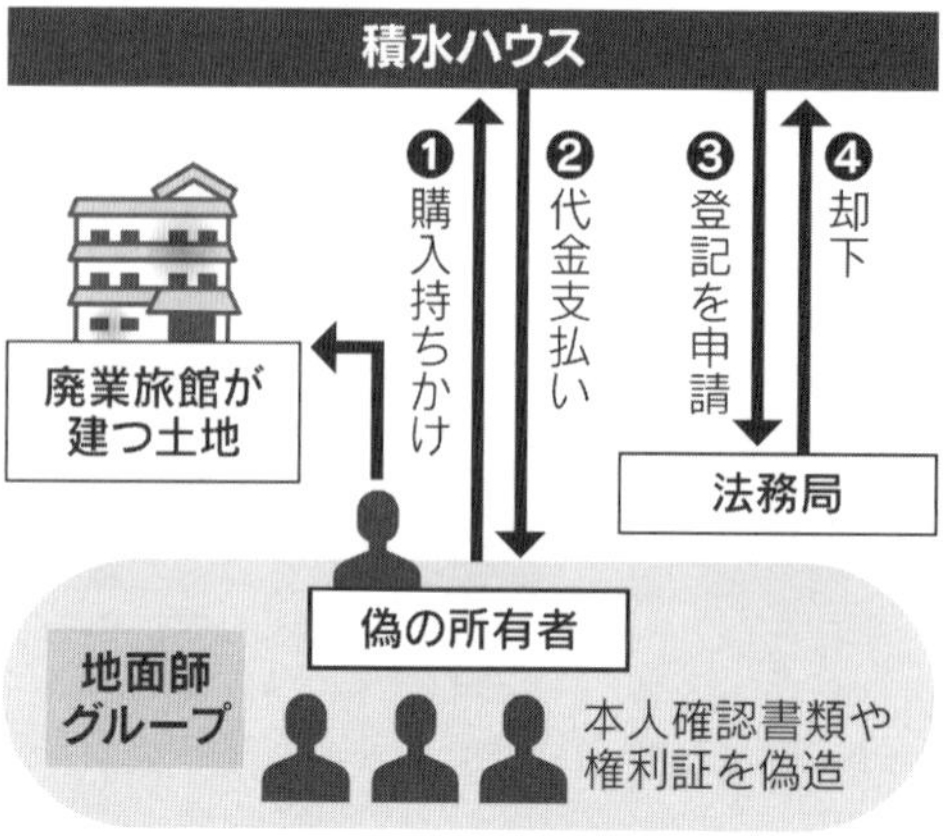

（注）判決などに基づく

いずれも地主との交渉にまでたどり着かない状況でした」。文面にはやる気持ちと功名心がにじむ。鉛筆で「社長現地ご視察済み」と記載した形跡もあった。

売り主の気が変わったり競合他社が入ったりしないうちに――。取引を成功させたい社員らの焦りは、巨額投資に求められる慎重さよりもスピードを優先させるように、熱を帯びて組織を動かしていった。

経営企画部長、経理財務部長、法務部長。稟議書は猛スピードで社内を駆け巡り次々に決裁印が押された。通常は先に回覧するはずの副社長ら幹部4人を飛ばし、社長の承認を得たのは視察のわずか2日後だった。

ほどなくして売買契約が結ばれ、手付金

空き家は増え続けている

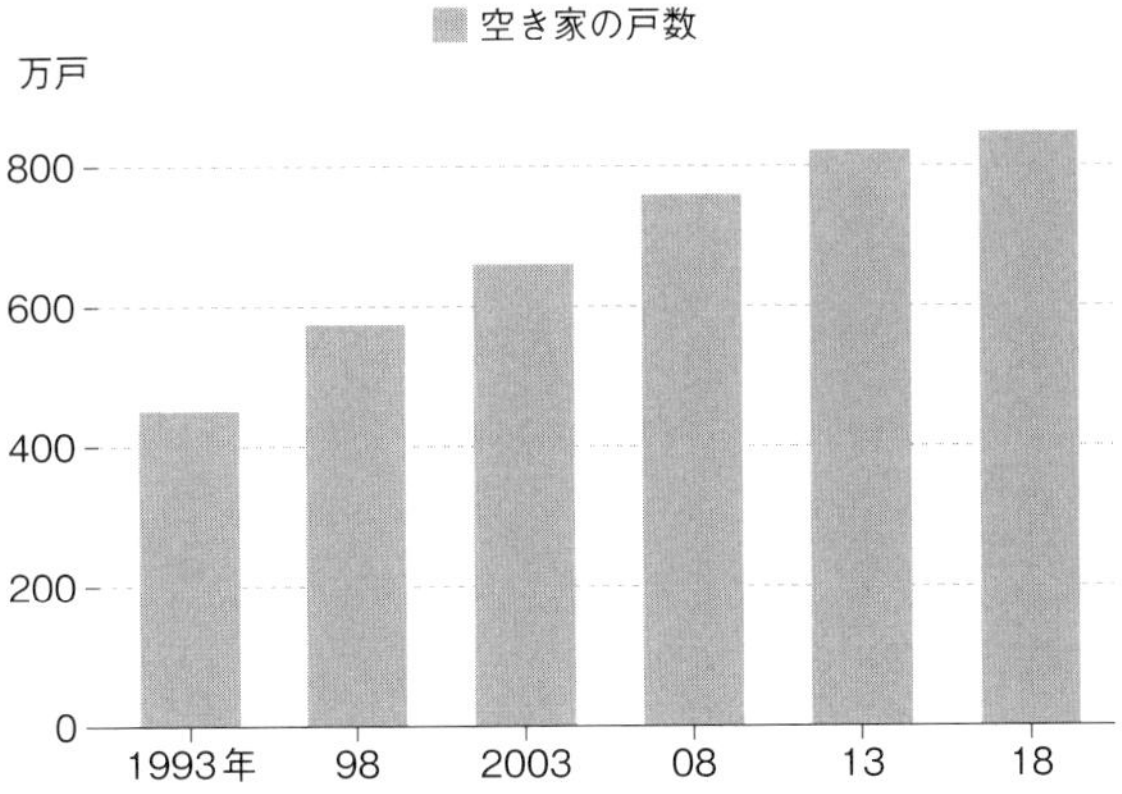

（出所）総務省「住宅・土地統計調査」

14億円を支払った。契約の場に姿を見せた高齢女性は「所有者」を名乗り、精巧に偽造した本人確認書類や土地の権利証のコピーなどを示した。サポート役も交じって言葉巧みに取引を進め、関わった社員らはだまされているとは夢にも思わなかった。

契約締結後、不審な出来事が立て続けに起きた。所有者本人を名乗る人物から「売買契約はしていない」「別人との取引だ」との複数の内容証明郵便が届いた。仲介している知人業者について怪しい噂があるとの情報ももたらされた。

ちらつく成功に目を奪われると、人はネガティブな情報を信じたくなくなるものだ。取引成功へと突き進む空気の中、本部長をはじめとする社員らは、実際は正しかった郵便などに「不自然な点も多い」と取り合わず「取引を妨害したい者の嫌がらせ」と断じた。

逆に「嫌がらせ対策」などとして残代金の決済前倒しを決め、再び社内で承認獲得に奔走した。所有者という高齢女性は自分の誕生日を忘れたり干支《えと》を間違えたりしていた。兆候はいくつも転がっていたが、立ち止まることはなく残る50億円が支払われた。

戻らなかった55億円

法務局は書類の偽造を見抜き、移転登記の申請を却下した。後に警視庁がグループを摘発。メンバーら計10人が起訴され、有罪判決を受けたが、積水ハウスが支払ったうち55億円は戻らなかった。

他人の土地を勝手に売却して利益を得る「地面師」による被害は1990年前後のバブル経済期に全国で多発した。その後は沈静化したが、近年は地価の上昇や地面師が悪用しやすい空き家の増加など活動が活発化しかねない環境が整う。総務省によると、空き家の総数は2018年に849万戸と20年で約1・5倍に増えた。

積水ハウスの株主のひとりは当時の社長らの経営責任を追及し、損害分の賠償を求めて提訴した。大阪地裁は「会社が大規模で分業された組織形態となっている場合、各部署で検討された結果を信頼して経営判断をすることは合理的」と請求を退け、22年12月の大阪高裁も判断を維持して確定した。

社長が語った反省の言葉

もっとも、証人尋問に立った当時の社長は「じくじたる思いはある。各部署が情報を共有化し、連携しながらやれていたらどうだったろうかということが反省としてある」と振り返った。

外部弁護士による検証報告書も、事件を引き起こした構造的要因は、社内にまん延した「縦割り意識の強さ」や「部門間のチェック機能の不整備」だったと指摘した。同社は事件後、都合の悪い情報も部署間で共有できる仕組みを整えるなどの再発防止策を講じた。「立ち止まる勇気」を持てるかが、いつの時代でも組織づくりの要諦なのかもしれない。

第3章

平穏な家庭が
壊れていく。
溶けていくお金に、
ご近所トラブル

CASE 1

「仕組み債」で1000万円を溶かした母、証券会社の責任は？

一人暮らしの母がいつのまにか投資で1000万円超の損失を出していた——。離れて暮らす長女はある日、実家の異変に気付く。老後の生活資金を確保しようと堅実な運用を望んでいたはずの母。証券会社に勧められるがまま、孫の教育資金を溶かしてしまった。家族が知らないうちに購入していたのは、リスクが大きく複雑な「仕組み債」だった。

東京都内在住の女性は20代で結婚し、1男1女の子育てと家事に専念してきた。公務員だった夫の影響で生活ぶりは堅実そのもの。老後の資金を蓄えるため、夫の給与から地道に預金を積み立てていた。低金利で預金利息はほとんどつかず、夫は「代わりに国債でも買おうか」と提案。65歳の頃、大手証券会社に口座を開設し、資産の保全が目的と伝えた。

営業担当者は夫の意をくんだ低リスクの金融商品を勧めてくれ、好感を持った。70歳になって夫が亡くなった後も担当者は「近くに来ていて、顔が見たくなって」と自宅をよく訪ねてくれた。子どもたちよりも一回り若い担当者の懸命な姿に、応援の気持ちを抱くようになった。

お金が消えても「説明できない」

夫から相続を受け、女性の証券口座の資産は当時、総額5000万円ほどになっていた。この先も年金生活が続く。「できるだけ損しないように」。担当者にそう伝えると、2011年にある金融商品を勧められた。その後10回以上、担当者の助言に沿って投資を続けた。

離れて暮らす長女はある日、孫の教育資金に回すと約束していた母親の資産がなくなっていることに気付いた。本人に尋ねても「説明できない」という。担当者に問い合わせると「変な

女性からの信頼を逆手に仕組み債の購入を取り付けた

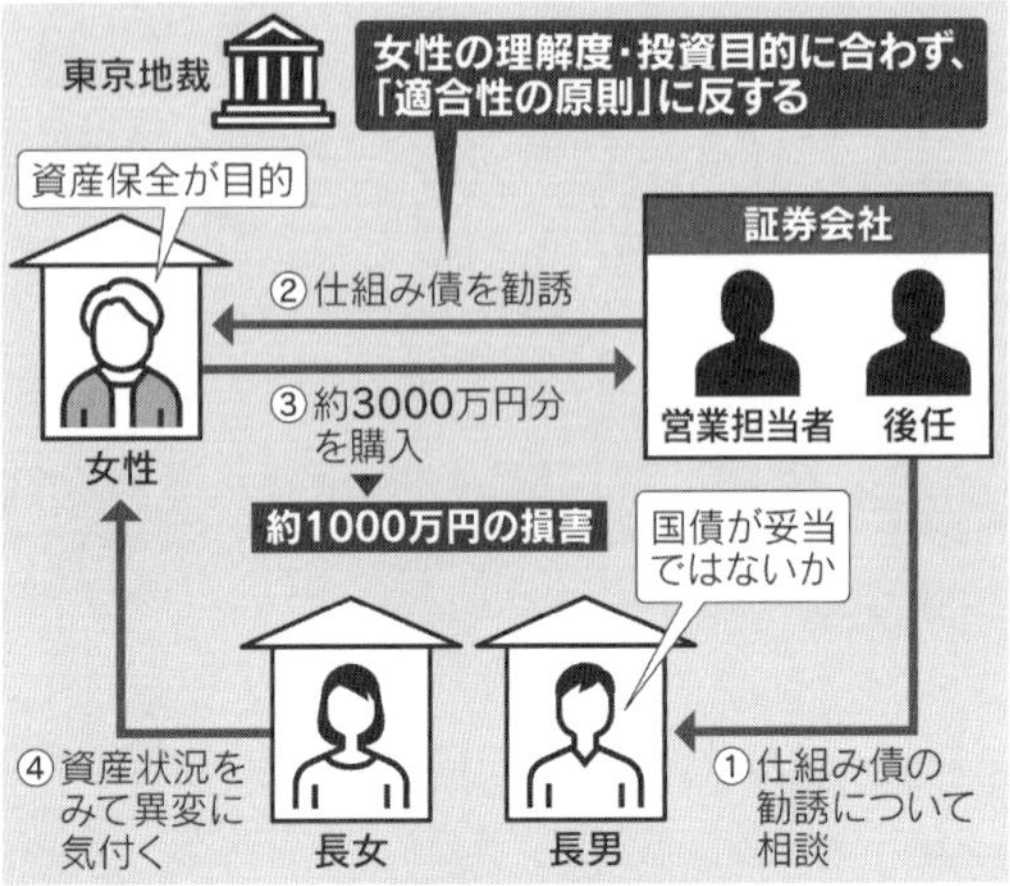

（注）判決などに基づく

ものは持っておらず、円建て中心なので」と説明され「安全な商品なのだろう」と考えたが、改めて調べると、実際は仕組み債だった。

仕組み債は株価指数や為替など複数の参照銘柄を債券に組み込んだデリバティブ（金融派生商品）の一種だ。国債などに比べて利回りが高い半面、相場の変動によって損失が膨らみやすいリスクがある。女性が14～15年に計約3290万円で買い付けた4種類の仕組み債は新興国の通貨の為替レートに連動したものなどで、償還時の損害額は約1140万円に上った。

金融商品取引法は勧誘の際に顧客の知識や財産、目的に沿っていなければならないとする「適合性の原則」を定める。仕組み債など

仕組み債に関する紛争解決あっせん申し立てが増加

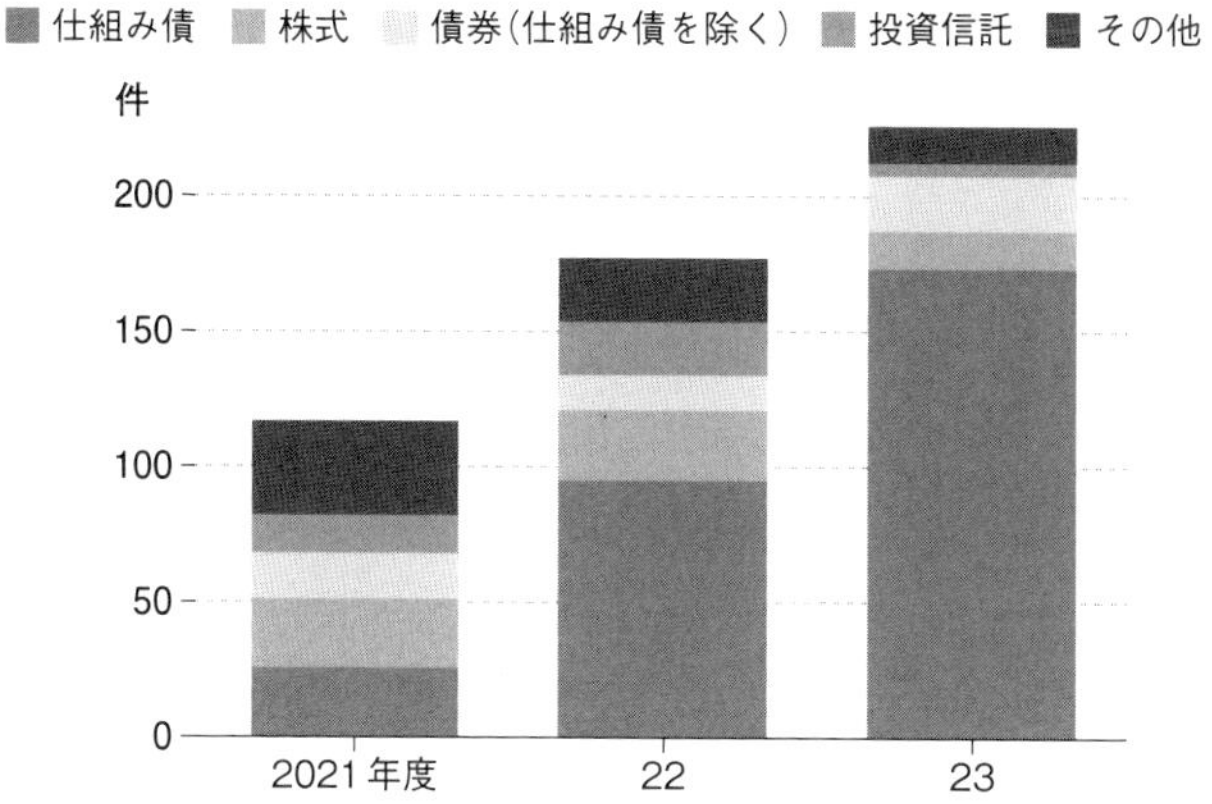

（出所）証券・金融商品あっせん相談センター

高リスク商品の勧誘では、証券会社側は顧客の理解度や属性を確かめる必要がある。

女性は21年、証券会社の勧誘が資産保全の意向や金融知識に乏しい実情に沿っていなかったとして証券会社に約1250万円の損害賠償を求める訴訟を起こした。

訴状などによると、女性は担当者に何度も手堅い取引を要望していたという。「年金生活なので」「大きな利息を得ようという気持ちはない」「元本が割れて損するのは絶対に嫌」……。担当者が商品について説明しても女性は「分からない」と返すことがあった。

同じく顧客だった長男は「仕組み債を女性に勧めたい」と担当者に打診され「母は多様な金融商品を理解していない。国債が妥当」と伝えたが、最終的に女性は購入していた。担当者はその後交代したが、引き継いだ後任も長男に電話で仕組み債について話した上で女性に「息子さんにも説明している」などと伝えて、新たな仕組み債の注文を取り付けていた。

証券会社側は訴訟で、女性の「分からない」という返答は「謙遜の口癖だ」との解釈を示した。女性は長男と相談して仕組み債を購入しているとして、リスクは十分に理解していたと反論した。

トラブル頻発の商品

金融庁は23年6月、主要な銀行や証券会社の多くが「収益の確保を重視し、真の顧客ニーズを把握せず、リスクの受け入れが難しい層にも仕組み債を販売していた」との調査結果を公表した。同じ頃、地銀など3社に行政処分も出した。複雑でリスクが高い仕組み債の販売は顧客からの苦情が多いこともあり、個人向けの販売を自粛する動きが広がった。

しかし、トラブルを抱える人は依然多い。証券・金融商品あっせん相談センター(FINMAC)への紛争解決のあっせん申し立ては23年度に227件。そのうち仕組み債に関するものは7割に上り、増加している。半数が70~80代からの申し立てだった。

東京地裁は女性側の主張を受け入れた。24年3月の判決で「女性は複雑な商品について理解することは困難だった」と認定。資産の保全を希望していたことも踏まえ「勧誘は金商法上の原則から著しく逸脱していた」と指摘した。証券会社に約950万円の損害賠償の支払いを命じ、判決はその後、確定した。

長女は結婚を、長男は転職を機に実家を離れ、それぞれ家庭や仕事にかかりきりになっていた。その間に、一人暮らしだった高齢の母親は証券会社の担当者に導かれるまま、身の丈に合わない投資をしてしまった。裁判で長女は「母が心を許していた営業担当者への信頼を逆手に取った行為は許しがたい」と強調した。

本社幹部に栄転

「夫の遺産が入り、（自分に）知識がないことにつけ込んで高リスクの商品を勧めるようになったと思う」。女性も陳述書で担当者に裏切られた不信感と失望をにじませた。仕組み債は通常の株式や債券に比べ顧客から金融機関に支払う手数料が高い。裁判時に支店長に昇進していた最初の担当者はその後、営業実績などが評価されたのか本社幹部に栄転した。

CASE

2

たった1人の住人が乱す平穏、マンション理事長は103号室の競売を求めた

東京都内の閑静な住宅街に立つマンションは、2025年の新年を静けさの中で迎えたように見えた。その前年の秋、10年越しの住民トラブルに解決のメドがついた。ひとりの男性入居者による暴言や乱暴、業を煮やした管理組合が起こした男性の居宅を競売にかけるための裁判。共存か排除か。共同住宅という「運命共同体」で生じるトラブルは簡単には片付かない。

「１０３　備忘録」――。部屋番号が記されたメモに、男性入居者が繰り返した行為が時系列に沿って記されている。一番古い記述は２０１４年10月。管理組合の理事長にとって10年に及ぶ「苦闘の歴史」だった。

築年数こそ古いが、最寄り駅からも歩いて数分と立地は申し分ない。住人は地域に根付いた学者や経営者が多く、賃貸で入る若い夫婦も溶け込んでいた。理事長は40年以上にわたって、そのマンションで平穏な生活を送ってきた。

一人暮らしの部屋から怒声が

一変したのは13年1月。40代の男性が１０３号室を購入し、一人暮らしを始めた。ほどなく部屋から怒声が漏れるようになる。管理人の部屋の窓をたたいたり、管理室前にあったバケツを蹴飛ばしたりする行為が日常的に繰り返された。他の住人への暴言もあった。

ついには刑事事件に発展する。19年、男性は管理人の胸ぐらをつかんで路上に押し倒し、ケガをさせたとして傷害容疑で逮捕された。管理人の派遣元は「人命に関わる事態」と受け止め、派遣をやめた。「男性が戻ってくれば、またおびえながら生活するしかなくなる」。憂

管理組合は男性の部屋の競売を求めた

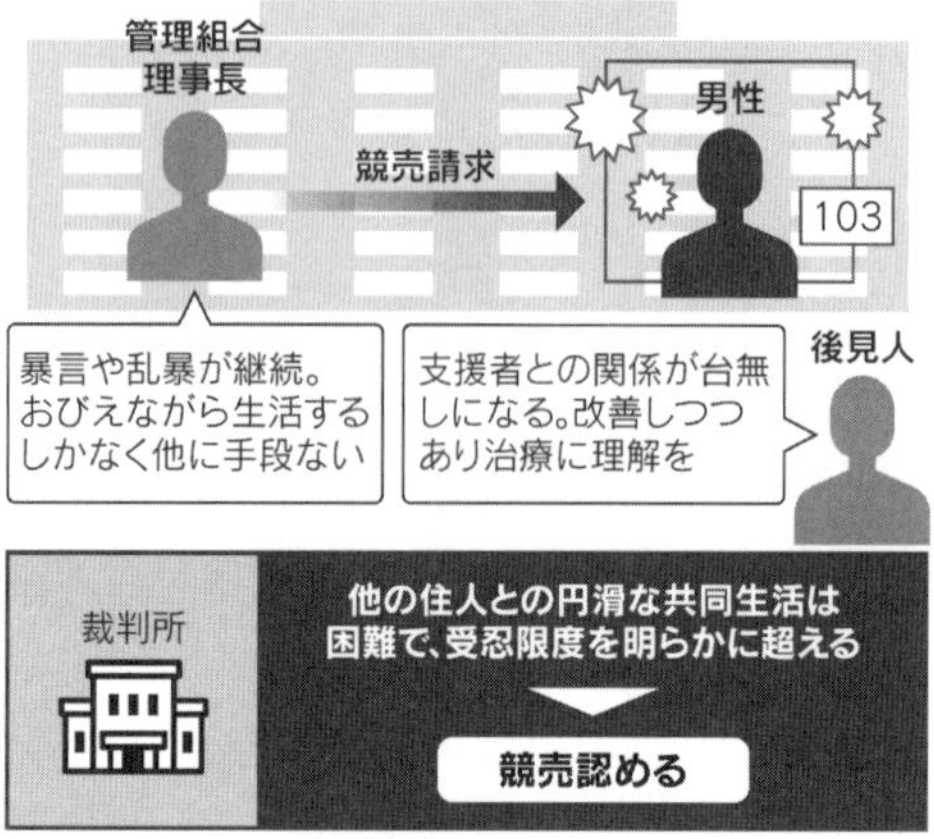

(注)判決などに基づく

えた住人たちは男性の部屋を競売にかける方針を決めた。

区分所有法は「共同生活上の障害が著しく、他の方法ではその障害を除去するのが困難なとき」他の区分所有者らが決議に基づいて裁判所に競売を求められると定める。長期にわたって管理費を滞納したケースなどで認められた例がある。

本人の意思を問わず追い出す最終手段だが、住人たちの決意は固かった。臨時総会で反対意見が出ることはなく、理事長は20年、東京地裁に提訴した。

訴訟のさなかの21年、男性は刑事裁判で執行猶予付きの有罪判決を言い渡された。自室での

管理組合が抱えるトラブル

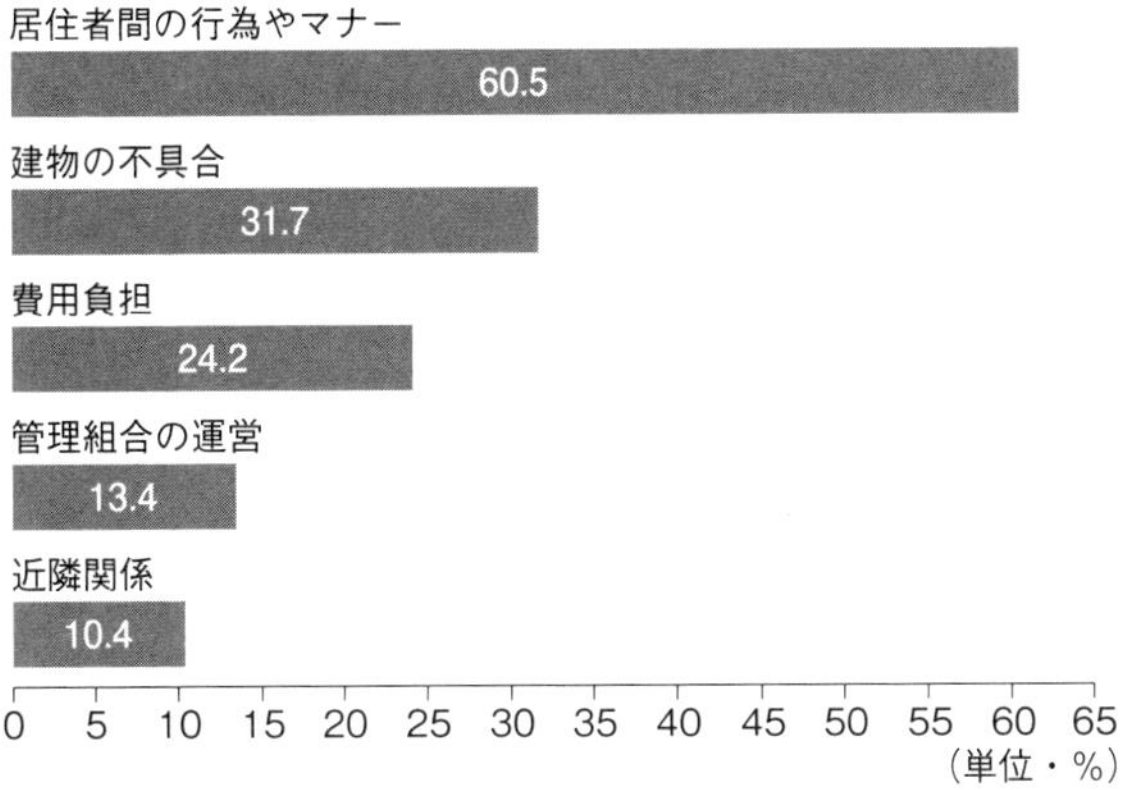

（注）複数解答

（出所）国土交通省「2023年度マンション総合調査」

生活を再開した男性は、程なくして隣室の住人とトラブルを起こし、今度は暴行容疑で逮捕される。責任能力がないとして不起訴になり、強制入院とされたが、22年に退院すると戻ってきた。

「逮捕されても戻ってきて同じことを繰り返し、病院に入っても結局出てくる。もう他に手段はない」。管理人は不在のままで、敷地内や共有部分の清掃も十分にできない。

「ストレスも限界です。一刻も早くマンションから追放していただきますようお願い申し上げます」。理事長はため込んだ憤まんを陳述書にぶつけた。

退院後の男性に成年後見人として就いた弁護士は、訴訟の答弁書で「男性には妄想性障害がある」と説明した。弁護士自身も成年後見人だと信じてもらえず、会うことさえできていなかった。住人側もその流れに乗り「男性の問題点のおおもとは他者との対話を拒絶するところにある」と強調した。

管理組合の6割でトラブル

東京地裁は24年10月の判決で、男性の言動が妄想性障害などに基づくと推認した。粗暴さは収まっていないとして「今後、他の住人と円滑な共同生活を送ることは困難と言わざるを得ない」と指摘。10年以上に及ぶ男性の行為は住人側の受忍限度を明らかに超えるとして競売開始を認めた。

マンションの住民は同じ空間を共有するいわば運命共同体だ。それだけにトラブルも生じやすい。国土交通省が同年6月に公表した調査で、全国の管理組合の6割が「居住者間の行為やマナー」を巡るトラブルが発生したと回答した。要因は「生活音」が44%で最も多く、「違法駐車」（18%）と「ペット飼育」（14%）が続いた。

本来なら住民間の話し合いや譲歩で共存を目指すのが望ましいが、生活の基盤となる住居で起きた問題は、そうやすやすと妥協できるものではない。本人尋問で法廷に立った理事長は「妄想性障害に寄り添うことで問題行動を抑えることを検討したか」と男性側の弁護士に質問され「ありません」と切り捨てた。「住人に理由もなく怒声をあげるんですよ？　そういう人に配慮うんぬんなんて、できるわけないでしょう」

「3人分の座布団を用意」

だが、訴訟資料からは男性に変化の兆しもうかがえる。退院を機に地区のセンターが支援に乗り出し、定期的に保健師の訪問を受け入れていた。「3人分の座布団を用意。話し下手なので、とネタを用意済み」「訪問のリマインドを忘れていたのを謝ると、お互いさまと笑顔」。保健師が記した面会記録には柔和に接する男性の様子が記されている。

弁護士は裁判で「支援者との良好な関係を（転居によって）台無しにするのは強い懸念がある」と心配していた。信頼関係に基づいて一歩ずつ妄想の解消を目指すのが適切な治療だと理解を求めたが、判決は確定した。103号室が競売に付されれば、男性は次に住む場所を探して、移ることになる。

CASE 3

夢の大型マンション「晴海フラッグ」、入居延期でかさむ賃料をどうする？

2024年1月19日、東京都内に1万人超が暮らす「街」が新たに誕生した。かつてアスリートの衣食住を支えた東京五輪・パラリンピック選手村跡地。大規模分譲マンションの入居は予定より1年弱遅れ、住民たちが不動産会社を訴えた。原因はパンデミックだったが、建設業界では人手不足が進み、マイホーム購入を巡るトラブルは人ごとではなくなりつつある。

契約時にご案内していた引き渡し予定日を1年程度変更することになります――。

２０２０年6月、東京都内の50代の男性は自宅に届いた書面に言葉を失った。

東京都中央区の湾岸エリアで、全５６００戸ほどの大型分譲・賃貸マンションと併設の商業施設などからなる「晴海フラッグ」。選手村の宿泊施設を大会後に改修する計画で、大手不動産11社が関わる大規模開発だった。海を眼前に遮ることのない眺望に心をつかまれ、男性は最初に開かれた説明会で妻とふたり、終《つい》のすみかにすることを決めた。

契約解除か、継続か？

事態を暗転させたのは新型コロナウイルスの感染拡大だ。同年7月に予定されていた東京大会は開催が1年延期に。それに伴って入居時期も先延ばしになった。不動産会社に状況を何度も問い合わせたが「何も決まっていない」の一点張り。そんな中、届いたA４の1枚紙。契約解除か、継続か。コロナを理由に説明会も開かれないまま、機械的に選択を迫る文面に不信感が募った。

移り住むまでにかかる月30万円以上の賃料の補償や具体的な説明を求め、21年1月に不動

晴海フラッグ訴訟の構図

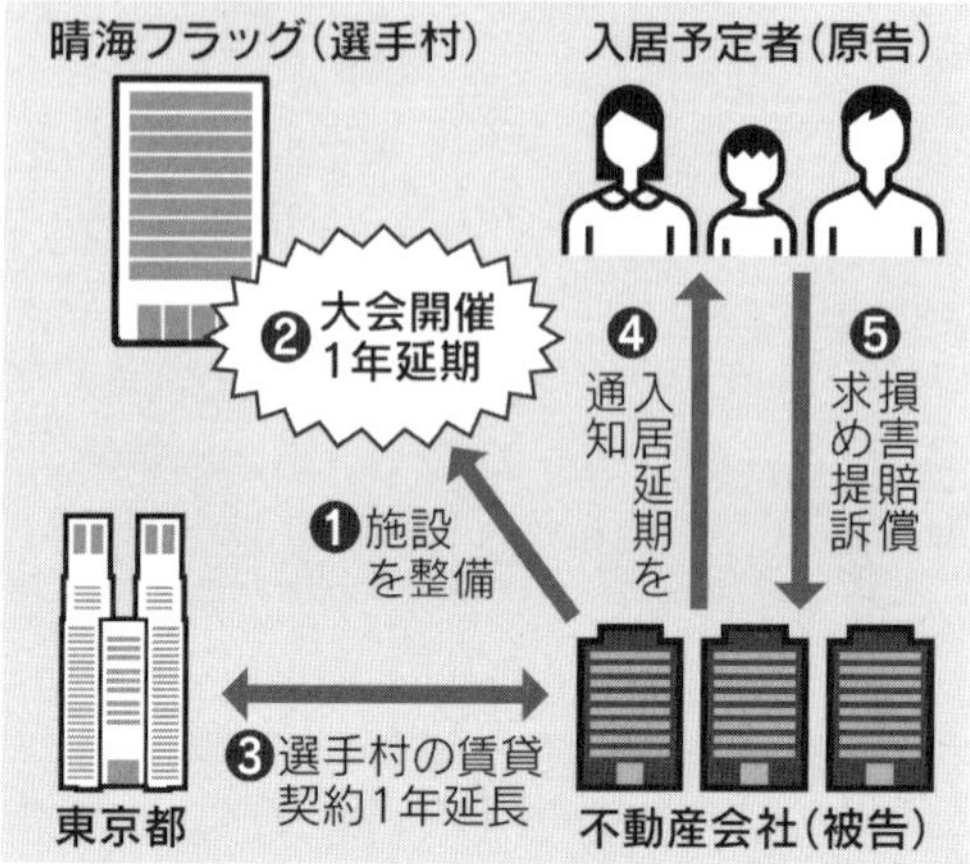

(注)判決などに基づく

産各社を相手取り調停を申し立てたが取りつく島もない。男性を含む複数の住民が原告となった集団訴訟に発展した。

不動産会社側は大会の延期が決まった際、東京都などと選手村としての契約を新たに結び直し、41億円の追加賃料を受け取っていた。住民側は訴訟で、不動産会社側がその使途について説明を拒むなど「納得のいく対応を一切取っていない」と批判。予定通りの引き渡しに向け最善の努力を尽くしたとも言えないと訴えた。

これに対し、会社側は都などとの再契約に応じる義務があり、大会開催が延期となった以上、引き渡しが遅れたのはやむを得なかっ

男性は入居までに1年弱待たされた（東京都中央区）

たと反論した。協力業者や作業員、機材確保の調整や資材搬入計画の見直しなどを迫られ、品質や安全性にも配慮しながら工期を大幅に短縮するのは困難だったと強調した。

22年12月の一審・東京地裁判決は住民側の訴えを「門前払い」にした。契約上のもともとの引き渡しは23年3月で、弁論終結時点ではまだ実際の遅れは生じていなかった。判決は「将来的に生じる損害」を求めることはできないと断じた。

引き渡し期限を過ぎた後の23年8月、東京高裁判決は生じた損害について改めて検討するよう求め、審理を東京地裁に差し戻した。入居が遅れたことに不動産会社側の落ち度があったといえるのか、それとも責任は問えな

住宅を購入しようと思ったきっかけ

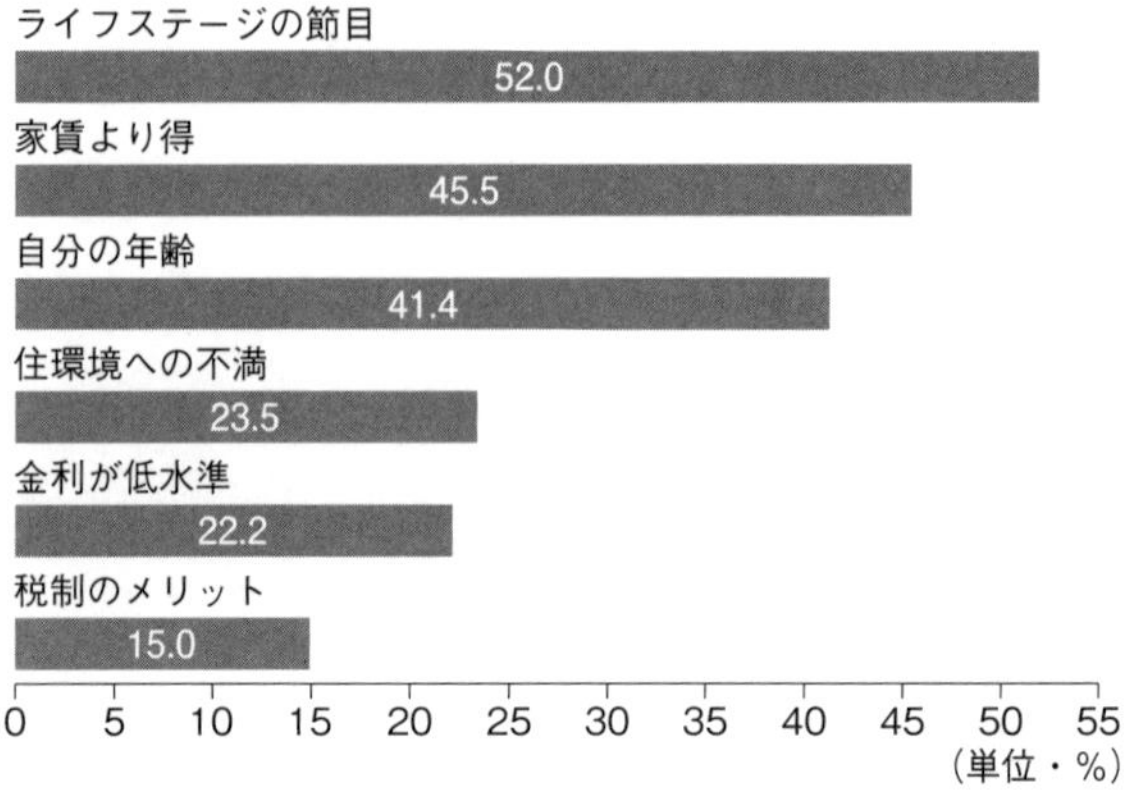

（注）2021年に調査、3年以内に住宅を購入した1815人の複数回答
（出所）りそな銀行

いのか。調停申し立てから3年弱を経て、訴訟はようやく「肝」の部分の審理に入る。

多くの人にとって「マイホーム」が生涯で一番高い買い物であることは言うまでもない。りそな銀行が3年以内に住宅を購入した1815人を対象にした21年のアンケート（複数回答）で、52％が購入のきっかけを「自分自身や家族、子どものライフステージの節目」と回答した。晴海フラッグ訴訟の弁護団によると、原告の中にも子どもの進学期と重なるタイミングで入居を想定していた家族がいたという。

だが、住宅の新築を巡る業界環境は厳しさを増している。引き渡しの遅れによる人生設計の変更は五輪選手村に限った話ではない。コロナ禍で資材の高騰や不足などが顕在化し、各地で実際に住宅の納期が遅れるケースが相次いだ。

国民生活センターによると、引き渡しの遅れや欠陥など新築工事に関する相談は22年度に3060件。国勢調査によると、住宅建設を担う大工は20年時点で約29万人と40年前の3分の1にまで減った。今後は人手不足による影響が表面化するとの指摘もある。

「納得して住みたい」

男性は入居が延期となって以降、月に数度は住めない「我が家」を見に足を運んできた。訴訟でわだかまりがどこまで解けるのかは分からないが「自ら選んだ生涯を過ごす場所。納得して新生活を送りたい」と望んでいる。

CASE 4

イブに届かぬピザ。52分遅れで訴訟を起こした元夫と家族たちの「後味」

時間厳守は日本の国民性と言えるかもしれない。まして特別な日であればスケジュール通りを期待するのはなおさらだ。クリスマスイブ、離婚した元妻と娘２人と約束した夕食に、宅配ピザを頼んだ男性。52分待っても届かなかったことで我慢の限界に達した。会社側は返金に応じたが、数少ない家族団らんの機会を台無しにされた男性は裁判所の判断を仰いだ。

「最後の機会かもしれないな」。2022年12月、京都市の男性は間近に迫ったクリスマスイブに思いを巡らせていた。当日は離婚した元妻や娘2人と夕食の約束をしていた。

高校3年生の長女が大学に進学して一人暮らしを始めれば、4人で集まるのは難しくなりそうだった。

受験勉強にいそしむ長女を思いやり、考えたのは手軽にパーティー気分を味わえる宅配ピザ。中学生の次女も喜び、幼い頃からお気に入りだった大手チェーンをリクエストしてきた。12月23日、男性は翌日の午後7時15分に届くようインターネットで注文した。

鳴らないチャイム

迎えたイブ。指定の時間になってもピザは届かない。事前の予約確認メールに「到着が15分程度前後する可能性がある」と書かれていたため、男性は7時半すぎまで待ってから店舗に電話をかけた。電話口では「混雑している」と告げられるばかりで、その後も家のチャイムは鳴る気配がない。とうとう諦めてキャンセルを申し出た。予約時刻から52分が過ぎていた。

宅配ピザの遅配を巡る訴訟の構図

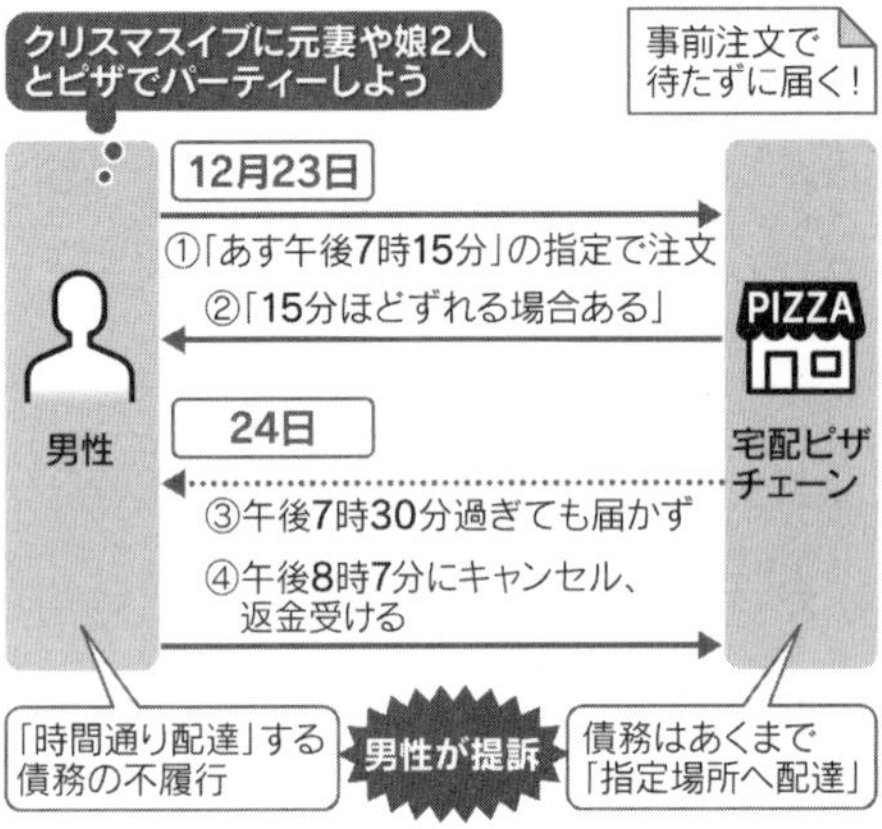

クリスマスイブに元妻や娘2人とピザでパーティーしよう
事前注文で待たずに届く！
12月23日
①「あす午後7時15分」の指定で注文
②「15分ほどずれる場合ある」
PIZZA
男性
宅配ピザチェーン
24日
③午後7時30分過ぎても届かず
④午後8時7分にキャンセル、返金受ける
「時間通り配達」する債務の不履行
男性が提訴
債務はあくまで「指定場所へ配達」

（注）判決などに基づく

つかの間の息抜きとなるはずだった長女、大好物を食べ損ねた次女、何より貴重な水入らずの時間を待ちわびていた男性にとって聖夜のピザパーティーは後味の悪すぎる結末となった。クレームを入れ、全額返金を受けても気が晴れなかった男性は23年2月、宅配ピザ事業者を提訴した。配達されなかったのは時間通りに届ける法的義務を負っていたにもかかわらず、適切な注文管理をしていなかったためだとして10万円の慰謝料を求めた。

想定以上の注文数

事業者側は訴訟で「到着時間は顧客が予測しやすいように示すもので確約するものではな

デリバリー市場はコロナ禍で拡大

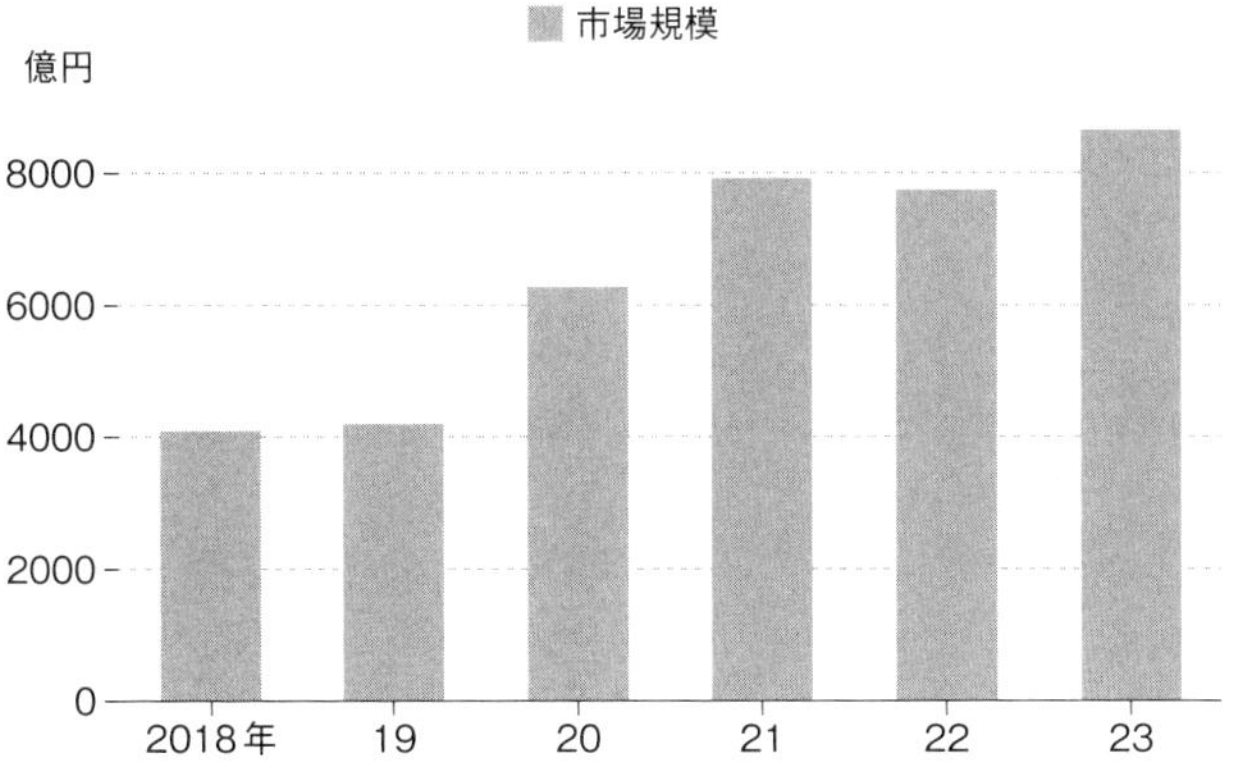

（出所）サカーナ・ジャパンCREST

い」と主張した。予約注文で生じる義務はあくまで指定された場所に届けることで、今回の遅配も社会通念上、許容される範囲だとした。

店側も配達の遅れが生じないよう受付件数を絞るといった工夫をしていたが、イブ当日は持ち帰りの注文が想定以上に舞い込み、ピザの焼き上がりが間に合わなかったという。「時間通りに配達できなかったことは改善すべき事項だ」としたものの、管理方法自体に問題はなかったと説明した。

宅配料理市場は新型コロナウイルス禍を経て拡大した。調査会社サカーナ・ジャパン（東京・港）によると「デリバリー市場」は23年に8622億円で前年から11％増加。コロナ前の

19年（4183億円）と比べると2倍以上に伸びている。

フードデリバリーサービスが普及し、配達員を自社で確保する必要がなくなったことで店側の参入障壁も低くなった。サービスの中には配達員の現在地や到着予想時間が分かるものもある。メニューの魅力はもちろん、配達時間の正確性も注文先を選ぶ際の重要な判断材料になりつつある。

「遅配は起こりうる」

京都地裁は24年2月の判決で「ピザの遅配は一般的に起こりうる現象」だと指摘した。その上で注文キャンセルの申し出に応じ、返金していることから事業者側の対応に違法性はなかったと判断した。52分という時間が我慢すべき範囲を指す「受忍限度」に収まるかどうかについては踏み込まなかった。

男性側に財産上の損害が生じていないことや、パーティーの食事をピザ以外に変更できた状況などから事業者側が慰謝料を支払う必要はないとして男性側の訴えを退けた。大阪高裁も同年7月、判断を維持。男性は不服として最高裁に上告したが、覆らなかった。

もっとも、地裁は事業者が時間指定の予約を受けていたことから「指定日時の前後15分以内に指定場所に配達する契約上の義務が発生していた」と言及。事業者側の「時間通りの配達は努力的に行うもの」という主張は退け「配達遅延について過失がなかったことの具体的な主張立証をしていないため債務不履行には当たる」とクギを刺した。

「みんなそろったのに肝心のピザが来なくてパーティーが始められない……なんてことにならないためにも」。事業者は注文ページで事前予約の強みをそう強調していた。残念ながら男性のもとにはこの年、肝心のピザが来なかった。クリスマスイブは、これからも毎年訪れる。ピザの到着を待つすべてのパーティーが楽しく始まることを信じたい。

CASE 5

隣人は見ていた。防犯カメラが夫婦の暮らしをがんじがらめにする

夫婦の暮らしは隣人から向けられた監視の目によってがんじがらめにされていた。相次いだ「迷惑行為」の犯人ではないかと疑われて設置された防犯カメラ。平穏な日々を奪われた夫婦は撤去を求めて裁判を起こす。勝手な撮影は許されるのか。近隣住民との不和は住まいがある限り、誰もが当事者になる可能性がある。執拗な悪意を感じ取った妻は、不眠の症状を呈した。

一軒家が並び立つ東京23区内の閑静な住宅街。2020年11月のある日、夫は私道を隔てた隣の家に4台の真新しい防犯カメラが取り付けられていることに気がついた。うち何台かは自宅を向いているように見える。この隣家に住む女性に2カ月ほど前、「話がある」と呼び止められたことを思い出した。

「家の周りに油をまかれている。被害届を出していいですか」と非難されたものの身に覚えがない。在宅勤務のさなかだったこともあり「出せばいいのでは」と素っ気なく応じると「わかりました、出しますから」と激高しながら告げられた。

このとき以来、女性が我が家をにらみ付ける姿をたびたび目撃するようになっていた。カメラは2週間後にも追加され、計5台による常時記録が始まった。

「常に軟禁されている感覚」

24時間カメラを向けられる生活に夫婦は追い込まれていく。バルコニーで趣味の家庭菜園もできなくなった妻は次第に不眠などの症状が表れ、精神科クリニックに通院。警察に相談すると、家全体を映していた1台は撤去されたが、監視はなお続いた。夫婦はプライバシー

カメラ撤去を求める訴訟は別の住人も巻き込んだ

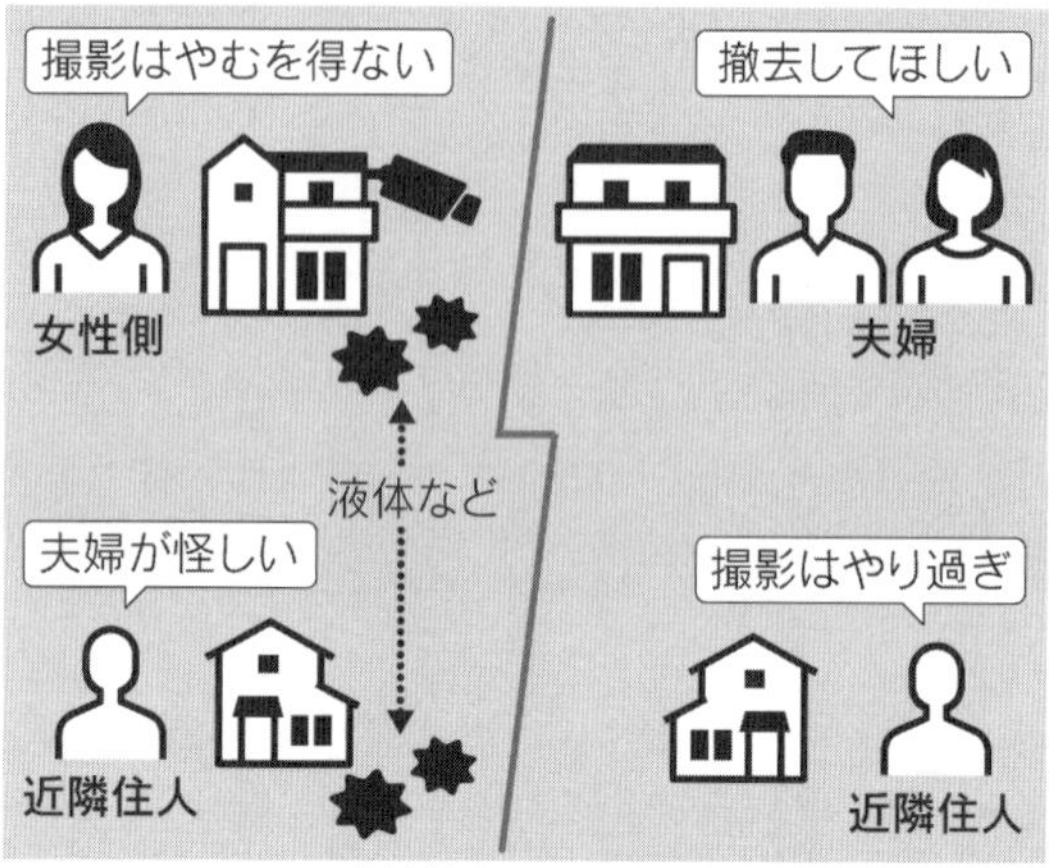

（注）判決などに基づく

侵害だとして自宅に向けられたカメラの撤去などを求めて提訴した。

「大げさでなく常に軟禁されている感覚」。夫は法廷で日々の暮らしをそう表現し「何とか私たちを犯人に仕立て上げようとする悪意と執念に満ちている」と批判した。妻は「この先もずっと続くのかと思うと恐怖で息苦しくなる」と吐露した。

判例は「人はみだりに容貌を撮影されない法律上保護された人格的利益がある」とする。撮影が違法になるかどうかは目的や範囲、必要性などを踏まえ、利益の侵害が社会生活上受忍できる限度を超えるか否かが分かれ目となる。今回のようなカメラの設置も、目的などに正当性が認められれば合法とされる場合がある。

「家庭・職場・近隣関係」の警察への相談件数

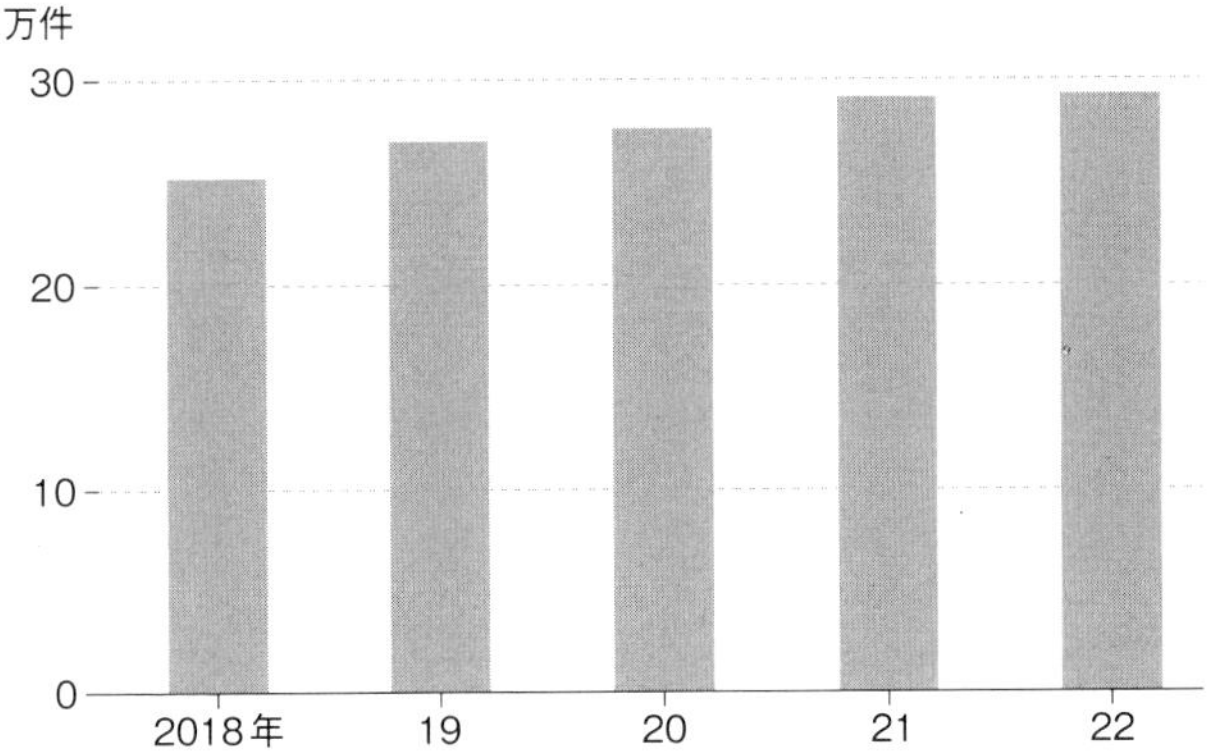

（出所）警察庁

女性側は訴訟で、生命や財産を守る上でやむを得ず、設置は違法ではないと反論した。この地区では数年前から路上に液体や生魚が散らばる異変が目立っていた。女性の家も20年9月ごろから、油のようなものをまかれる被害に遭っていた。

設置の目的は、異物をまく犯人を特定するための証拠収集だった。実際、被害が発生した時間帯の映像には毎回のように夫婦の家の2階バルコニーで身をかがめる妻の姿が映っていた。女性は夫婦の妻がそのとき遠隔で異物をまいていた可能性があるとして、夫婦を疑って撮影を続ける根拠があると主張した。

夫婦のしわざと考えていたのは実は女性だけではない。女性側が証拠として提出したのは近所の住人の陳述書だ。この住人は、被害が起きたのは決まって自分の子どもが騒いだ翌日だったと説明した。過去に騒音について苦情を言ってきたことがある夫婦を「最も疑っていた」と明かした。

「猫好きのおばさん」もいた

他方、夫婦側も別の住民の陳述書で対抗した。それによると、この地区では周辺に住む「猫好きのおばさん」が生魚を細かく切った餌などをまき、野良猫が食い散らかすことが過去にあったという。「複数の防犯カメラで監視し続けることはやりすぎといわざるを得ない」とその住民。裁判は、夫婦と女性以外の近隣住人を巻き込んだ地域内の紛争に発展する。

23年5月、東京地裁は判決を言い渡した。地裁は被害時刻にバルコニーに妻の姿が映る事態が多数回あったことを認め「被害の原因が夫婦らにあると疑う理由がないとは言いがたい」と女性側の言い分に一定の理解を示した。

ただ、実際に異物をまく動作は映っておらず、身をかがめたまま被害を生じさせるのは「物理的に困難に見える」とも指摘。事実確認のため、最後の被害から1カ月程度の撮影は正当化できるが、その後の撮影は違法だと判断した。夫婦の自宅が撮影範囲に入るカメラの撤去を命じた上で、今後は同様の位置に設置することも禁じた。

いわゆる「ご近所トラブル」は近年、顕在化している。22年に全国の警察が取り扱った相談のうち、ゴミ出しや騒音などを含む「家庭・職場・近隣関係」は約29万2千件。18年（約25万2千件）から4万件ほども増えた。新型コロナウイルスによる在宅勤務の増加などが背景にあると見られる。

〝真犯人〟は明らかにならず

近隣同士仲良く和気あいあいとできるようにという願いを込めてお話しします――。「猫好きのおばさん」による可能性を挙げた男性は、陳述書の冒頭にその一文を記していた。その思いも手伝ったのか、女性側は控訴せずに一審判決を受け入れ、法廷での争いは長引かずに終結した。不和を引き起こした被害の真相は明らかにならなかった。

プライバシーを侵すカメラは取り外されたが、他人をいぶかる人間の目はレンズよりも厄介だ。夫婦や女性が居を構える一角の住人らは疑心暗鬼を乗り越え、平穏な日常を取り戻すことができただろうか。

第4章

会社員はつらいよ。今どき職場の悲喜こもごも

CASE 1

「文句があるなら代案を出せ！」、会議で手が出て1億4000万円の賠償請求

「文句があるなら代案を出せ」。男性部長は会議中、部下の言動に怒りを抑えきれず思わずつかみかかった。暴行で心身を傷付けられたとして部下に訴えられ、要求された賠償額は1億4000万円。「沸騰」した感情をいかに鎮めるか。ストレス社会といわれる現代の管理職は、仕事だけでなく自分自身をマネジメントする能力も求められている。

東京都内にある大手インターネットサービス会社の会議室。２０１6年6月のある日の夕方、40代の男性が部長として率いるチームの7人が定例会議に臨んでいた。上層部の指示で大幅に引き上げられた月間の売り上げ目標。どうやって達成するか。営業方針などを話し合う場だった。

途中、チームメンバーの報告にひとりの部下が口を挟んだ。「それ意味あるの？　もっとやり方あるんじゃないの？」。報告内容は既にチーム内で合意していたはずで、責任者である自分への当てつけではないか――。そう捉えた部長は「文句があるなら言えよ。他に方法があるなら代案を出せよ」と語気を強めた。「文句なんか言ってないじゃないか」と「ため口」で言い返した部下は、役職は違えど同い年だった。

「私を陥れようとしている」

もう後には引けない。手元の缶コーヒーを机にたたきつけ、部下の元へ歩み寄る。会議室の壁を幾度かたたき、椅子に座っている部下のシャツをつかんだ。数秒後に手を放したものの、そのまま口論に発展。異変に気付いた上司が会議室の外から割って入り、部長を別室に

男性は会議中に部下につかみかかった

それ意味ある？もっと
やり方あるんじゃ？
文句があるなら言え
文句なんか言ってない
じゃないか
シャツを
つかむ
首のケガ、
うつ病
部下
男性
チームの
メンバー
約1億4000万円の賠償請求

（注）判決などに基づく

連れ出した。

間を置いて会議室に戻った部長は部下に謝罪した。その1時間ほど後にSNSで「先ほどはごめん。きょう、飲みにいかない？」と誘った。部下から「予定があって、来週調整しますね！お気になさらず」と返信があった。

垣間見えた氷解の兆しは、程なく一転する。日付が変わった午前3時ごろ、部長を含むチームのグループチャットに部下が投稿した。「時間とともに首の症状が悪く、激痛が走ってきている。朝から病院に行きます」。以後、首の痛みや手足のしびれを訴えた部下はうつ病などの診断を得て、1カ月後に退職。20年、部長と会社を相手取って訴訟を起こし、約1億4000万円の賠償を求めた。

仕事で強いストレスなどを感じる事柄がある年代別の割合

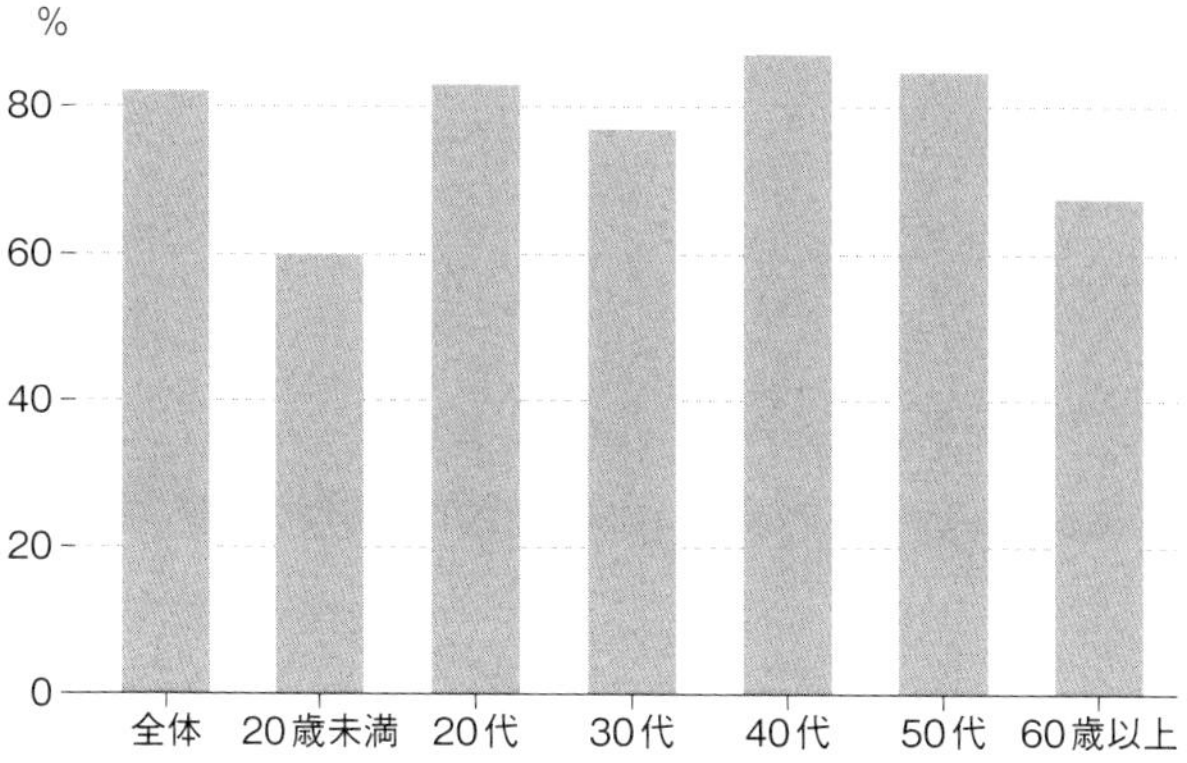

（出所）厚生労働省「労働安全衛生調査」（2022年）

「暴行」がどのようなものだったかは、双方の言い分に食い違いがある。一審判決は「少なくとも着衣の襟元から胸元付近を手でつかんだ」との認定にとどまったが、部下側は5秒以上にわたって「首付近をつかんだまま壁際に押しつけるように力を込めた」と主張。首の損傷やうつ病などを発症する原因になったと訴えた。

これに対し、部長側は「首ではなく胸ぐらを1、2秒つかんだ軽微なもの」で、発症との因果関係はないと反論。部長は法廷で、部下が不調を訴えだしたときの気持ちを「私を陥れようとしていると思った」と振り返った。「つかんだことは申し訳なく思うが、それ以降のことは言いがかりと感じている」

これまで暴力はおろか、社内で人ともめたことすら一度もなかったという部長。カッとなった原因として、部下に軽んじられていると感じていたことを挙げた。部下側の代理人に「壁を強くたたくこと自体、パワハラと思わなかったのか」と問われると「完全に同い年同士のケンカと理解していた」と釈明した。

40代のストレス

23年8月の東京地裁判決は、部長が興奮状態にあったことなどを踏まえ「首付近に向けて相応の強さの外力を加えた」と認定した。暴行をきっかけに神経症状やうつ病が発症したと判断したが「労働能力に影響を与える後遺症があるとはいえない」として、賠償額は約218万円と算定。部長と会社に連帯して支払うよう命じた。

厚生労働省が約1万8千人を対象にした22年の労働安全衛生調査で、労働者の82％が仕事などに「強い不安、悩み、ストレスを感じる事柄」があると回答した。年代別では部長と同じ40代が87％で最多だった。

具体的なストレスの内容を見ると、複数回答で最も多かったのは「仕事量」の36・3％。「仕事の失敗や責任の発生」（35・9％）や「仕事の質」（27・1％）が続いた。対人関係や顧客などからのクレーム、会社の将来性といった項目も2割を超え、第一線で働くビジネスパーソンが様々な気苦労にさらされている実情が浮かぶ。

あと6秒待てたら

そんなストレス社会に生きる管理職に欠かせないのが、自身の怒りの感情をコントロールする力だ。「アンガーマネジメント」の技術として「イラッとしたらまずは心の中で6秒数え、怒りのピークが通り過ぎるのを待つ」方法が知られている。

一審判決後、賠償額に不満の部下側は地裁の評価に誤りがあるとして控訴したが、24年3月に取り下げた。もし部長が怒りをのみ込めていれば、そもそも争いは起きていない。「6秒」待てなかったばかりに始まったトラブルは7年9カ月に及んだ。

CASE

2

チャットでこぼした愚痴が社長に知られ、「テレワーク禁止」からの自主退職

在宅勤務という新たな働き方は、互いの姿が見えない故にトラブルの火種もはらむ。社用チャットに職場の愚痴を書き込んでいたことを会社に知られた女性。テレワークの禁止とオフィス勤務を命じられ、応じられないとして退職した。出社命令は無効だと提訴した女性に対し、会社側は在宅での勤務報告に虚偽があったと訴え返し、双方の主張は真っ向から対立した。

会社を辞めたほうがよいかと思います――。2021年3月。午後3時半ごろ、いつものように自宅で仕事をしていた女性のもとに勤め先のIT（情報技術）会社の社長から1通のメールが届いた。添付されていた1枚の画像。開いてみると、自身と同僚がチャットツール「スラック」で交わしたメッセージの画面だった。

「管理監督」のためのオフィス勤務

周囲の目の届かない環境が不満をエスカレートさせたのだろうか。「有休消化という概念はこの会社にはないんですかね」「育て方、下手ですよね」「馬鹿なの」。従業員規模300人ほどの社内で当時、女性の周りだけでも5人以上の社員が相次いで離職していた。高まっていた職場や社長への愚痴が当事者しか見られないダイレクトメッセージで飛び交った。

だが、やりとりをしていた同僚も退職することになり、会社にパソコンを返却。社長が中身を確認し、予期せぬ形で本人の目に触れた。「辞めるつもりはない」という女性に、社長は「これでどうやって信頼関係を築けばいいのか」とにべもない。その日の夜、「管理監督」を理由にテレワークを禁じ、オフィスでの勤務を命じる通知文が届いた。

リモートワークを巡る訴訟のイメージ

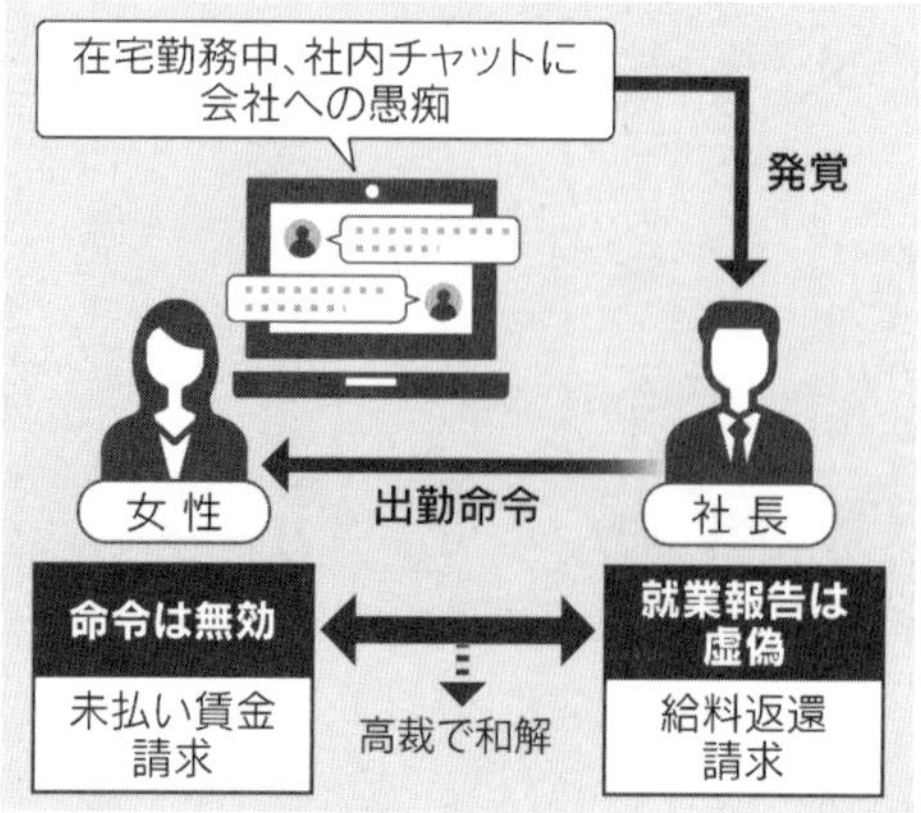

(注)判決などに基づく

女性はデザイナーとして営業資料などの作成を担っていた。フルリモート勤務で、20年5月に転職してからオフィスに出向いたのはわずか2回。夫婦共働きで子どもを保育園に送迎していた上、当時は妊娠中だった。埼玉県の自宅から東京都内の職場まで電車で片道1時間半かかる。女性は命令を拒んだ。

2週間後、会社側は無断欠勤が続いたとして女性を退職扱いとした。その後、自ら退職を申し出た女性は、出社命令は無効だったとして退職までの賃金支払いなどを求めて提訴。会社側は逆にこれまでの在宅期間を遡り、勤務時間の報告に虚偽があったとして給料の一部返還を求める反訴を起こした。

テレワークで難しさを感じること

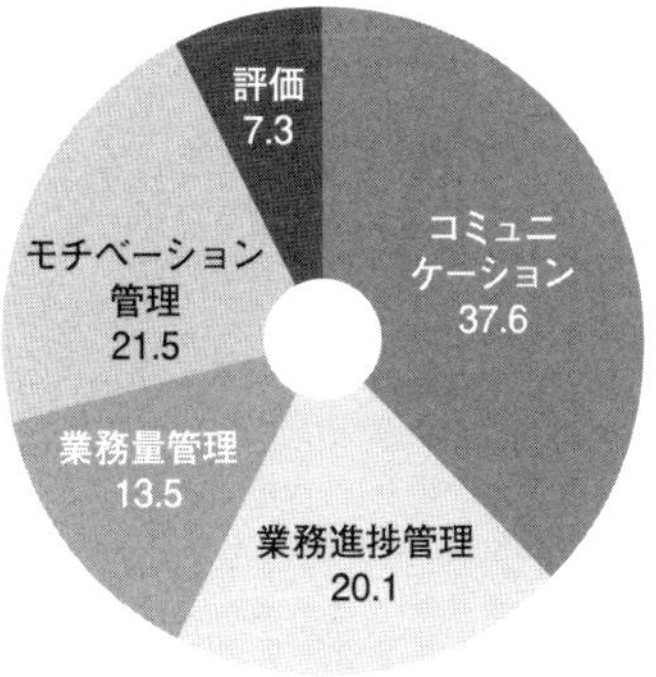

（単位・％）

（注）2023年に調査、リモートでマネジメント経験がある303人が回答
（出所）Job総研

コロナ禍を受けて一気に広がったテレワーク。女性のように通勤が困難な事情を抱える人でも働くことができ、通勤のストレスがないなどの恩恵が大きい一方で、課題も浮かび上がる。

転職相談サービスのライボ（東京・渋谷）が運営する「Ｊｏｂ総研」が23年1月、テレワークでマネジメントを経験した約３００人に難点を尋ねたところ、37・6％が「コミュニケーション」、20・1％が「業務進捗の管理」と答えた。一方で、従業員は８７４人のうち65％が「テレワーク中にサボったことがある」と回答している。

訴訟で会社側はパソコンの操作記録などをもとに約１０３万円分の給料が払いすぎだったと主張した。女性は「操作記録がないのはデザイン業務の仕方からすれば当たり前だ」と反論した。アイデアを考える際にパソコンを使わずラフスケッチを描くケースも多かったという。ただ、具体的な成果が上がるまでのプロセスが見えにくい中で、会社側が女性の働きぶりに疑念を持ったのも無理からぬことかもしれない。

安易な書き込みの危うさ

東京地裁は22年11月、女性側の訴えを支持する結論を導く。会社側がそれまで女性の勤務形態に異論を述べなかったことなどを踏まえ「出社命令は業務上の必要性はなかった」と判断。会社側に約45万円の支払いを命じた。虚偽報告という主張は「デザイナーはパソコン作業をしないこともある」と退けた。

敗訴した会社側と、訴えの全額は認められなかった女性側の双方が控訴した。約4カ月後、会社側が女性に解決金を支払い、互いに誹謗《ひぼう》中傷しないことなどを条件とする和解が東京高裁で成立。裁判は終結した。

訴訟はリモートでの業務管理の難しさとともに、社用チャットへの安易な書き込みの危うさも映し出す。いさかいの発端となったやり取りについて、女性は「地位や責任からすれば、社会生活上、甘受すべき範囲内」と述べたが、地裁判決は「(社長を)やゆする内容が含まれ、不快に感じた点は理解できる」と言及した。

仕事の仕方が変わっても、画面の向こうにいるのが生身の人間であることに変わりはない。在宅勤務で顔を合わせなくなった相手と、久々に対面した場が法廷という事態を避けるためにも、改めて肝に銘じておきたいものだ。

CASE

3

米国人上司が「ババア」「かわいくない」と女性部下に発言、解雇は違法か？

「Old bag（ババア）」「Not cute（かわいくない）」――。職場の部下に対するこんな発言がハラスメントだと内部通報され、社内調査の約1年後に解雇された米国人男性。「冗談にすぎなかった」と会社を訴えると、裁判所も「言われた相手は不快に感じていない」としてハラスメントに当たらないと判断した。男性の訴えが認められた形だが、管理職の能力には疑問符が付いた。

2019年1月、オフィス業務支援を手掛けるグローバル企業の日本法人に匿名の内部通報がよせられた。管理職の60歳近い米国人男性が複数の女性に容姿をからかう発言を繰り返しているという。通報者は「長いあいだ知っているスタッフは笑い飛ばしていたが、自分も含めて多くのスタッフが不快に感じている」と強調した。

通報を受けた会社は1週間ほどかけて同じフロアで働く従業員17人に聞き取り調査し、男性に警告書を送った。「悪意はなかったものの職場環境を悪化させる恐れのある不適切なコメントが確認された。ハラスメントとみなされる」。男性は人事担当者らとの面談やメールで「コミュニケーションを円滑にするための冗談。理解がある人にのみ言っている」と反論。警告書への署名を拒否した。

年俸2310万円

同社の日本法人代表は同年12月、男性を打ち合わせ室に呼び出した。男性が警告書の内容を認めないことに加え、パフォーマンスが低く、期待した収益を上げていないといった理由を列挙し、解雇を通知した。

争いになった構図

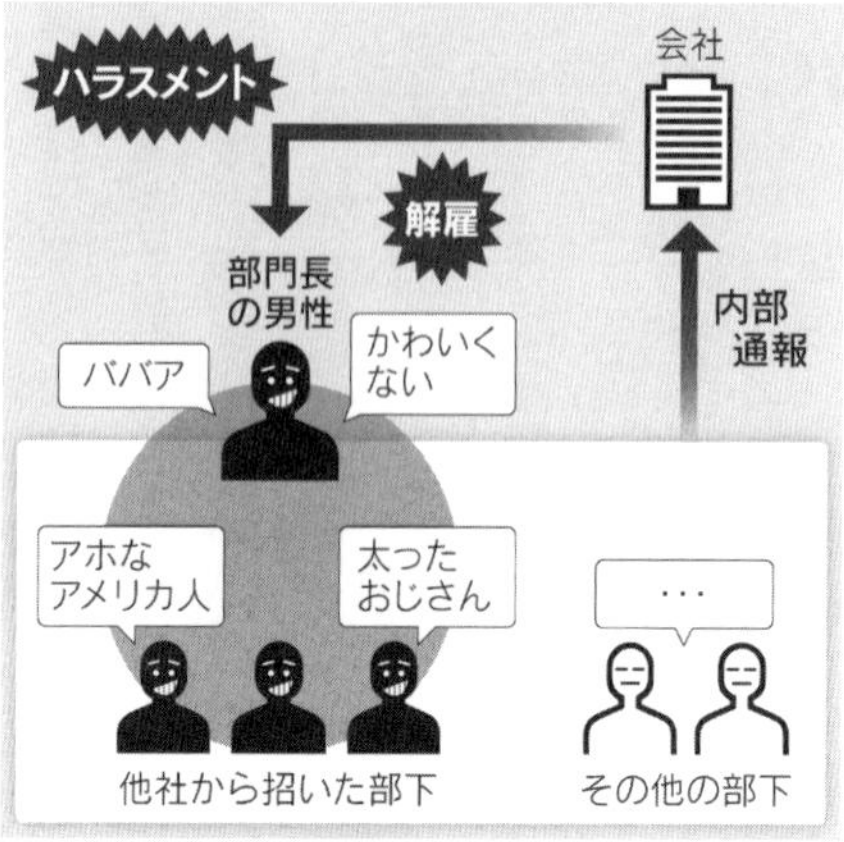

(注)判決などに基づく

男性は「ハラスメントの事実はない。収益の圧迫も人件費によるもので、売り上げは2年目には倍増した」として受け入れなかった。労働審判で合意に至らず、男性が従業員であることの地位確認を求める訴訟を起こし、裁判に発展した。

男性は解雇を通知される2年前、日本法人代表にヘッドハントされ、年俸2310万円の厚遇で中途入社していた。同社は当時、日本市場向けの広告キャンペーン事業がうまくいっていなかった。代表の頭に浮かんだのが他社に在籍していたときに一緒に仕事をしたことがあり、同種の販促で成果を上げていたこの男性。オファーを快諾した男性は、広告部門を束ねるエグ

ハラスメントを見聞きした人の割合は再び増加傾向

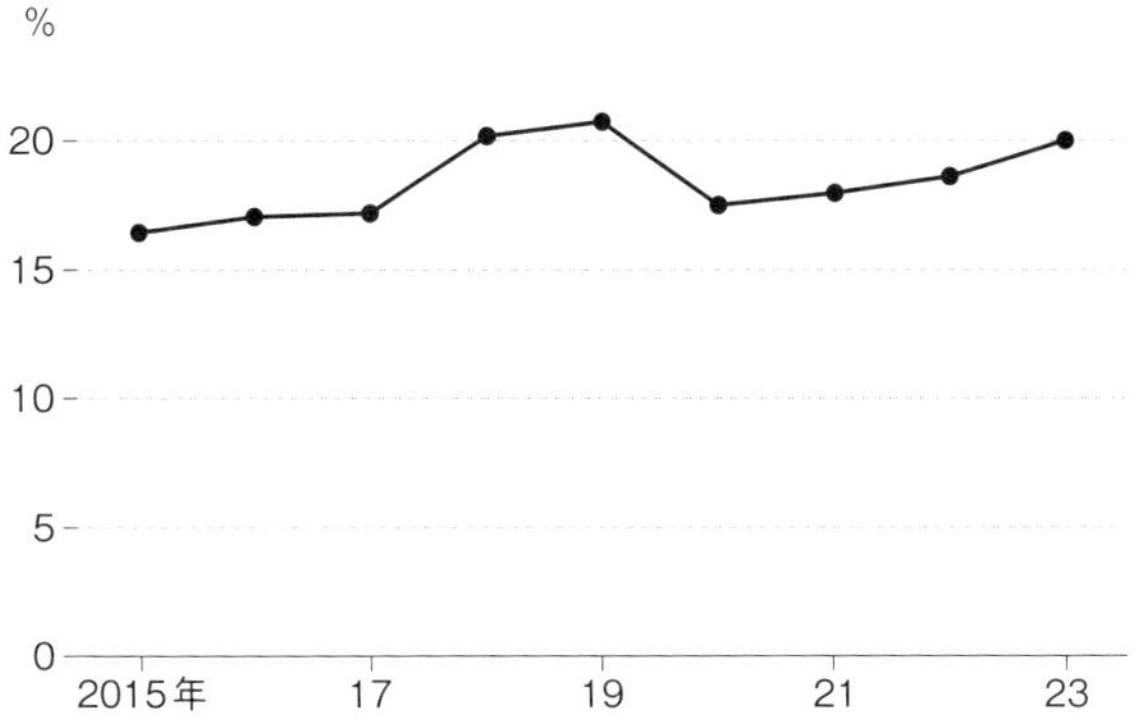

（注）雇用者のうち「パワハラ・セクハラを見聞きした」に「あてはまる」と「どちらかというとあてはまる」の回答を合計
（出所）リクルートワークス研究所調べ

ゼクティブ・ディレクター（部門長）として勤務を始めた。

入社して間もなく、男性は「組織の体制が整っていない」と考え、かつて一緒に働いたことのある元同僚たちを多く招き入れた。当初5人ほどだった部署に男性から誘われて加わったメンバーは十数人。規模の拡大に伴い、売り上げも伸びていった。

社内調査で問題視された発言も、付き合いの長いメンバーの多くは冗談だと理解していた。男性側によると、言われた部下側も男性に対し「Stupid American（アホなアメリカ人）」「Fat guy（太ったおじさん）」などと言い返していたという。

実際に、会社側による従業員への聞き取り

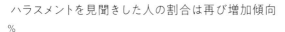

調査でも「言われている人との関係性においての発言なので、仲良しなのだという印象」「その場を明るくするための発言」との反応が相次いだ。一方で「自分に向けられたものではないが気持ちいいものではない」と不快感や疎外感を示す従業員も一定数いた。「気心が知れた人への発言だとしても集中力、気力がそがれ就業環境が悪化している」との声もあった。

増えるハラスメント

ハラスメントの線引きは困難さを伴う。厚生労働省が企業に対し、対策などに取り組む上での課題を聞いたところ、「ハラスメントかどうかの判断が難しい」が最多の59・6%だった。特に今回のように直接自分が被害を受けたわけではない「環境型ハラスメント」の場合、該当するかどうかの判断はより難しくなる。

一方で、ハラスメントに接したと感じる人は増えている。リクルートワークス研究所によると、雇用者のうち「ハラスメントを見聞きした」の項目に「あてはまる」「どちらかというとあてはまる」と回答した人の割合は、15年の16・5%から23年に20・1%と伸びた。新型コロナウイルス禍によるテレワークで一時減ったものの再び増加傾向にある理由として、同研究所は「ハラスメントの概念が広まり、関心が高まっている」と分析する。

年俸は大幅ダウン

東京地裁は判決で「発言に相手を侮蔑し差別する意味があることは明らか。警告に従わなかった対応も管理職として不適切」としつつ「不快に感じていなかった従業員が少なからずいた」として、相手を侮辱する「意図」はなかったと結論づけた。売り上げに関する会社側の主張も理由にならず、解雇は無効とした。会社側は控訴したが、男性の退職を双方が確認して会社が解決金を支払うことで和解が成立した。

管理職の重要な仕事は部下たちが働きやすい環境の整備だ。自身の言動がハラスメントに当たるかどうか以前に、仲間内だけで通じる冗談が飛び交う職場は他のメンバーにとって居心地が良かっただろうか。男性はその後、別の会社に移り、年俸は660万円減の1650万円となった。

CASE
4

非常勤講師の雇い止め。理由は成績評価が厳しく、学生に不人気だから

企業にとって顧客満足度は重要で、人事評価に取り入れている会社もある。しかし、教員の評価に、学生の「支持率」を重視するのはどうなのか。厳格な採点で知られたある非常勤講師の男性は「学生に不人気」と大学側にとがめられ、雇用契約の更新を断られた。理不尽な雇い止めか、厳格さが嫌われる時代なのか。男性は不当な対応だとして司法の判断を仰いだ。

「来年度は契約更新しません」。２０２０年12月、関西の私立大で英語を教えていた50代の男性は、大学側からの突然の宣告にがくぜんとした。16年度から学期ごとに5～6コマの授業を担当。必修科目の英語はコマ数も多く、当然のように講師の仕事を続けられると思っていた。

雇い止めの理由として突きつけられたのは、大学が学生に実施したアンケート調査だった。「授業がわかりにくい」「声が小さい」――。自由回答欄に男性の授業に対する学生のクレームが連なっていた。授業の満足度や理解度を尋ねた5段階評価で、男性はいずれの項目も中間評価の「3」は超えたが、教員全体の平均は下回っていた。最も差が大きかった項目は0・9ポイント低かった。

合格点に満たない学生が続出

大学側がそれに加えて重視したのが「不合格率」だ。教員が合格と認めなければ学生は単位を取得できず、翌年に改めて同じ科目を受講し直さなければならない。他の英語の非常勤講師の不合格率は軒並み1％前後にとどまり、最大20％の男性は際立っていた。

雇い止め無効訴訟の構図

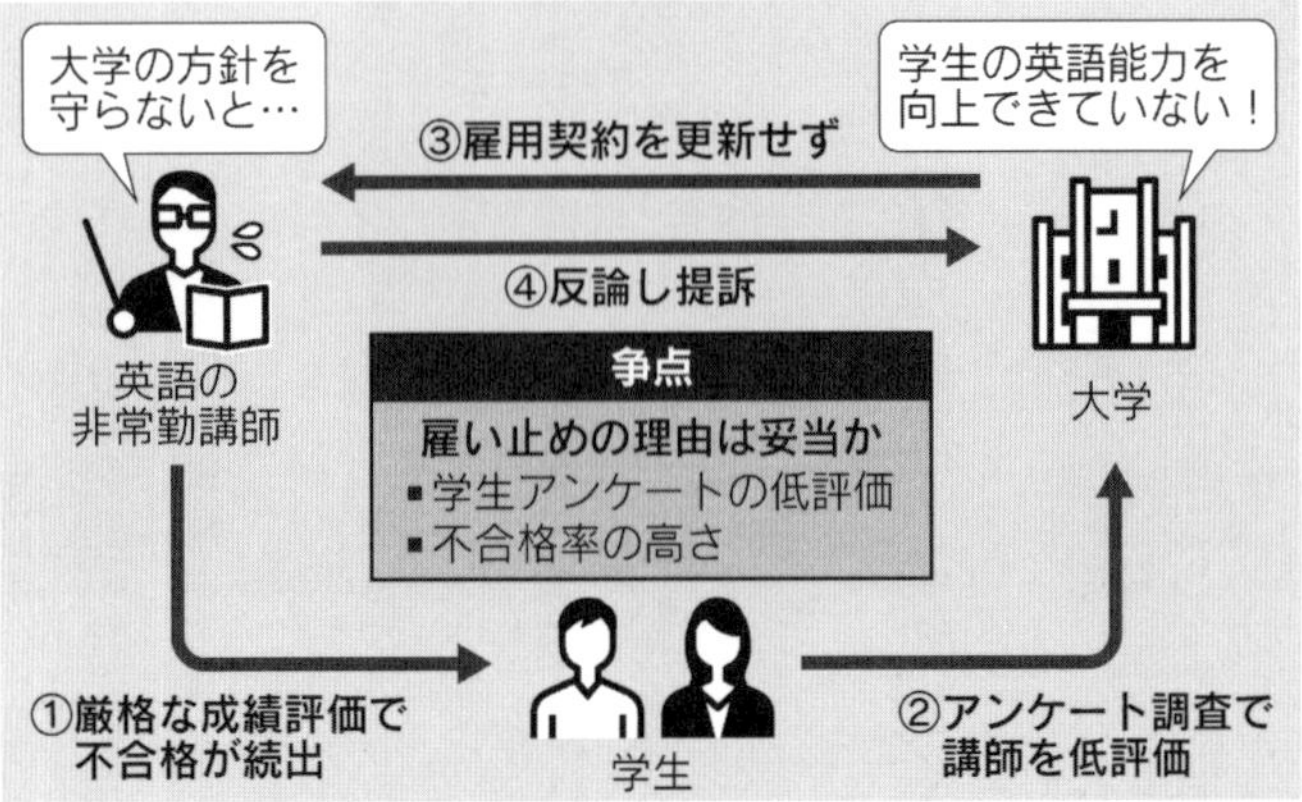

（注）判決などに基づく

「学生の英語能力の向上に資する有益な授業をできていない。受講した学生や他の教員から担当変更の申し出が多数あった」。大学側はこうした状況を挙げ「他の非常勤講師と比較してふさわしくないとされる評価内容が多い」などと追及した。男性は労働組合を通じて大学側と交渉したが解決に至らず、雇い止めは無効だとして21年4月に大学を提訴した。

訴訟で男性側は「成績評価は大学側から示された基準に従っている」と反論した。大学は授業に関する指針で、配点割合を「提出課題30％、授業態度20％、筆記試験50％」と示していた。課題をこなして真面目に授業を受けていても、試験の点数があまりに低ければ単位は認定され

大学全体の志願倍率の推移

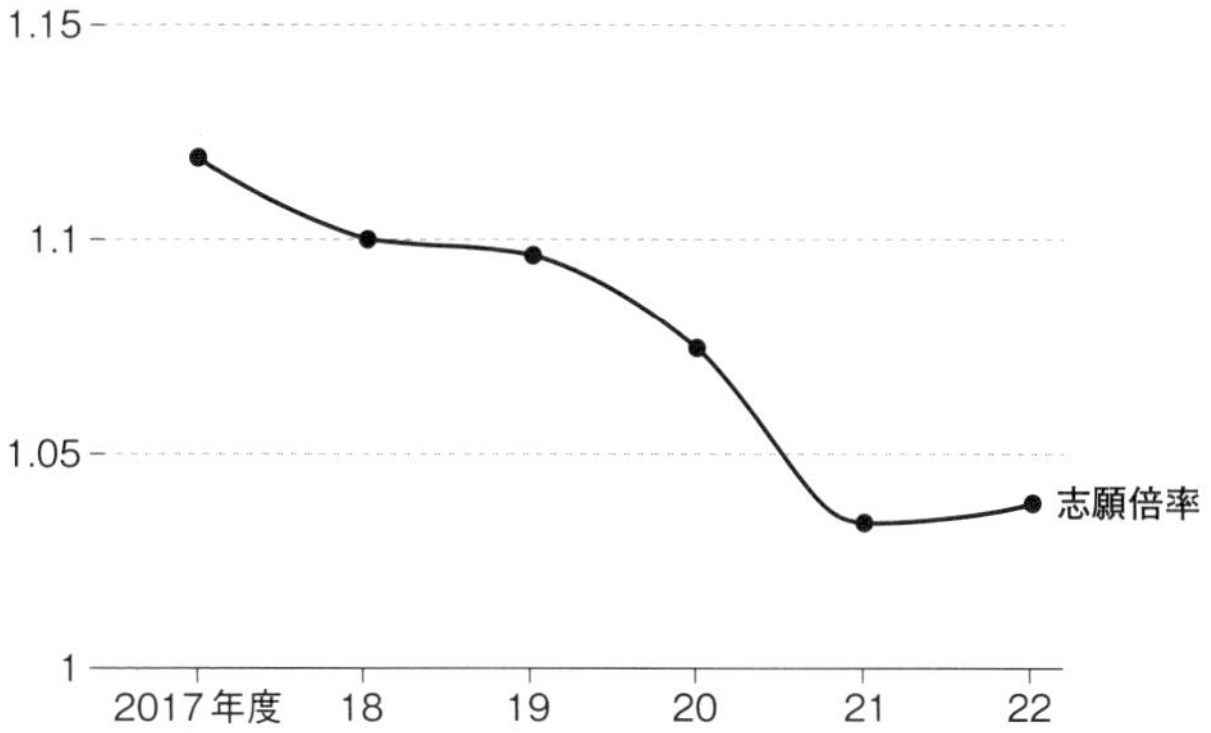

（注）河合塾のデータを基に作成

ない仕組みだった。

男性は授業や試験についても大学の教育方針に基づいていると主張した。学生の学力を考慮すると大学指定の教科書は難しすぎると感じていたが、試験を簡単にすれば大学の求めるレベルを満たさないと逡巡《しゅんじゅん》し、難易度を維持する代わりに授業で繰り返し復習を呼びかけた。試験問題も解きやすいように教科書の一部をそのまま出題した。

それでも合格点に満たない学生が続出した。他の講師らは同じ状況で、本来なら不合格になるはずの学生を独自の裁量で合格させるなどしていた。学生の不興を買うのが得策ではないという打算もあったかもしれない。学生が教員を評価するアンケートは、ともすれば好感度や単位の取りやすさといった主観を反映しかねないからだ。

「空気」を読まず、容易に合格としない男性に不満や恨みを抱いた学生がいてもおかしくない。結果的に不合格率が頭一つ抜き出た男性に対し、大学側は是正を求める指導などはせず、突然雇い止めを言い渡した。

平均年収は300万円程度

学生の顔色をうかがいたくなる大学側の事情もある。

河合塾によると、22年度入試における全国の大学志願者数は約65万人で、17年度と比べて3万人近く減った。学部新設が続き、受験者数が定員を下回る「大学全入時代」は迫る。「顧客」の学生を確保し続けられるかは大学経営における死活問題だ。

一方で、大学の非常勤講師が置かれた境遇も厳しい。

授業や試験の準備に伴う負担は大きいが、平均年収は300万円程度とされる。雇用は不安定で、研究職を目指す若者らが本来打ち込むべき研究に取り組めず、博士課程進学者が世界的にみて少ない一因との見方もある。

学生アンケートの妥当性は？

京都地裁は23年5月の判決で男性側の主張をほぼ受け入れた。学生アンケートは「どこまで学生の真摯な意見が反映されているのか、教員の指導能力や勤務態度を判定できているのか明らかではない」と指摘。全体平均を下回っても中間の3ポイントは超えており「（男性に）不利益な評価をする妥当性も疑問」と投げかけた。

不合格率の高さについても「むしろ（大学側の指針に）忠実に従ったために多数の不合格者を出した」と認めた。合理的な理由を欠く雇い止めだと認定した上で「講師の地位にあることを確認する」と結論付けた。大学側が控訴したが、23年12月に大阪高裁で和解が成立した。大学側が1000万円の解決金を支払い、訴訟は「雪解け」の季節を迎えた。ただ、そもそも対立の前に双方が円滑なコミュニケーションを取れていれば回避できたトラブルかもしれない。前途ある学生らに向けて、紛争を避ける知恵も示したかった。

CASE

5

「違法と知りながら上司が強要」した偽装請負、過大な負担でうつ病に

様々な職場で進む業務の外部委託は、運用が不適切であれば労務管理の思わぬ落とし穴になりかねない。関西の自治体で50代の女性職員が「上司に違法行為を強要された」と訴え出た。委託先職員への業務の直接指示は、いわゆる「偽装請負」だ。「（違法になると思うなら）違法にならない方法を考えてほしい」とはぐらかす上司との応酬は、法廷闘争に発展した。

２０１８年３月、ある地方都市の女性職員が４月から働くことになった市教育委員会の部署で前任者から引き継ぎを受けていた。

「この方は採用されたばかりなので仕事を教えてあげてください」。何気なく紹介されたのが、市が業務を委託している民間団体の職員だった。

臨時雇用や派遣ではない外部委託の職員と、同じ職場で同僚のように机を並べるのは女性にとって初めてのことだった。新たな職場ではグループリーダーを任され、委託先職員も含めた組織内のまとめ役となった。

いざ新年度が始まると慣れない業務に忙殺され、市民向け講演会などのため休日出勤も余儀なくされた。上司の課長に負担軽減を求めても「年度初めなので仕方がない」と諭された。それまでの部署でほとんどなかった残業は４月、約70時間だった。

「クロを薄いグレーに」

採用されたばかりの委託先職員も業務に不慣れだった。講師の依頼や調整、事務処理などは女性が指導に当たりながら代わりにこなすことも少なくなかった。さらに精神的な負荷と

「偽装請負」が争われた訴訟の構図

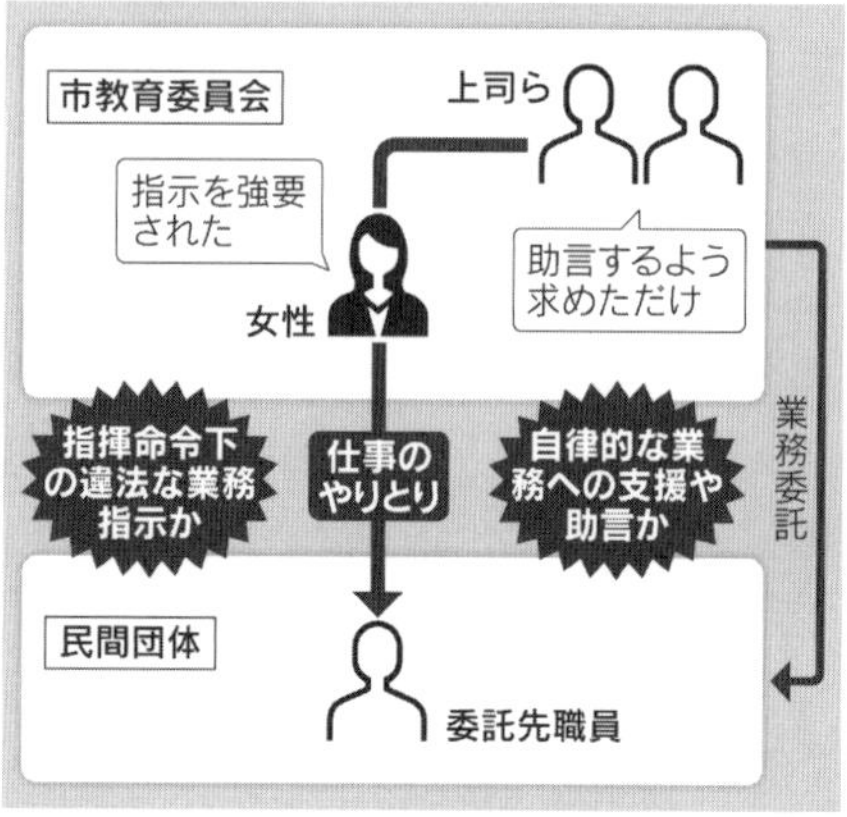

（注）判決などに基づく

なったのが、委託先職員との仕事のやりとりが、実態は労働者派遣なのに委託の形で規制を免れる「偽装請負」ではないかという疑念だ。膨大な業務と過大な負担に、4月末にうつ病と診断された。

労働者派遣法は委託している側から委託先の労働者に業務を直接指示することを禁じている。必要な場合は労働者が所属する委託先の事業者や団体から指示をしてもらわなければならない。労働契約が結ばれないまま立場の弱い働き手を拘束すれば、残業代の支給や労災などのトラブルを巡って労働者側が不利益を被りかねないためだ。

厚生労働省は指揮命令関係の有無などが線引

自治体が計上する委託料は増加

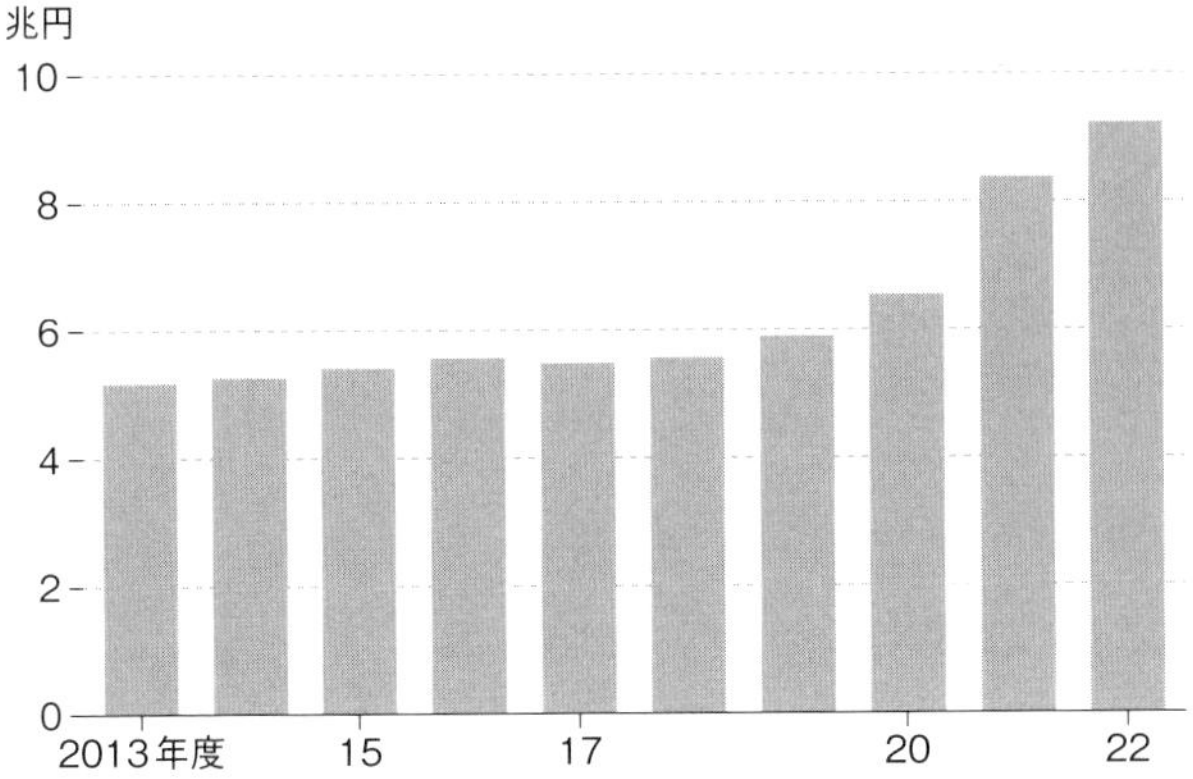

（出所）総務省「地方財政白書」

きの基準になるとして、ガイドラインで「作業の手順や早さを指定するのは違法、設備の使い方を教える場合は適法」などと具体的に例示している。女性は職場の現状について市内の労働局にも見解を問い合わせ、委託先職員に自身が行っていたのは紛れもない業務指示で違法行為だと確信した。まずは業務の指示や指導をするよう求めてきた課長に是正を迫った。

だが、反応は鈍かった。「今年は移行期間にすぎない」「そう思うなら違法にならない方法を考えてほしい」などとはぐらかされた。別の上層部にも訴えたが、話し合いの中で「クロを薄いグレーにしたい」などの発言も飛び出した。

問題意識に欠ける対応に募った不信感は、人事評価を下げられ、着任からわずか半年で異動の内示が出たことで頂点に達した。女性は20年7月、違法行為の強要や不当な異動辞令などがパワハラに当たるとして、市に対して110万円の損害賠償を求めて提訴した。

トラブル相談は3倍以上に

自治体が外部委託を活用する背景にあるのが深刻な人手不足だ。総務省によると、21年の地方公共団体の総職員数は約280万人と約30年で15％近く減った。志願者も減少し、地方公務員の採用試験倍率は22年度に5・2倍と過去30年で最低。仕事を請け負う側でフリーランスの働き方が広がっていることも追い風に、地方自治体が計上した委託料は22年度に計9兆円超と過去最高額になった。

一方で、トラブルも増えている。フリーランスの相談窓口を設けている第二東京弁護士会によると、偽装請負を含む労働トラブルに関する相談は23年度に1024件となり、21年度から3倍以上に増えた。

裁判でも双方の主張は真っ向から対立した。女性側は「課長らは違法行為と分かった上で委託先職員に業務指示を出すよう強要した」と主張。市側は課長が命じたのはあくまで委託先職員に対する支援や助言にとどまり業務指示には当たらないと反論した。

違法行為の命令はハラスメント

24年2月の地裁判決は、市が業務を委託していた民間団体から職員への指示がなかった状況に触れ「(女性は)支援や助言を超えて直接の指揮命令を行っていると評価でき偽装請負の状態」と認定した。課長が偽装請負の可能性を認識しながら「職務上の優位性を背景に違法行為を命令した」のはハラスメントに当たると判断。人事評価や異動に関するその他の女性側の訴えは退け、市側に約20万円の賠償を命じた。双方が控訴したが、大阪高裁は判断を維持、市側が最高裁に上告している。

そもそも業務効率化を目的とする外部委託によって組織内の負担が増すのは本末転倒だ。仕事を外部に託すのは便利だが、結果につなげるのも組織内に生じた摩擦の火種を消せるのも、重要なのは円滑な人間関係かもしれない。訴訟の中ではあつれきが生じた職場の雰囲気を嘆く同僚らの声も紹介された。市はその後、問題になった外部委託を直接業務に切り替えた。

CASE

6

通勤電車で泥酔客から女性客を救った男性、「名誉の負傷」に労災は認められず

誰も助けないなら自分が――。男性は仕事帰りの電車内で目にした泥酔客の所業を見過ごせなかった。口頭で注意したところ足を蹴られて骨折。仕事を3カ月ほど休まざるをえず、申請した「通勤災害」も認められなかった。善意が招いた「名誉の負傷」に補償がないのは正当か。国を相手取って起こした訴訟は「我関せず」が横行する現代の不条理も映し出している。

２０１９年12月、日曜日の未明。山手線の車内は平日と比べれば幾分すいていて、立ち客もまばらだった。飲食店に勤務する50代の男性は空席を見つけて腰を下ろした。一日の勤務を終えると、決まってこの電車で帰路につく。電車はほぼ定刻に駅を出た。

隣駅に差し掛かったあたりで異変に気付いた。向かいの席に座る中年の男が隣の女性に顔を近づけていた。随分酔っているらしい。けげんそうな表情を浮かべる女性。女性の携帯電話をつかむなど男の行動はエスカレートしていく。

女性は終始無言だったが、助けを求めて周囲に目配せしているようにも見えた。注意する人は現れない。「他に助ける人がいないなら」と男性は席を立ち、男に「何をしてるんですか」と尋ねた。男は寝入ったそぶり。女性に警察を呼ぶかと聞いたが固まったまま返答はなかった。

左足に衝撃が走る

「怖さでどうしていいかわからなくなっている」。男を遠ざける必要があると思った男性は「次の駅でおりて頭でも冷やしなさい」と忠告。男は渋々応じたが、駅に着くとホームから

男性は通勤災害の認定を求めた

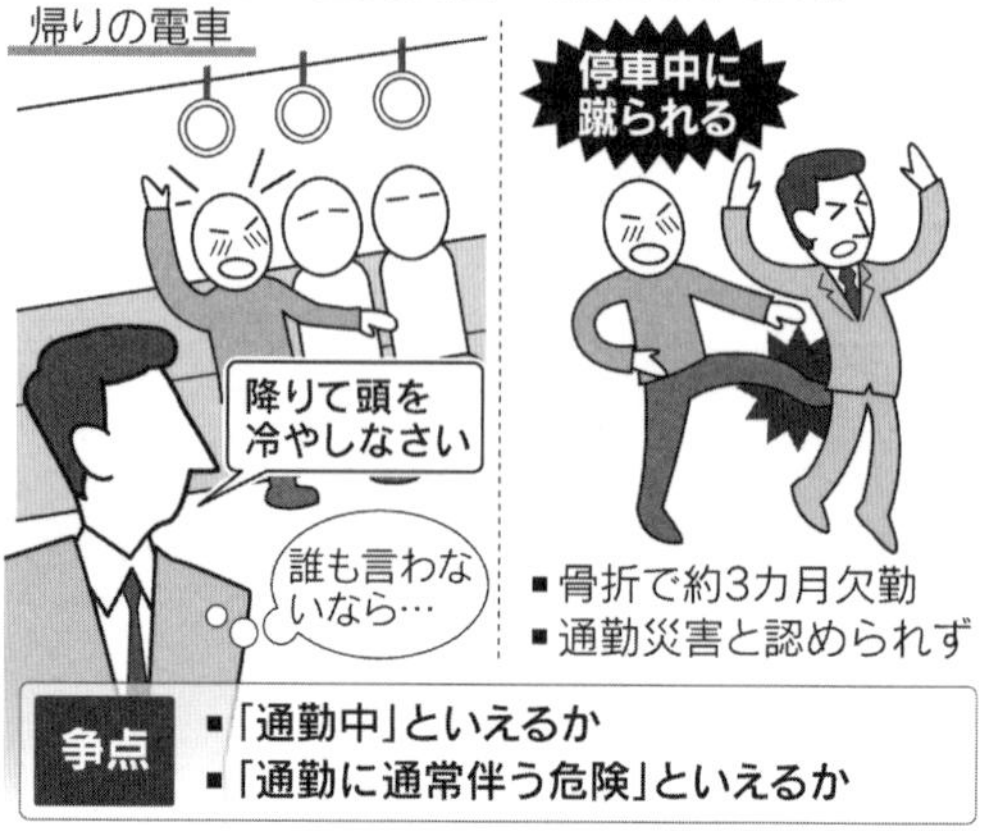

（注）判決などに基づく

「おりてこい」などと叫びだした。男性は車内から、「その場で酔いを覚ますように」と言った。

視線を外したその瞬間、男性は左足に衝撃を感じて倒れ込んだ。男がホームから電車に走り込み、男性の左足を蹴ったのだ。ホームに逃げていった男を追いかけ、もみ合いの末に抑え込んで駅係員に警察を呼ぶよう依頼した。その後、病院に搬送された男性はすねの骨折などと診断され、約3カ月欠勤した。

男性は勤務先にも相談の上、ケガは通勤災害に当たるとして療養や休業の補償などを労働基準監督署に申請した。ところが20年7月、労基署は不支給とした。不服を申し立てても退けられ、男性は21年9月に不支給の取り消しを求めて提訴した。

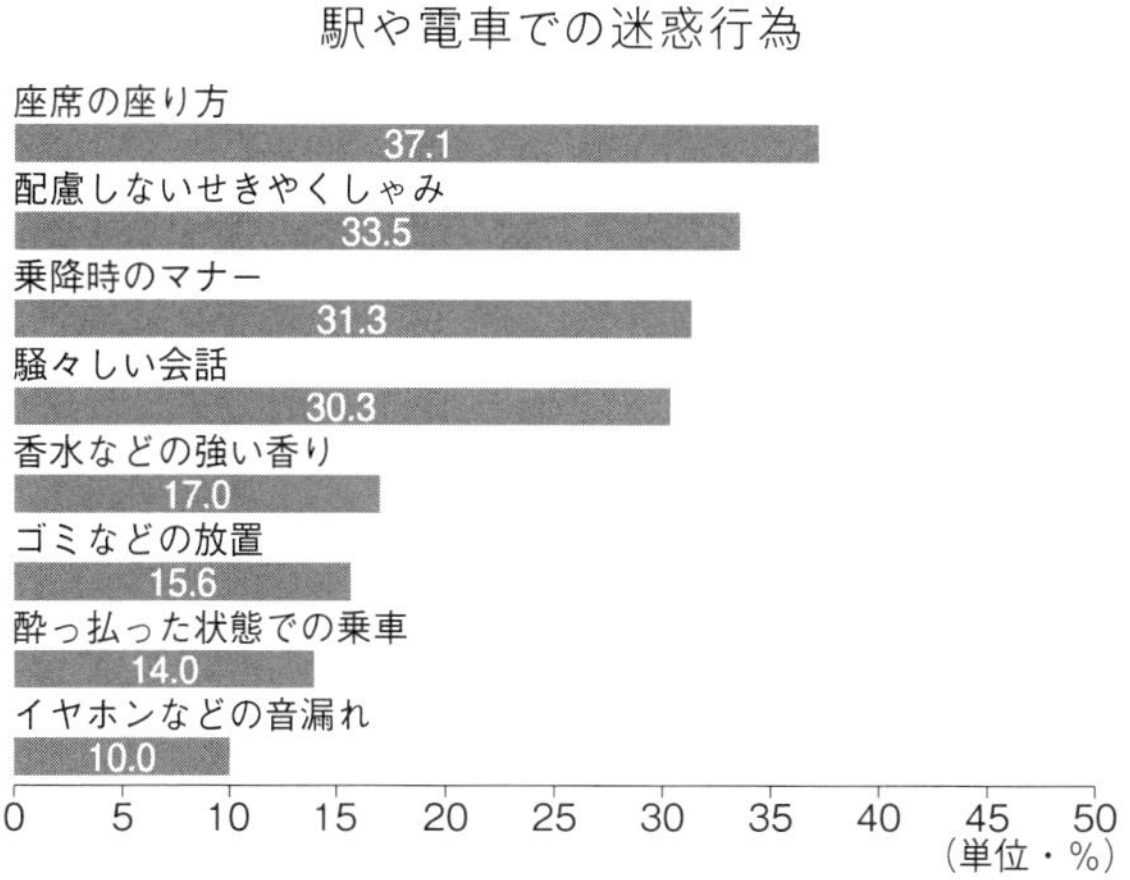

（注）8210人が回答。最大3つまでの複数回答
（出所）日本民営鉄道協会（2023年度）

通勤災害の認定には条件がある。例えば、通勤経路を外れて寄り道などをした場合、その行為が「日常生活に必要で最小限度」でなければ、その後の経路は法律上の「通勤」とはみなされない。負傷しても補償対象外となる。ケガと通勤との因果関係も必要で「通勤に通常伴う危険が具体化した」と言えることが求められる。

訴訟では①男性は法律上の「通勤」中に負傷したと言えるか②ケガが「通勤に通常伴う危険が具体化した」ものと認められるか――が争われた。

男性側は、通勤中の電車で迷惑行為に遭遇することは日常的な出来事で、男に対する注意も必要最低限度のものだったと主張。「通勤による負傷に該当し、通勤災害と認めなかった処分は取り消されるべきだ」と訴えた。

一方の国側は、たまたま乗り合わせた女性の安全確保が目的で、通勤を続ける上での障害を排除するなど通勤を行うのに不可欠な行為だったとは言いがたいと反論。暴行は男性の注意に対して男が抱いた屈辱感が原因と推認され、通勤との因果関係も認められないとした。

もし同じことがまたあったら？

これまでも、車内での座席の使い方や態度が目に余れば注意していた男性。トラブルに発展したのは今回が初めてだったという。法廷で「事件のことが頭から離れることはいっときもない。もし同じようなことがあったらどうすればいいか、自問自答しながら電車に乗っている」と吐露した。

日本民営鉄道協会の23年度のアンケート（複数回答）で、駅や電車での迷惑行為について、回答した約８２００人の37・１％が足を伸ばすといった「座席の座り方」を挙げて最多だった。「酔っ払った状態での乗車」も14％あった。互いに見知らぬ多くの人が一定時間、閉鎖的な空間に同乗する電車では様々な迷惑行為に直面することがある。

23年3月の東京地裁判決は、裁判官の経験に基づいて「公共交通機関を利用する際に、日常的に迷惑行為を行う者に遭遇するとまでは認めがたい」と指摘した。男性が受けた暴行と通勤との関連性は薄く「通勤中のケガ」とは言えないと判断。「（男性の行為が）善意によるものだったか否かで認定は左右されない」とも述べた。

誰も助けに入らなかった

暴行は男性の言動が引き金になった可能性も排除できず、通勤に起因する災害とも言えないとして、不支給は適法と結論付けた。男性は控訴せず、結論を受け入れた。

男性の法廷証言によれば、一連のトラブルの間、他の乗客が助けに入ることは全くなかった。床に倒れ込んだ男性を介抱しようとする人もいなかった。ホームでもみ合いになっている間、車内に残した男性のバッグは誰かが車外へ放り出し、電車は何事もなかったかのように次の駅に向けて走り出していった。

CASE

7

育休から復帰したら部下がゼロに。「こんなに休む人はいない」

外資系の大手クレジットカード会社で、30代にして部下37人を率いる部長職だった女性。産休・育休が明けて職場に戻ると、指示された業務は部下のいない電話営業だった。「こんなに休む人は他にいない」と言い放った会社の幹部。妊娠や出産を理由とした「不利な扱い」は男女雇用機会均等法などが禁じている。女性は会社側を相手取って損害賠償を請求した。

女性は28歳で外資大手に応募し、契約社員として入社した。全国1位の営業成績を獲得するなどして正社員に昇格。その後もスピード出世を続け、2014年1月に34歳で営業部門のチームリーダーとして部下を束ねることになった。当時、既に1児の母。「小さい子を持つ女性も活躍できると示したい」と奮起していたさなか、第2子を妊娠した。

つわりや切迫早産による体調不良で、まもなく傷病休暇を取らざるをえなくなった。そのまま産休と育休に入り、休職期間は1年半以上に及んだ。

最低ランクの人事評価

「産休・育休を取るとリーダーを外されるのではないか」。心配したのには理由がある。以前、食事の席で女性副社長が「自分は家庭を犠牲にしてこの地位を築いた。それこそが女性が活躍する姿だ」と力説し、休業前の面談でも「時短も取ってリーダーもするのは欲張り」と言われた。

時短勤務の予定はなく、チームリーダーに戻れると信じていたが不安はまもなく現実となる。16年8月に復帰すると組織変更の余波で率いていたチームは消滅していた。任じられた

地裁と高裁で見解が分かれた

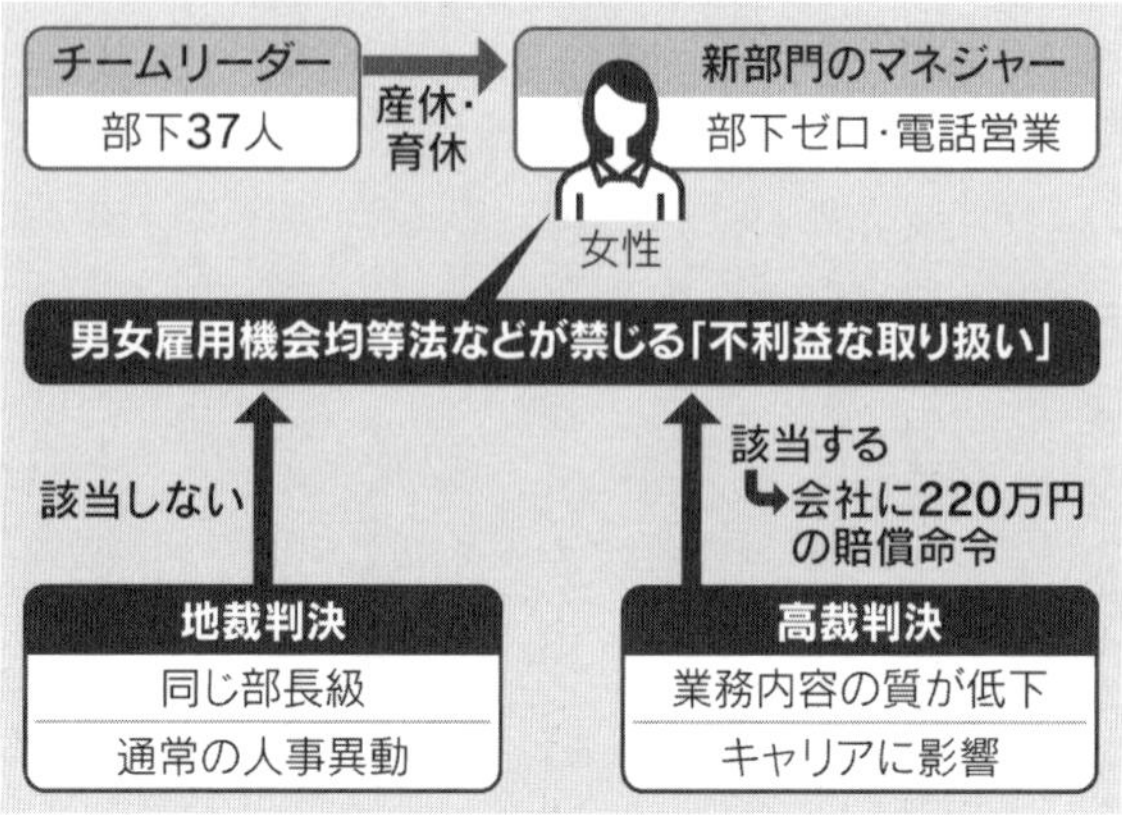

（注）判決などに基づく

のは新設部門のマネジャー。役職こそ部長級で変わらなかったが、部下はひとりもつかなかった。電話営業を指示され、上司に７００件の電話先リストを渡された。

降格ではないか——。女性は会社側に説明を求めたが、男性の上司から「1年半以上もブランクがある人にチームリーダーは任せられない」と突き放された。基本給は休業前と変わらなかったが、営業成績に連動していた給与は大きく減った。「リーダーシップ」の人事評価項目は3段階で最低の「3」。好成績を収めて順調にキャリアアップを果たしてきた女性が、初めて見たスコアだった。

男女雇用機会均等法と育児・介護休業法は妊

現在の仕事の難易度や責任の度合いについて

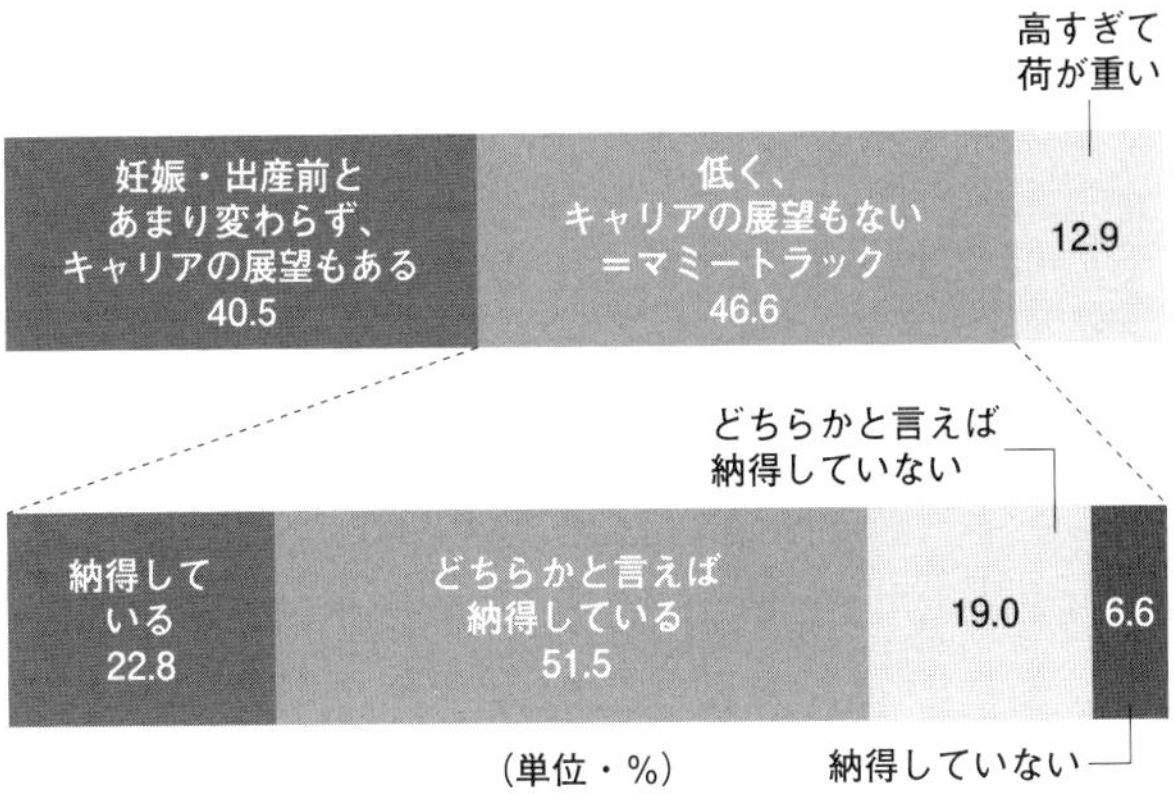

（注）2021年に調査、子供を持つ1980～95年生まれの共働き女性1421人が回答。四捨五入の関係で合計100%にならない

（出所）21世紀職業財団

娠や出産、育休取得などを理由とする解雇や降格、不利益な取り扱いを禁じている。施行されたのは女性の社会進出や核家族化が進み「男は仕事、女は家庭」といった価値観が揺らいでいた１９８０～90年代。その後も働き方の変化に伴い、改正が重ねられてきた。

女性は改善を求めたが、会社側は譲らなかった。一連の処遇は不利益な取り扱いで違法だとして、約２８００万円の損害賠償を求めて女性が会社側を訴える事態に発展した。

会社側は訴訟で「同じ等級の役職への異動で降格ではない」「給与が減少したのは営業努力を怠った結果。業務に消極的だったため人事評価も下がった」などと説明した。東京地裁は2019年11月の判決で会社側の主張を受け入れ「通常の人事異動」と判断。女性の訴えを退けた。

「通常の人事異動」ではない

23年4月に東京高裁が導いた結論は逆だった。「直ちに経済的な不利益を伴わない配置変更でも、業務内容の質が著しく低下し、将来のキャリアに影響を及ぼしかねないものは不利な処遇に当たる」と指摘。部下のいない電話営業への従事は「妊娠、出産、育休などが理由」と認めた。

その上で「実績を積み重ねてきた女性のキャリア形成を損ない、不利益な取り扱いで公序良俗に違反する人事権の乱用」として会社側に220万円の賠償を命令。判決はそのまま確定した。

出産や育児をきっかけにフルタイムで働けなくなった女性がキャリアコースを外れることは「マミートラック」と呼ばれる。仕事と家庭を両立させるために自ら選択する人がいる一方で、本人の希望と関係なく、残業できないなどの理由で責任ある仕事を任されなくなるケースもある。

21世紀職業財団が子どもを持つ1980～95年生まれの共働き夫婦に聞き取りした2021年の調査で「現在マミートラックにある」との回答は女性約1400人のうち46・6％に上った。その中で4人に1人が「現在の仕事に納得していない」と答えた。

「女性管理職のロールモデル」

裁判で闘った女性は第1子の出産後に育休を約5カ月取得し、復帰した後に全国トップレベルの営業成績で社内表彰を受けた。当時の男性副社長をして「出産して戻り成果を出した。この会社の女性管理職のロールモデルだ」とまで言わしめた。

しかし、会社側は裁判で手のひらを返し「（2回目の）復職後の仕事の取り組みが芳しくなく、もともとリーダーシップに難点があった」とまで主張した。女性に失望したと言わんばかりの態度だが、そうした会社側の姿勢は、同社で働く多くの女性たちの目にどう映っただろうか。

CASE

8

「出禁」になった運送会社、売り言葉に買い言葉で社員と係争に

「私物を片付けて」と勤務先の社長に言われたことを「解雇された」と思いこんで、出勤しなくなった男性。社長は逆に、男性が自分の意思で辞職したと考えていた。根拠は男性が去り際に残した「もう勤まらない」との捨てぜりふ。男性は辞めさせられたのか、自ら辞めたのか。感情まかせの言葉の応酬が、重大な認識の行き違いを生んだ。

きっかけは現場でのトラブルだった。２０２１年の年の瀬、男性が勤めていた運送会社は2台のトラックで東京都内の大学にフローリング用の資材を運ぶ業務を請け負った。男性と同僚は別の倉庫で荷を積み込み、それぞれ大学に向けて出発した。

同僚が先に到着した。男性が荷下ろしを済ませた同僚と入れ違いで大学構内に入ると、現場は妙に重たい空気に包まれていた。荷下ろしのためにバックして入る必要があったが、誘導にあたったガードマンは「いいから前から入れ」と不機嫌そうに話した。「先に入った同僚が何かやったのではないか」と男性は思った。

身に覚えのない「暴言」

数日後、事態は想定外の展開を見せる。男性のもとに激高した社長から連絡が入った。「おまえのせいで取引先を出入り禁止になった。謝れ、謝れ」。荷主の資材会社から苦情の電話があったという。男性がガードマンに暴言を吐いているのを依頼元の関係者らが目撃し、今後の仕事は任せられないと出入り禁止を通告した。

得意先からの「出禁」は会社にとって痛手だ。社長の怒りは静まらない。身に覚えのない

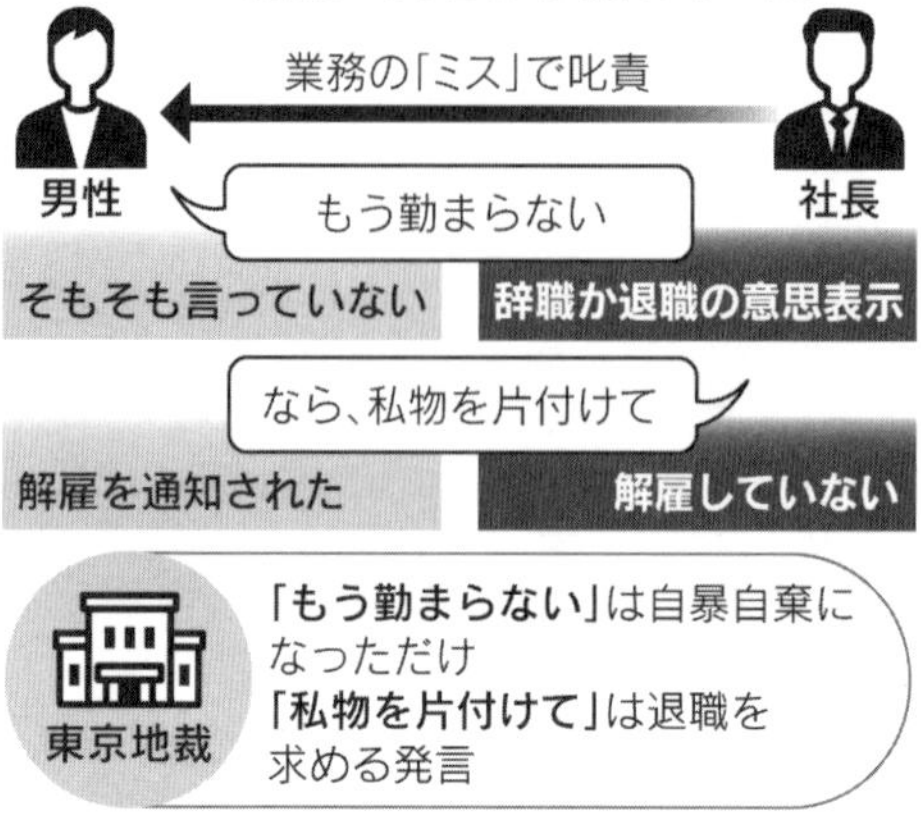

（注）判決などに基づく

男性は改めて話す機会を持ったが、取りつく島もなかった。社長によれば、男性はそのとき「もう勤まらない」と言い捨てた。社長が「勤まらないなら私物を片付けて」と応じると、男性は会社貸与の携帯電話と保険証を置いて立ち去った。そして二度と職場に姿を見せなかった。

煮え切らない気持ちを引きずったまま男性は新年を迎えた。なぜ自分は会社を辞めさせられないといけないのか。会社から何の連絡もなく、解雇の理由を会社に書面で説明するよう求めても反応がない。男性が労働審判を申し立てると、会社側は「解雇はしていない」と反論した。

会社側に150万円の支払いを命じる審判が出ると、会社側は異議を申し立てた。労働関係のトラブルは、専門家を交えた非公開の労働審

言いたいことがうまく伝わらなかった経験

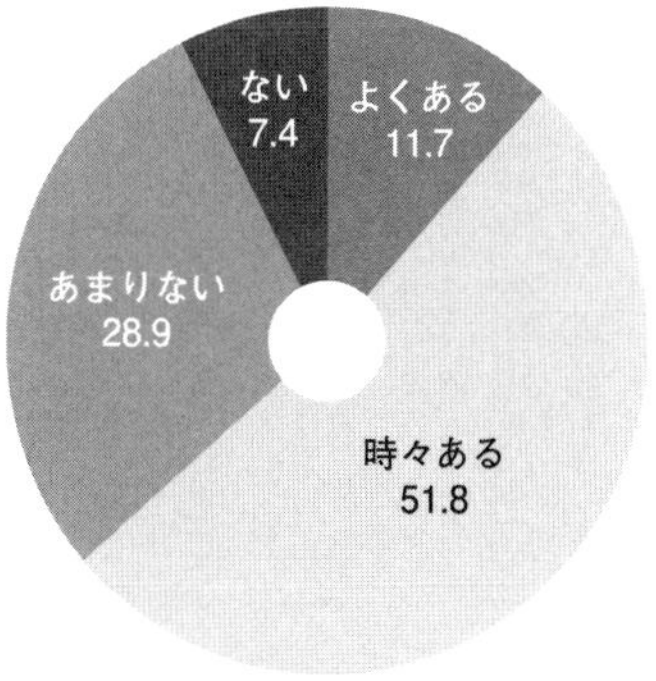

（単位・%）

（注）四捨五入の関係で合計100%にならない
（出所）文化庁「国語に関する世論調査」（2013年調査）

判でまず解決を目指す。まとまらなければ正式な裁判に移行する。争いは男性が地位確認を求める訴訟に発展した。

会社との労働契約の解除には、会社の一方的な意思表示による「解雇」や、労働者側からの「辞職」、双方が合意する「合意退職」などがある。「もう勤まらない」という発言が辞職の意思表示や合意退職の申し入れだったとする会社と「私物を片付けて」という発言が解雇に当たるという男性。訴訟では「売り言葉」と「買い言葉」のそれぞれの真意が争われた。

男性側はそもそも「もう勤まらない」とは言っていないと主張した。以前は観光バスの運転手をしていた男性は、新型コロナウイルス禍で仕事がなくなり、この会社に転職した経緯があった。「コロナ禍のときですよ。まして年末に、辞めたいなんてやついますか」。辞職するつもりなど毛頭なかったと法廷で強調した。

対する社長も環境の厳しさを挙げた。「人手不足の状態で社員をクビにするのは、あり得ないと思うんです。求人にもかなりの金額をかけている。その時点でいる社員をクビにするってことは、ほぼないんじゃないですか」。運送業界が直面する人手不足の実情を取り上げ、「私物を片付けて」と言ったのは文字通り、私物の整理を求めただけだと説明した。

「自暴自棄になって発言した」

言葉の意味が相手に誤解されることは誰しも経験があるだろう。文化庁の13年の調査で、6割超が「自分の言いたかったことが相手にうまく伝わらなかった経験がある」と回答した。互いの感情が高ぶっているときはなおさら意図しないかたちで受け止められかねない。

23年3月の東京地裁判決は男性と社長のそれぞれの言葉について解釈を示した。まず、男性の「もう勤まらない」という発言が実際にあったと認定すること自体困難だという前提の上で、もし発言が実際にあったとしても、そこに至る経緯からも男性が働く意思を失ったと受け取れる事情は見当たらないと指摘。「大学の案件を問いただされたことに憤慨し、自暴自棄になって発言したと見るのが自然だ」と判示した。

一方で、社長の「私物を片付けて」という言葉は「社会通念上、男性の退職を求める発言と見るのが自然」と認めた。携帯電話や保険証を置いて出勤をしなかった男性の行為は、この発言を解雇通告と捉えた行動とみて何ら不自然ではないと判断。男性が会社を自ら辞職したとは認められず「雇用関係は現在も続いている」として未払い分の賃金などの支払いを会社側に命じた。

会社側は控訴したが、東京高裁で和解が成立。男性が「もう勤まらない」と発言した日をもって退職したこととする代わりに会社側が一定の解決金を支払うことで決着した。

争いの火種とされたのは双方の「放言」だった。「そんな意味ではなかった」と釈明しても一度放たれた言葉は消せない。感情的な言葉の背景に、日ごろのコミュニケーションが十分に取れていなかった職場環境があったのではないだろうか。

CASE

9

定年後再雇用による基本給6割カット、「不合理」ではないのか?

60歳を迎えた翌月、給与明細を見ると勤務内容は変わらないのに基本給が6割減っていた。国が推奨する「同一労働・同一賃金」。高裁で審理中の自動車学校訴訟で争われているのが、定年後の賃金減額がどこまで認められるのかというテーマだ。働く現役世代の高齢化が進み、労働力確保と賃金体系のバランスはますます難しくなっている。

愛知県に住む男性（70）は30年以上、自動車学校で普通自動車の講習や学科などで指導に当たってきた。60歳で定年となり再雇用された直後、給与明細を見て仰天した。勤務内容や時間はほぼ同じなのに、月額約18万円だった基本給は前月から10万円近くカットされ、８万円ほどになっていた。１万３千円の家族手当もゼロになった。

基本給は１年後にさらに減り、定年前の４割の水準となった。「家計への負担が大きく預金を切り崩して生活費に充てている」。厳しい生活を余儀なくされたのは、翌年に定年を迎えた同僚も同様だった。労働組合が定年後の待遇改善を求めたが会社側は拒否した。

新入社員より賃金が低い

「年金などの受給が見込まれるから減額してもいい、ということにはならない。ましてや私たちには長年培ってきた豊富な知識や経験といった付加価値がある」。多くの卒業生に安全運転の意識を根付かせてきた自負と、新入社員より賃金が低い現実。男性らは２０１６年、定年前の賃金との差額を支払うよう求めて勤務先を提訴した。

当時の労働契約法は正社員と非正規社員の「不合理な待遇格差」を禁じていた。21年には

定年後の再雇用を巡る訴訟の構図

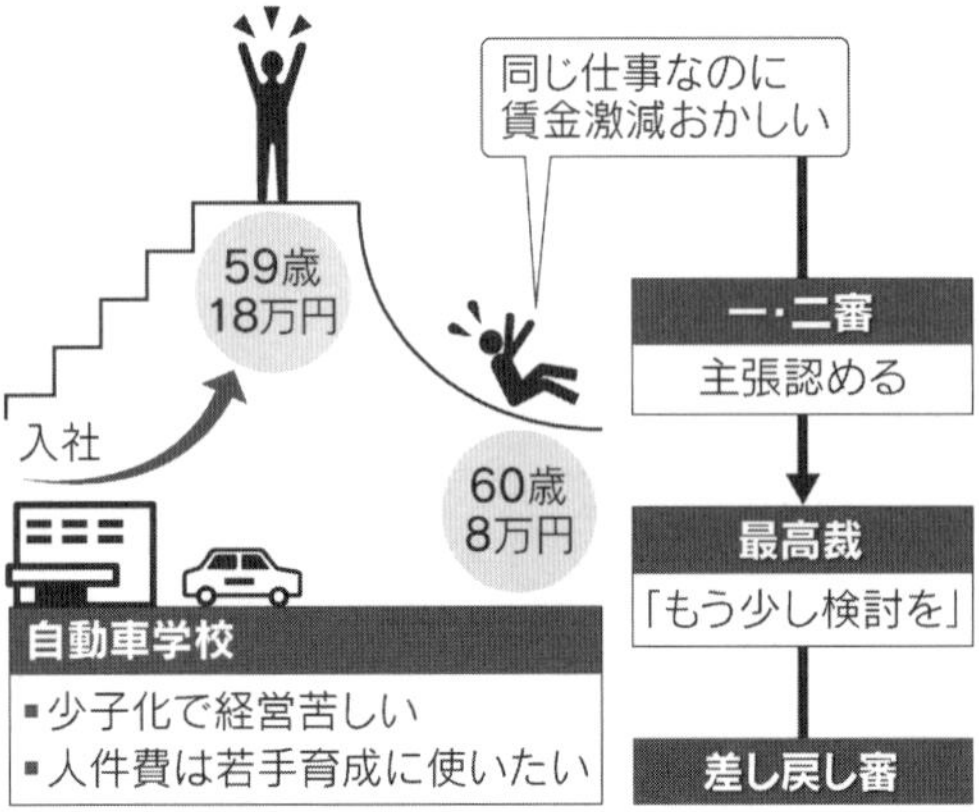

（注）判決などに基づく

同種の規定を盛り込んだ「パートタイム・有期雇用労働法」も全面施行された。同一労働・同一賃金の原則を明文化した法整備は、多様な働き方を促す政策の一環でもあった。定年後に嘱託職員として継続雇用された男性のようなケースも、厚生労働省の指針は保護の対象と位置付けている。

ただ、加齢による体力低下や年金・退職金の支給などの事情を鑑み、賃金を低く設定することも認められた。再雇用などで待遇に格差が生じること自体は、最高裁も別の訴訟で「不合理でない」と判じた。

実際に定年の壁を超えると給与がガクンと減る例は少なくないようだ。賃金構造基本統計調

一般労働者の年齢階級別賃金

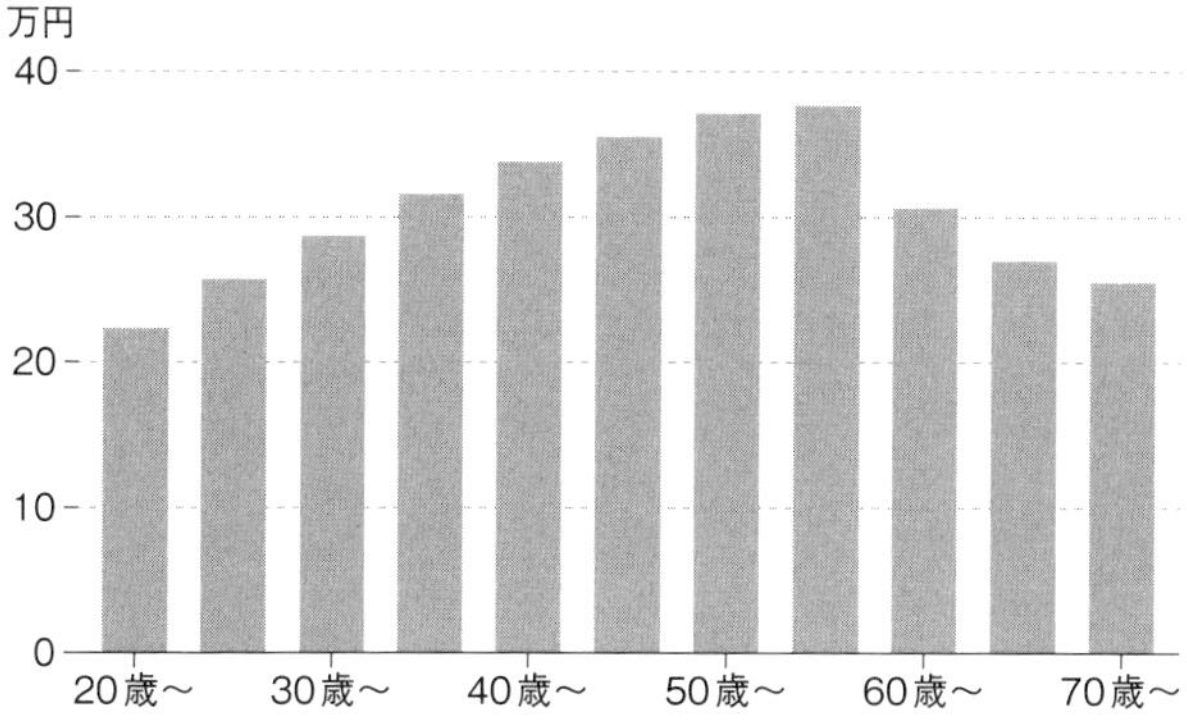

（出所）厚生労働省「賃金構造基本統計調査速報」（2023年）

査（23年速報値）によると、55～59歳の平均月給（37万6400円）に対し、60～64歳は30万5600円と2割ほど少ない。

少子高齢化や労働力不足に加え、厚生年金の支給開始が65歳となった現在。高年齢者雇用安定法は企業に対して、65歳までの雇用確保を義務付け、70歳までの就業確保も努力義務としている。06年の同法改正以降、20～29歳の就業者は130万人以上減ったが、60歳以上は660万人以上増えた。

訴訟では基本給の6割カットが「不合理」かどうかが争われた。自動車学校側が強調したのが、苦しい業界環境と厳しい経営状況だった。

「子どもの人口が減少している。経営はどこも非常に苦しい状況です」。社長は陳述書に切々とつづった。業界団体によると、最多の1991年に全国1477校あった自動車学校は、2022年12月末には1240校となった。卒業生も約158万人とピーク時から4割近く減った。

地裁と高裁は「労働者の生活保障の観点からも6割の減額は看過しがたい」として学校側に差額分の賠償を命令した。最高裁は23年7月に一、二審判決を破棄。嘱託職員は役職に就くことが想定されないなど「正社員とは異なる」とも指摘した上で「不合理な待遇格差」に当たりうるかどうか、基本給のあり方や労使交渉などの経緯について検討を尽くすよう求めて審理を名古屋高裁に差し戻した。

定年直前の賃金が最も高い

学校側は訴訟で「人件費は若年指導員の確保、教育を主眼に使いたい」との姿勢を強調してきた。定年以降も賃金を維持すれば、しわ寄せは将来的に会社の中核となるはずの若年層に及びかねない。年功賃金制によって定年直前の賃金がその時点の職務能力や評価、成績と必ずしも一致しないまま最も高くなっていることも付言した。

労働力不足は各業界で深刻だ。提訴から9年。男性らと同様、定年後に下がった賃金で働く高齢者は増えている。これからの事業を支える若手と、経験を重ねたベテランとの待遇バランスをどう取って組織の活力を高めていくか。企業の労務担当者の苦悩が透けて見える。

第5章

パパ活なのか、恋なのか。男女のすれ違いが事件になるとき

CASE 1

50代会社役員が「恋人」と信じた女子高生には、「本当の彼氏」がいた

「金払いが良かった」。神奈川県の50代の会社役員の男性は、恋人と信じていた女子高生に法廷で突き放された。SNSで知り合い、プレゼント代などに1年間で265万円を費やした相手に本当の交際相手がいたことが判明。「恋愛詐欺」と怒りに震えて提訴したが、裁判で浮かび上がったのは40歳近く年の離れた2人の関係のいびつさと危うさだった。

新型コロナウイルスの感染拡大が続く2020年夏、男性はSNSのメッセージ機能でやりとりを始めた都内の女子高生と東京・渋谷の繁華街で会う約束を取り付けた。離婚後、独身生活を10年以上続けていた男性。友人と現れた女子高生に「次会うときは2人きり、カレカノ（彼氏彼女）の関係で」と伝えると「はい」と返事があった。その反応を、交際の承諾と受け取った。

ルイ・ヴィトンの財布、フェンディのかばん――。会うたびに買い物に付き合い、小遣いも渡した。10万円以上するブランド品も「誕生日」「付き合った記念」と理由を付けてプレゼント。外形的にはデートや飲食の対価に金銭を支払う「パパ活」にしか見えなかったが、男性は「お金がなくて困っているという『彼女』を助けるのは当たり前」と意に介さなかった。

買い物と食事だけ

「パパ活ではなくて彼氏彼女の関係だよね」。念のため繰り返し尋ね、会った後もSNSでしつこく確認した。女子高生は「はい」「わかりました」などと答えていたが、買い物と食事以外で男性と会おうとしなかった。やがて「家出している」「財布を無くした」などと理由を

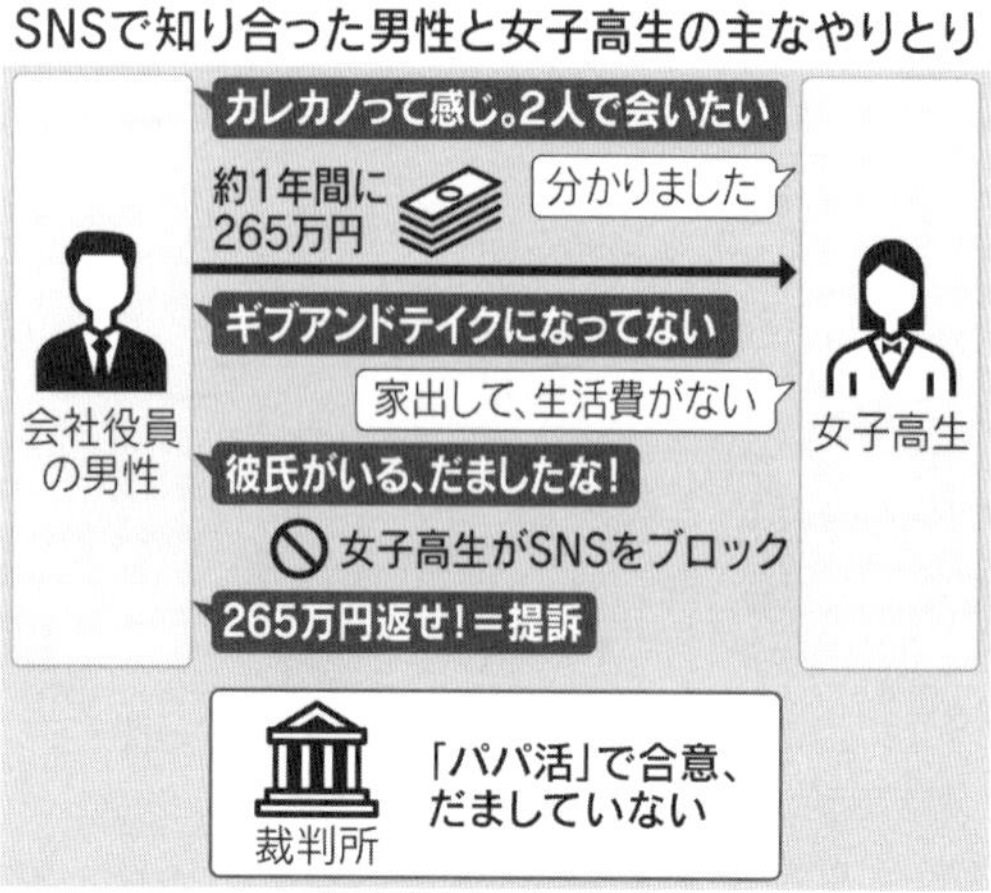

（注）判決などに基づく

つけ、口座への入金も迫るようになった。

ある日、女子高生のＳＮＳをひそかに監視していた男性は、自分ではない本当の「彼氏」の存在を目の当たりにする。出会いから1年以上がたった21年10月。怒りに震えた男性は女子高生の住まいを突き止め、内容証明郵便を送った。その後、東京地裁に損害賠償を求めて提訴。「恋愛感情を利用して２６５万円を詐取した」とする訴えだった。

若い女性がデートや食事の対価として男性から金銭を受けとるパパ活は、10年代後半からＳＮＳなどを通じて広がった。買春に直結する「援助交際」と異なり、それ自体は違法行為ではないなどとして出会いのアプリを配信する事業

SNSに起因する児童買春・児童ポルノ禁止法違反の被害児童数

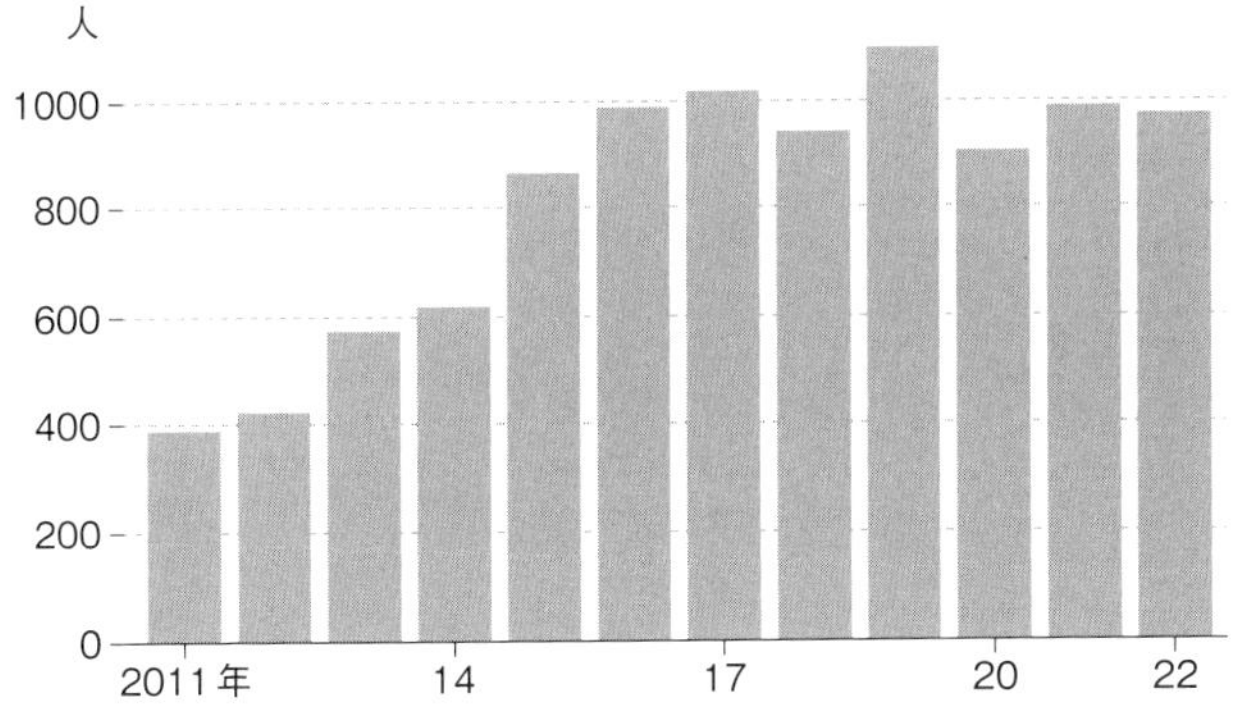

（出所）警察庁

者もいる。小遣い稼ぎの目的で気軽に利用する女性も少なくないという。

互いに思惑をはらんだ関係は双方にリスクがある。パパ活で未成年が性被害に遭うケースが問題化。23年7月施行の改正刑法は、わいせつ目的で16歳未満に金銭提供を約束する行為を罰する「面会要求罪」を盛り込んだ。警察庁によると、パパ活に限らないものの、ＳＮＳをきっかけに児童買春・児童ポルノ禁止法違反の被害に遭った児童は22年に９７９人に上った。

金銭を提供する「パパ」側が18歳未満の未成年と性的行為に及んだ場合、児童買春や青少年保護育成条例違反などの処罰対象となりうる。18歳以上でも同意がなければ不同意性交・わいせつ罪に問われる可能性がある。

逆に男性側が被害者となる例もある。23年に詐欺罪などで起訴された「頂き女子」を名乗る女は、当初から恋愛関係になるつもりのなかった50代男性らの恋愛感情を利用し、1億5000万円超の金銭を詐取したとされる。高額な金銭をだまし取れば詐欺罪に該当し、民事でも不法行為に基づく返還請求が認められる余地がある。

SNSをブロック

地裁は、男性が女子高生と知り合った際に使っていたSNSのアカウント名に「ｐａｐａｋａｔｓｕ」という文字列が含まれていたことに注目。SNSのやりとりからも恋愛を誤信させる要素はなく「パパ活と合意していた」と男性の主張を一蹴した。高裁も24年2月下旬の判決で地裁の判断を支持した。

年端もいかぬ未成年に対して執拗に交際を求めた理由について、女子高生側の弁護士らから質問されても「真剣に交際する対象だった」「何度も恋人だと確認した」と繰り返すばかりだった男性。法廷にいる誰の目にも下心は透けて見えた。

逆に、女子高生のほうがしたたかに映る。男性に彼氏の存在を突き止められ「学校に連絡する」「親の財産も差し押さえる」などと脅された結果、男性のSNSを「ブロック」した。

ところが3カ月後、化粧や口調、しぐさを変えるなどして別人を装い、違う名前で再び男性に接触した。さらにむしり取れると考えたのか、またもや「交際」の言質を与えないまま高額のプレゼントを迫り、男性はさらに100万円ほどを出費。男性は法廷で「実際に会ったときも同一人物と気付かなかった」と肩を落とした。

裁判中に出産

法廷で「恋人」を主張し続けた男性について、悪びれることなく「パパ活している50代の男性」とにべもなかった女子高生。男性が自ら証拠として提出した赤裸々なSNSのやりとりには明らかに「援助交際」を要求しているとうかがえる内容もある。結果的に、男性が児童買春の罪などに問われうる事態は起きなかった。裁判中、女子高生は本当の彼氏との子どもを出産した。

CASE

2

理事長の秘密の「隠し子」、母が書いた誓約書は子を縛るのか？

理事長は20年近く秘密を抱えて生きてきた。妻ではない女性との間にもうけた「隠し子」。家族に発覚し「子どもの認知を求めない」とする念書を交わして女性との関係を清算する。ところが数年後、成長した子どもは自ら理事長に対する認知請求に踏み切った。なぜ自分に父親がいないのか。アイデンティティーを巡る争いは2つの家族に波紋を引き起こした。

２０１８年夏、修羅場は出し抜けに訪れた。東日本にある法人の70代の理事長は脳の病気を患い、病床に伏していた。そこに現れたひとりの見舞客。法人で働くふた回り以上も年の離れた40代の女性だった。鉢合わせた理事長の長男と長女は、約18年間にわたる父の不貞を知ることとなる。中学3年生になる腹違いのきょうだいがいることも判明した。

家族に不倫を知られ、覚悟を決めた理事長は長年に及んだ関係の清算を決意する。７０００万円の支払いを条件にした誓約書を女性に示した。「今後も認知や入籍を請求しない」「受け取った以外に金銭を求めない」「家族が不仲にならないよう許可を得るまで自宅に行ったり連絡したりしない」――。女性は黙って署名した。

予想外の通知文

いったんは収束したかに見えた。だが2年後、認知されずにいた子ども本人の意思によって事態は再び動き始める。

子どもにとっての理事長は、幼い頃からずっと週末に家に来てかわいがってくれた父親に違いなかった。両親が自分抜きで勝手に合意したら認知を求めることも許されないのか。進

誓約書の効力が及ぶかが争われた

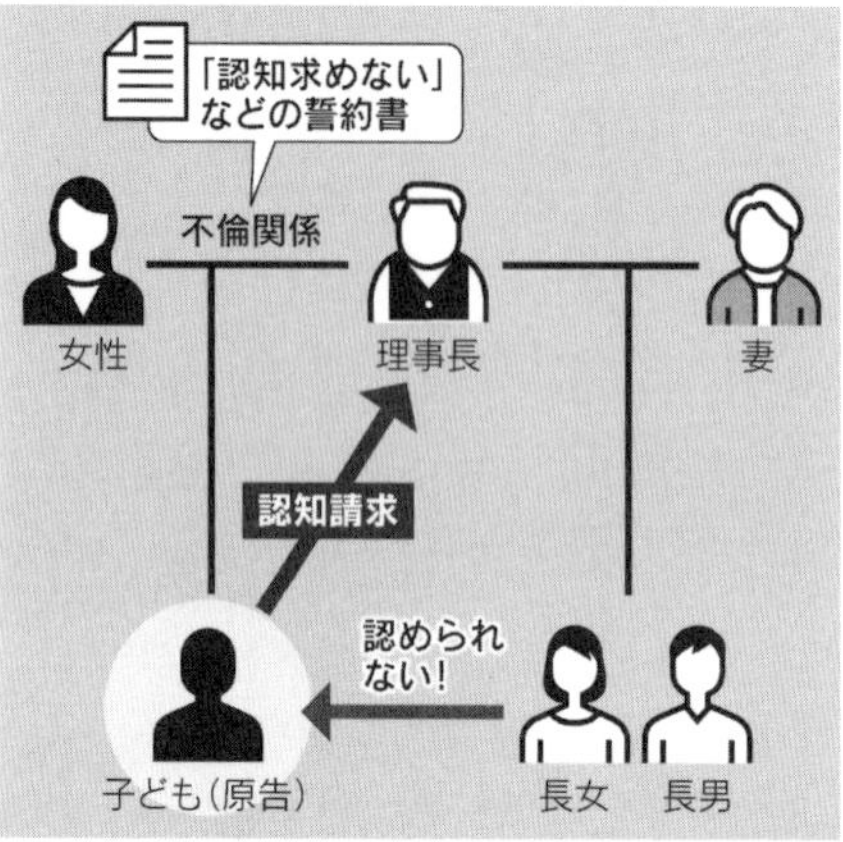

(注)判決などに基づく

路や人生について真剣に考え始めていた子どもは自ら法律相談に訪れ、20年12月、理事長に対する認知調停を家庭裁判所に申し立てた。

調停の中でおこなわれたＤＮＡ型鑑定の結果で、理事長が父である確率は99%超。生物学的なつながりは動かしがたい事実だった。家裁は21年10月の審判で、事実上この一点を持って認知を認めた。

ところが翌月、子どものもとに家裁から思いもよらない通知文が届く。「(理事長が)死亡していたことが判明しました。審判は失効します」。審判は出されてから14日間が経過しないと確定せず、その前に当事者が死亡すると無効になる。理事長は審判の12日後、81歳で亡くなっていた。

民法は、認知を求める相手が死亡してからも

出生数に占める婚外子の割合の推移

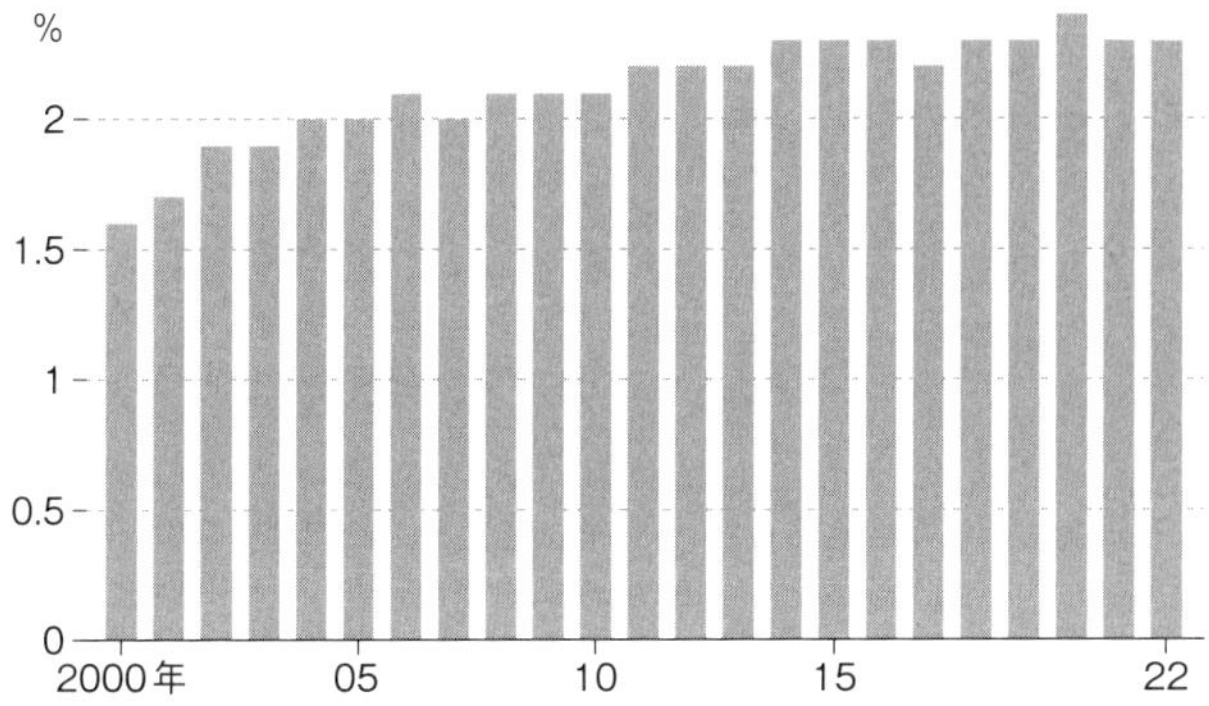

（出所）厚生労働省「人口動態調査」

3年間は「死後認知」を求める訴えを起こせると規定する。子どもはすぐに死後認知を求めて提訴した。訴訟は理事長が女性との間で結んだ合意が子ども自身の認知を求める権利に影響を及ぼすのかが争点になった。

子ども側は訴訟で、母親の女性は誓約書が我が子をも拘束するという認識を持っていなかったと主張した。裁判には数年前に父親の不貞行為を知らされた長女らも利害関係人として参加していた。長女らは、女性は誓約書に署名することによって「親権者として子どもの認知請求権を放棄した」と反論した。

厚生労働省の人口動態調査によると、22年に生まれた婚外子（非嫡出子）は約1万7千人で、出生数全体の2・3％を占めた。1990年は1・07％、

2002年は1・9%と、少子化が続く中で割合はじわりと増えている。家族観の多様化が背景にあると見られるが、相続を巡ってトラブルが起きる可能性もある。故人が残した財産が多くなるほど、いさかいは大きな摩擦を生む。

「一族を混乱に陥れる」

訴訟で長女と長男がいぶかしんだのが、子どもが提訴した動機だった。死後認知は一般的に非嫡出子が相続権の確保を求めて争うケースが多い。理事長は莫大な遺産を残した。長女らは女性が誓約書と引き換えの7000万円に加えて、子どもの学費やマンション賃料などで総額2億円超を理事長から得ていたと強調。「それにもかかわらず（一族を）混乱に陥れることを認識しつつ請求している」と非難した。

23年2月の家裁判決は、子どもが血縁上の父である理事長に認知を求めることは誓約書によって制限されないと判断した。同9月の高裁判決は誓約書の文言を細かく精査。どの項目をみても主体は女性個人で「子どもが認知請求権を放棄する趣旨とは解せない」と結論付けた。最高裁が上告を退け、認知を認める司法判断が確定した。

守られるべき「子」は誰か？

死後認知が認められ、子どもは理事長が残した遺産の相続権を得た。何の罪もないのに「隠し子」という不安定な立場を強いられた子どもに非がないのは当然だ。ただ、知らない間に混乱の渦中に巻き込まれた長女と長男にも同様に非はない。

長女は女性を相手取って不貞行為に対する慰謝料など１６５０万円を求める訴訟も起こした。地裁が認めた賠償額は27万円あまり。控訴せず矛を収めた長女は法廷で述べている。

「認知請求や遺留分が法として存在するのは重々承知している。けれど、本当に守られるべきなのはどちらなんだろう」

CASE 3

認知症の妻を絞殺した元大学教授、「妻がここにいて、ワイン1杯があれば」

認知症を患った妻を自宅で献身的に支えてきた元大学教授(75)が、愛する伴侶を手にかけた。元教授を追い詰めたのは、ままならない生活と進まない「終活」だった。人口の約3割が高齢者となった日本。介護人材が不足する中、介護する側もされる側も高齢となる「老老介護」から抜け出すことはできなかったのだろうか。

2022年5月のある夜。午後11時をまわって妻に「もう寝よう」と声をかけると「まだ早いから新聞を読む」と返事があった。寝かせるために新聞を取り上げようとすると妻は家中を逃げ回った。

妻は数年前から認知症を患い、症状は徐々に進行していた。やっとのことで新聞を取り上げたのは玄関近く。ちょうどその日の昼に新しく付け替えた鍵の確認を頼むと、妻は「開閉」の意味を理解できなかった。

自分がいなくなったら生きていけるのか。元教授は突如、悲観に襲われた。ふと1本のひもが目に入った。輪っかの状態にして首にかけ「早く寝ないと、こうするよ」と語気を強めた。妻はぼうっとしたような、少し笑ったようにも見える表情を浮かべた。それが生前最後の姿だった。

「物静かで聡明な人だった」

高校時代の同級生だった2人は40年前、同窓会での再会を機に結婚した。子どもはいなかった。美術が共通の趣味で、時間を見つけては国内外の美術館や博物館を巡った。「物静かで

「老老介護」に周囲の支援は届かなかった

（注）判決などに基づく

聡明《そうめい》な人だった」という妻とのけんかはほとんどなかったが、12年に大学を退職した頃から、もの忘れが増えるなどの異変が妻に現れた。

元教授が介護していた妻を自宅で絞殺した事件。殺人罪に問われた法廷で明らかになったのは、70代の夫婦2人きりによる老老介護の厳しい実情だった。

元教授の法廷供述によると、妻の症状は目に見えて悪くなっていったという。幻聴や幻覚に悩まされ、夫婦は夜も満足に眠れなくなった。診察を拒む妻を説得して病院に連れていき、認知症と診断されたのは事件の2年前に当たる20年。妻は施設への入所を嫌がった。

「身の回りの世話を負担に思うことはなかっ

「老老介護」の割合

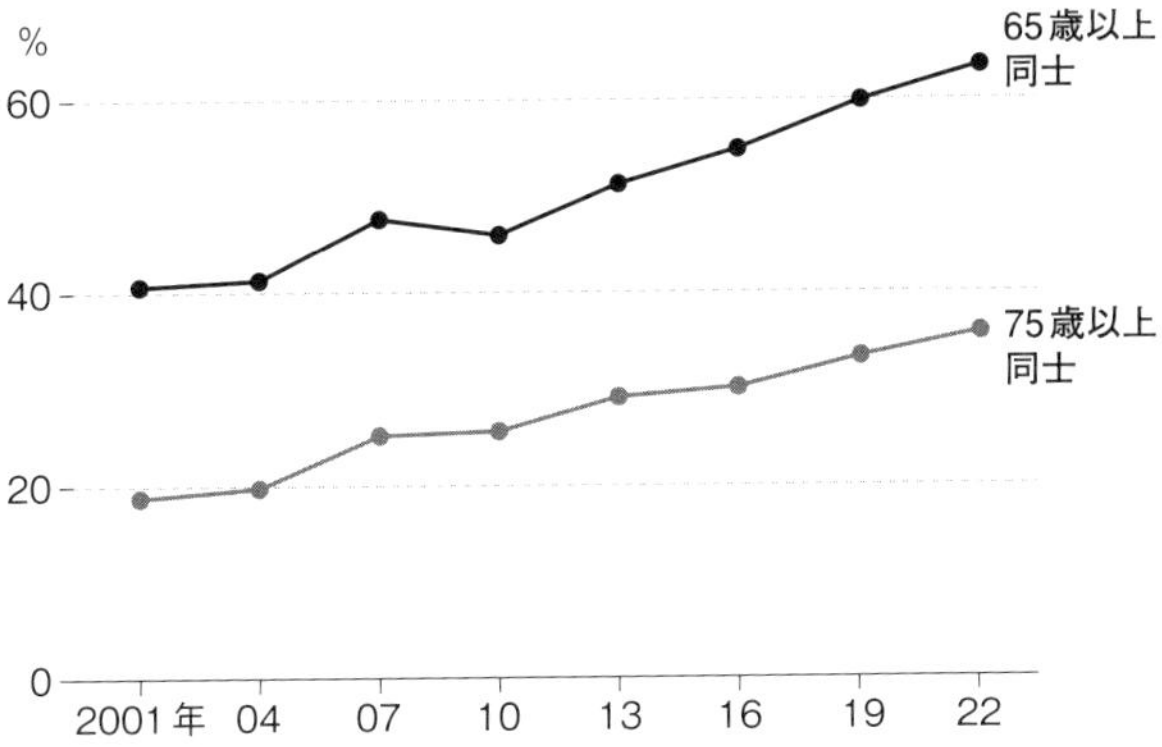

（出所）厚生労働省「国民生活基礎調査」

た」というものの、妻の変化には戸惑っていた。朗らかで素直な性格は意固地になり、口論が増えた。親族との会食の場で声を荒らげる姿に、妻の義姉も「おとなしい印象が全く違って驚いた」と振り返った。

追い詰めたのは介護だけではなかった。住まいには大学時代から集めた大量の本があり、書庫代わりに別の部屋も借りていた。不動産も含めて親族に相続するか、売却処分するか。自身も持病を抱え、本格的に終活を考えようとしたが、妻は相談できる状況になかった。

終活を支援するNPO法人「ら・し・さ」の20年の調査で、家族と老後や相続について話し合っているとの回答は60代以上でも半数だった。終活という言葉が浸透しつつある半面、準備は十分とはいえない。

老老介護の割合は増えている。厚生労働省の調査によると、介護する側もされる側も65歳以上の割合は22年に63・5％と初めて6割を超えた。01年の調査開始以降で最も高く、今後さらに増える見通しだ。

認知症を患っていれば介護負担はさらに増す。患者数は国内で600万人超。認知症を患った場合の不安について、内閣府が全国18歳以上の約1600人に複数回答で尋ねたところ「家族に身体的・精神的負担をかけるのではないか」との回答が73％で最多だった。

「負担軽減は十分に可能だった」

元教授の妻は、常時介護が必要とされ、介護サービスの利用対象となる「要介護1」の認定を受けていた。訪問介護やデイサービスなどを受けられたが、いずれも利用していなかった。公判で検察官は「介護の負担軽減は十分に可能だった」と指摘した。相続などの準備も、退職後すぐに着手すればよかったと述べた。

元教授は法廷でうなだれた。「妻がここにいて、ワイン1杯があれば楽しく過ごせていた。

取り戻せないものを失った。ひとりよがりだった」

判決は懲役3年に執行猶予5年が付いた。孤立した介護に大きな精神的負担を感じていたことに加え、妻側の親族を含めて「できるだけ軽い処罰を」と望む声があったことが考慮された。元教授は弁護士や社会福祉士などの支援を受けて財産処分を進めつつ、妻の位牌《いはい》に手を合わせながら罪を償うと誓った。

あふれ出す後悔

妻の義姉も認知症を患った夫を介護していた経験があった。「介護期間の違いはあるが、少しでも私たちの経験で助けてあげられていれば」。元教授の弁護人にそう語ったという。周囲に相談していれば。夫婦だけで抱え込むことがなければ――。被告人席でひとりになった元教授と、その小さな背中を見つめる法廷に後悔の念があふれ出した。

CASE

4

遺族年金を争った「2人の妻」、余命2年の夫がかけた突然の電話の真意は？

44年間生活を共にした内縁の夫が亡くなった。葬儀を執り行い、遺族年金を申請した内縁の妻は、戸籍上の妻との離婚が成立していないことを理由に不支給とされた。国に取り消しを求めた訴訟で争点になったのは、どちらが夫婦だったといえるか。裁判を通じて「2人の妻」はあらためて愛憎の半生を振り返らざるを得なかった。

横浜市に住む女性（75）が妻子のいる会社員の男性と一緒に暮らし始めたのは１９７７年。結婚生活は破綻しているが妻が離婚に応じないと聞かされ、やむなく男性との内縁関係を受け入れた。ふたりの間には後に子どもが生まれ、男性が認知。共同名義で購入したマンションで仲むつまじく暮らしてきた。

男性の親族や、会社の同僚とも「家族ぐるみ」で交流があった。誰もが女性を男性の「妻」としてみていた。男性は２０２１年1月、外出中に倒れ、そのまま亡くなる。女性は葬儀で喪主を務めた後、「配偶者」として国に遺族年金を求める手続きを取った。

婚姻関係は「形骸化」していたか？

遺族年金には、18歳までの子を持つ配偶者らが受け取る「遺族基礎年金」と、会社員などの厚生年金加入者が死亡した際に受け取る「遺族厚生年金」がある。子どもが既に成人し、会社員の夫に先立たれた今回のケースは遺族厚生年金の支給対象になると女性は考えた。

だが、21年4月に届いた通知には「戸籍上の配偶者との婚姻関係が形骸化していたとは認められない」として、支給しないと記載されていた。1年後の22年4月、女性は不支給決定

遺族年金受給を巡る構図

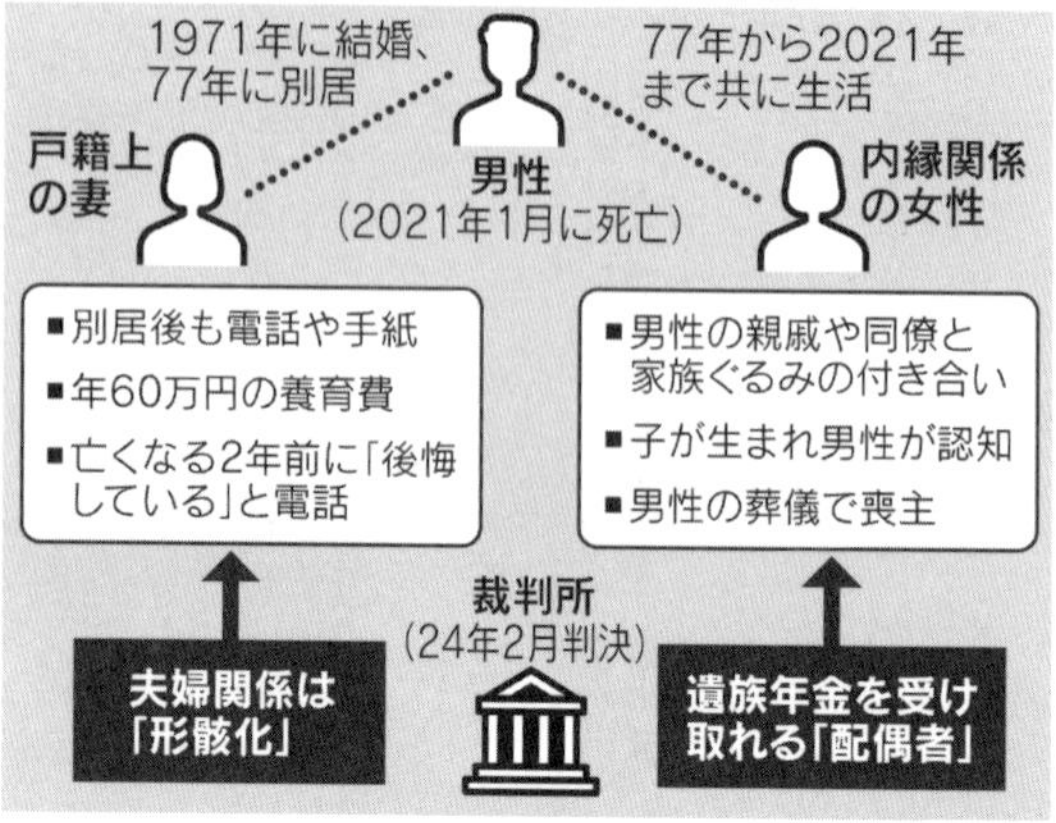
1971年に結婚、
77年に別居
77年から2021年
まで共に生活
戸籍上
の妻
男性
（2021年1月に死亡）
内縁関係
の女性
■別居後も電話や手紙
■年60万円の養育費
■亡くなる2年前に「後悔
していると電話
■男性の親戚や同僚と
家族ぐるみの付き合い
■子が生まれ男性が認知
■男性の葬儀で喪主
裁判所
（24年2月判決）
夫婦関係は
「形骸化」
遺族年金を受け
取れる「配偶者」

（注）判決などに基づく

の取り消しを求めて国を提訴した。

厚生年金保険法は、亡くなった配偶者によって生計を維持していたと認められれば、婚姻届を提出していない内縁関係でも遺族年金を受け取れると規定する。戸籍上の婚姻関係と内縁関係が同時に存在するケースは「重婚的内縁」と呼ばれ、原則として戸籍上の関係が優先されるが、事実上の離婚状態にあれば例外的に内縁関係でも配偶者とみなされる。

例外を認めるかどうかは、戸籍上の夫婦関係が実体を失った状態で固定化しているかを、別居期間や訪問・連絡の頻度、経済的な依存関係などに基づいて総合的に判断する。訴訟では実質的な夫婦生活の評価が争われた。

65歳以上の単身無職世帯の家計収支（2023年）

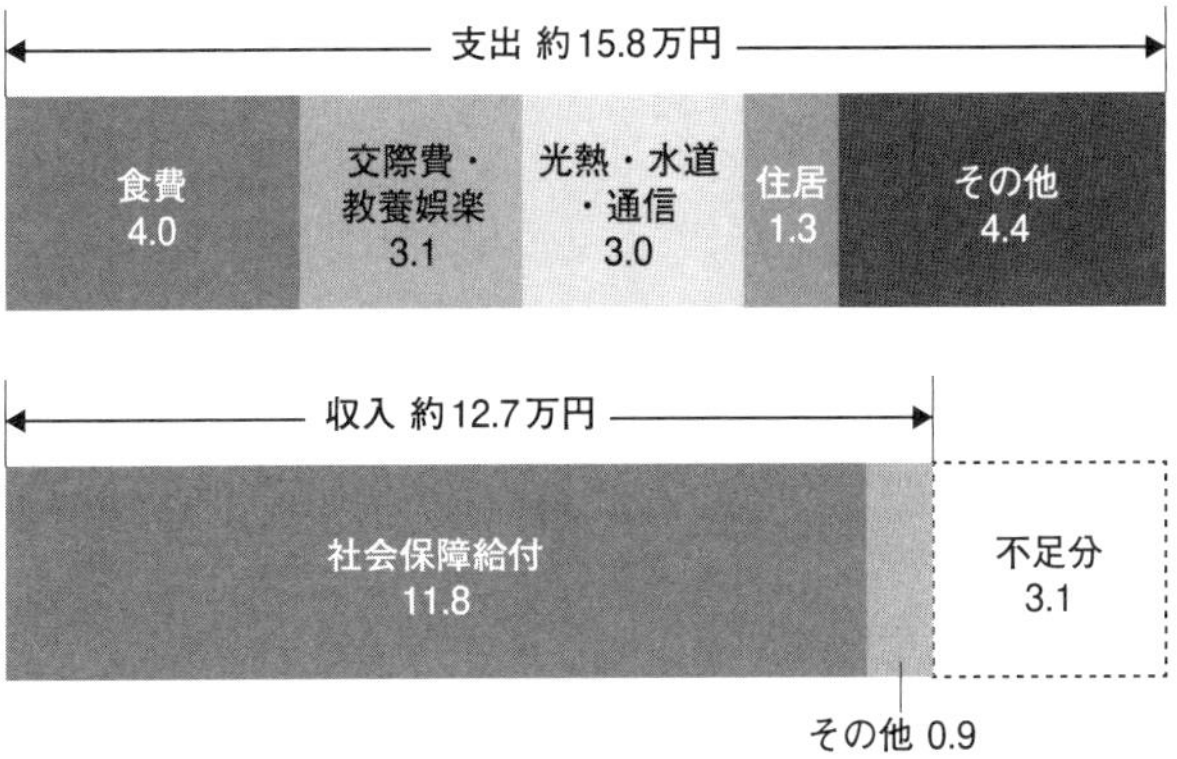

（出所）総務省

戸籍上の妻に支給すべきとの立場だった国側は「定期的に電話で連絡するなど別居状態にありつつも家族としての一定の交流が図られていた」と主張した。それに対し、内縁の女性側は「（男性と戸籍上の妻とは）34年もの間、実際に会うことはなく直近7年間は電話連絡すらほとんどしていない」と強調した。

24年2月の東京地裁判決は「44年間にわたり別居して生活し、関係修復に向けた努力をする意思も完全に失われた状況だった。低頻度かつ短時間の電話連絡はもはや婚姻関係の維持存続を図ろうとする趣旨とは言いがたい」と判断。戸籍上の夫婦関係は「形骸化している」と認め、遺族年金を内縁の女性に支給しないとした国の決定を取り消した。判決はそのまま確定した。

弁護士を頼むお金がない

最初に遺族年金を支給しないことを決めた国と、不支給とされた内縁の女性が争った裁判に、川崎市に住む戸籍上の妻（76）は参加していない。内縁の女性が受給することには、陳述書で「納得できません」と不満をあらわにしたが、「弁護士を頼めるほどの金銭的余裕がない」とする不参加理由に厳しい懐事情が透けて見えた。

総務省によると、65歳以上の単身無職世帯の平均支出は月15万8千円。年金受給などを含めた収入は12万7千円で、毎月3万円ほど不足する計算となる。平均で月8万円強を受け取れる遺族厚生年金の有無は死活問題といえた。

それより強かったのは感情的な反発だったかもしれない。妻は夫が亡くなって葬儀が開かれていたことも知らなかった。夫の配偶者として遺族年金を申請したのは、かつて里帰り出産中に夫が家を出て行く原因をつくった当の本人。近所の住民から「（夫が）布団などを持って女と出て行った」と知らされ、予期せぬ夫の裏切りにがくぜんとしたという。

妻の陳述書や証人尋問によると、夫とは別居後も多いときは週に1度会い、定期的に近況を報告し合っていた。年60万円の養育費を受け取り、親の支援を受けて子どもを育てながら夫の帰りを待ち続けた。夫とは徐々に疎遠になったが、互いに番号を登録した携帯電話でやりとりは続いた。「常に子の成長を気にかけ母子の安否を気遣ってくれた」と振り返った。

「必ず手続きするように」

「後悔することがいっぱいある。遺族年金は必ず手続きするように」。亡くなる2年ほど前、夫から突然電話があったという。夫は当時、がんで余命宣告を受けていた。死が迫る中、身勝手な人生に思うところがあったのだろうか。過去を清算しないまま自らは世を去り、愛した2人の女性が争った結果、手続きを念押しされていた妻は遺族年金を受け取ることができなかった。

第6章

秘密資金に粉飾、脱税……闇落ちする経営者たち

CASE 1

秘密資金2800億円に騙された外食チェーン会長、「まだ先生らを信じたい」

「太平洋戦争の戦勝国が管理している秘密資金の提供を受けられる」。大手外食チェーンの会長は60代のとき、人づてで知り合った男からこんな話を聞いた。手に入るとされた額は実に2800億円。必要経費として計36億円超を支払ったが、結局1円にもならなかった。事業家として名をはせた会長は、なぜ詐欺グループの荒唐無稽なウソを信じてしまったのか。

一代で全国に店舗網を持つ外食チェーンを築き上げた会長。2017年7月、知人のコンサルタント会社代表に紹介され、アジアの課題解決を支援するという一般社団法人を訪れた。赤じゅうたんの敷かれたオフィスは東京・丸の内にある大手企業ビルの1階。代表理事の50代の男と「先生」と呼ばれる70代の男が出迎えた。

「マック・アオイを知っているか?」

2人は資料を示しながら、秘密資金を原資とする基金の説明を始めた。先生はアジア12カ国に割り当てられた分を管理する「MSA」という組織の事務を担当しているという。事業計画書が認められれば巨額の資金提供を受けられるという話を聞き、乗り気になった会長は入会金などとして計560万円を支払い、事業計画書を提出した。

ある日、先生がひとりの男の名前を出した。

「君はマック・アオイを知っているか?」

4年ほど前、会長は知り合いの名誉教授から紹介を受け、その男に会ったことがある。男も秘密資金について語り「自分が運用を任されている英国管理分から2800億円の提供を

訴訟で問題になった構図

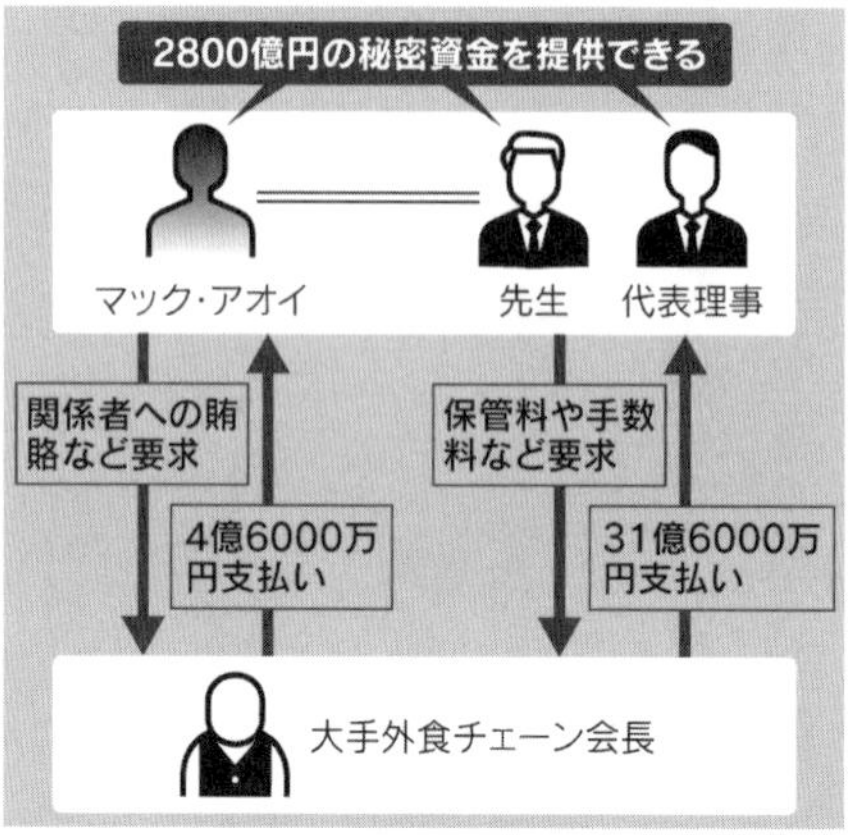

（注）判決などに基づく

受けられる」と話していた。

信じた会長は計4億6000万円を送金したが、それきりになっていた。「彼は私の部下だ。2800億円の話を復活させようじゃないか」と先生は力を込めた。

再び眼前に現れた「秘密の巨額資金」。会長は手数料や事業計画書を審査する担当者への賄賂などを用立てるようになる。

交渉のための英国渡航費、日本への運送資金。手続きが順調に進んでいることを強調しながら先生らは様々な名目で金銭を要求した。会長は途中、支払いの決心が半年以上つかないときもあったが「手続きが滞っていることに審査員が怒っている」などと催促された。「心配するな」「僕らは仲間だ」。時には励ましの言葉もかけら

詐欺に使われるウソの秘密資金の例

M資金	GHQが日本の旧陸軍などから押収した貴金属が原資とされる
オイルダラー	ユダヤ系が管理するオイルマネーや採掘に関わる資金といったケースが多い
基幹産業育成資金	財務省から資金提供を受けられるとするが、同省が「安易に信用しないで」と注意喚起
マルタ騎士団マネー	十字軍時代にルーツがある実在の「マルタ騎士団」をかたる

（注）取材に基づく

れた。

ついに資金は英国から神奈川県横須賀市の米軍基地を経由し、東京都品川区の倉庫に移ったという。保管料は月額350万円。最終段階として関係者への手数料1％の支払いを求められた。会長は持っていた株式を売却するなどして1％に相当する28億円を捻出した。

すべては2800億円のためだったが、夢の資金は一向に提供されない。後に陳述書で「まだ（先生らの）言葉を信じたいと思っていた」と振り返った会長。支払った総額は36億円を超えていた。

20年6月、都内に住む日本人の男が詐欺容疑で神奈川県警に逮捕された。会長はこの男が「マック・アオイ」であることを知り、すべてが詐欺グループによるウソだったことにようやく気付く。20年7月から22年9月にかけて男と先生、代表理事の3人と一般社団法人に損害賠償を求める訴訟を東京地裁に起こした。

秘密資金の系譜

秘密資金の提供をささやいて金銭をだまし取る詐欺は古くからある。昭和期に産業界や金融界でうごめいたのが「M資金」だ。戦後にGHQ（連合国軍総司令部）が隠匿した資金とされ、実在するマーカット少将の頭文字から名付けられたといわれる。1970年に大手航空会社の社長が騙《だま》されたとして辞任に追い込まれ、80年代から2000年代初めにかけて大企業の役員クラスが次々と被害に遭った。

信用調査会社によると、秘密資金が絡む詐欺話は経営者に度々持ち込まれる。担当者は「苦労して会社や事業を成長させた人こそ、自分には特別な運が回ってきてもおかしくないと思うのではないか」と見る。社会的な立場がある人の紹介でターゲットに近づく手法や、都心の一等地に構えたオフィスなども信用を補強するのかもしれない。公になることを恐れて被害の届け出をためらうケースも多く、表面化しているのは一部にすぎないという。

今もどこかで次の被害者が

裁判で男らは資金の存在を「真実」と主張したが、東京地裁は24年3月の判決で「荒唐無稽」と切り捨てた。「2800億円が存在しないにもかかわらず詐取しようと考えた」として会長側の請求を全面的に認めた。「マック・アオイ」に4億6000万円、3人と一般社団法人に31億円超を連帯して支払うよう命じ、判決は確定した。

男らが共有していた法人会員の一覧表には、会長以外に15人の入会申し込み状況と入金状況が記載されていた。実際に資金の提供を受けられた人は1人もいなかった。「オイルダラー」「基幹産業育成資金」――。時代とともに名前や性格を変えて次々に現れては消えてきた秘密資金。今もどこかで次の被害者を探している。

CASE

2

「自分の代で潰すわけにはいかない」、100年企業を守るため手を染めた粉飾

「自分の代で潰すわけにはいかない」。創業家一族が100年以上経営してきた衣料品卸のトップに、初めてたたき上げで就いた元社長は苦境に悩んでいた。すがったのは外部のコンサルタントが持ちかけてきた「粉飾」。証券市場の公正をゆがめる禁じ手に走った老舗の破綻劇に、窮地で視野が狭くなった経営者の焦燥が浮かぶ。

「プロルート丸光」は外衣や肌着の卸売業を営む「前田利右衛門商店」として1900年に大阪市で創業した。戦後、全国の小売店を対象に会員制の卸問屋に転換。婦人服に強みを持つ総合衣料品卸として業績を拡大し、2004年にジャスダック（当時）に上場した。

バブル崩壊後の消費低迷に加え、アパレル業界はファストファッションの台頭による価格競争が激化していた。プロルート社も例に漏れず業績は苦しかった。経営を立て直すため、創業家から14年にバトンを託されたのが、20年近く同社で働いてきた元社長だった。

絶望の淵で頼ったコンサル会社

だが、新型コロナウイルス禍の営業自粛と個人消費の落ち込みが追い打ちをかける。19年3月期～20年3月期は連続で連結赤字に沈み、翌期も黒字転換の見通しは立っていなかった。銀行から融資の打ち切りを示唆され、絶望の淵に立たされた元社長は、18年から会社が契約していたコンサル会社の男（46）を頼った。

大手証券会社出身の男は新たな収益源として、ネット上のプラットフォームで衣料品を卸す新規事業を発案する。元社長がシステム開発の資金繰りが苦しいと相談すると、調達のた

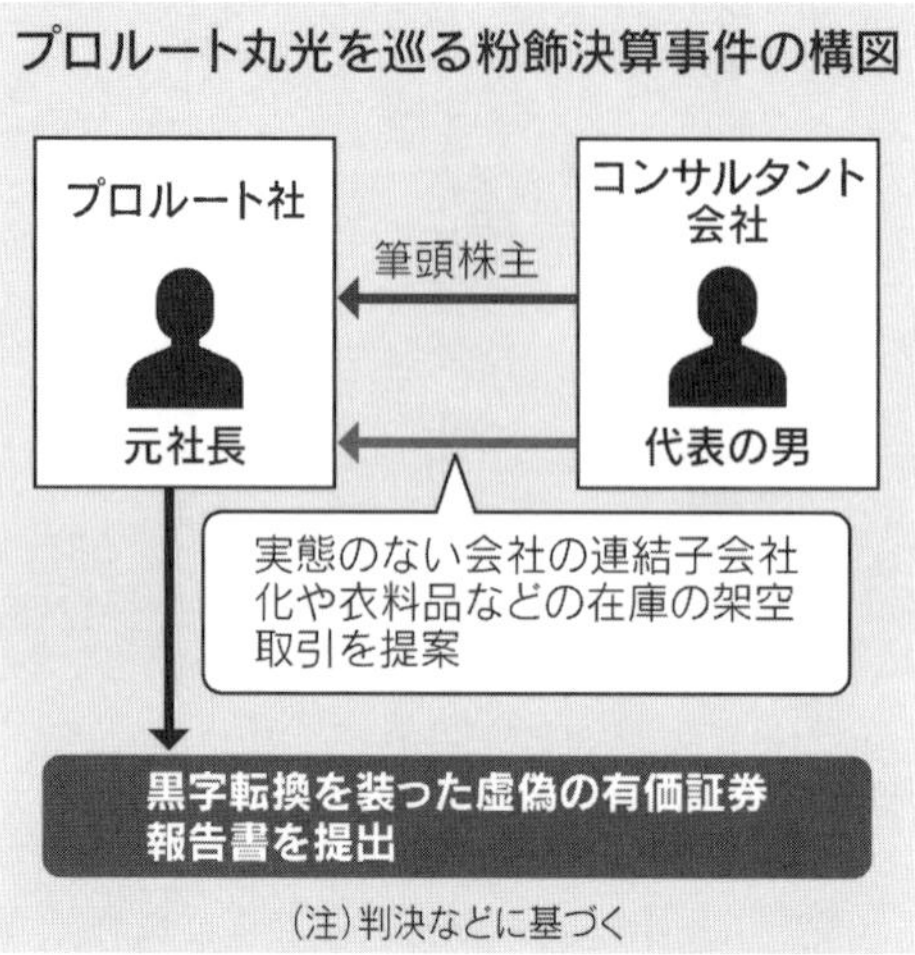
プロルート丸光を巡る粉飾決算事件の構図
プロルート社
元社長
コンサルタント会社
代表の男
筆頭株主
実態のない会社の連結子会社化や衣料品などの在庫の架空取引を提案
黒字転換を装った虚偽の有価証券報告書を提出
(注)判決などに基づく

めに第三者割当増資を提案。自らが経営するコンサル会社がプロルート社の全株式の2割近くを取得し、筆頭株主となった。

男はあるとき、知人が経営に関与するイベント会社との株式交換を持ちかけてきた。同社は主にアーティストのコンサートやグッズ販売関連の事業を手掛けているという。元社長は「グッズ製作は衣料品を扱う本業と近く、連結業績の向上につながる」と考え、20年1月に連結子会社化した。

歯車は既に狂いだしていた。イベント会社は実際は事業を行っておらず、できることといえば男や知人が自由に動かせる約3億円の「プール金」を使って親会社であるプロルート社の収益を仮装するくらいだった。

粉飾決算の手口の内訳

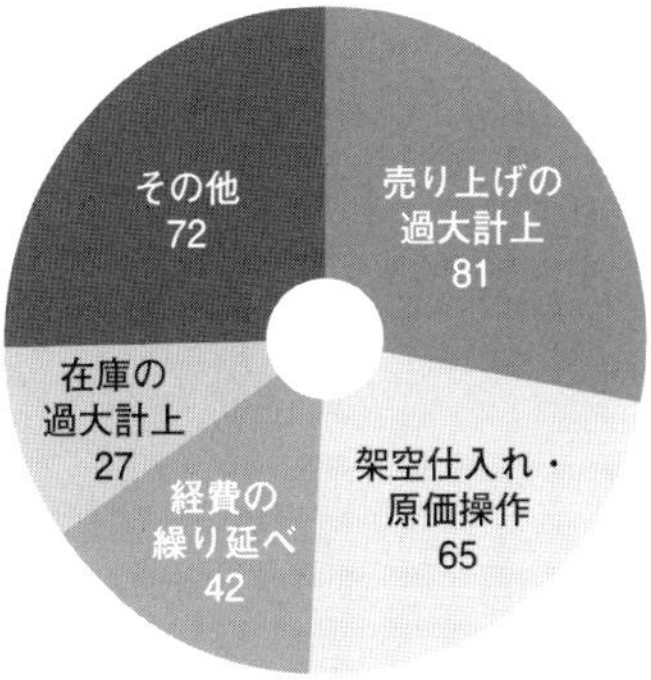

(注)2020年3月期～24年3月期
(出所)日本公認会計士協会

元社長は何度か違和感を覚えたという。男はイベント会社を含む知人の複数の会社を駆使し、売り上げを計上する会社や売り上げの中身を簡単に変えることがあった。20年6月、決算の締め日直前に第1四半期の連結営業損益が赤字になりそうだと伝えると、男はコロナ関連のコンサル業務として追加の売り上げが立つと話した。監査上の問題があると指摘されると、スポーツマネジメント関連に変更した。

「業務実態がないのではないか」。元社長は疑念を抱きつつ、コロナ禍に扱い始めた検査キットの在庫や売れ残った衣料品を男が関わる別の会社などに販売したことにして売り上げを計上。営業損益を約6900万円の赤字から約6300万円の黒字に偽った有価証券報告書を提出した。終値が100円台だったプロルート社の株価は200円台に上昇し、男のコンサル会社は値上がりした株式の大半を売却した。

「頼れるのは彼だけ」

23年10月、東京地検特捜部がプロルート社に家宅捜索に入った。元社長だけでなく後任の社長も金融商品取引法違反容疑で逮捕・起訴された。

検察側は公判で、男や知人がプロルート社の株価をつり上げて売り抜けるために犯行に及んだと主張した。元社長は被告人質問で「架空と認識していたが、頼れるのは彼だけだと思うようになっていた。他に選択肢が思いつかなかった」と弱々しく振り返った。

日本公認会計士協会によると、20年3月期から24年3月期に会計不正を公表した企業は187社で、約8割を粉飾決算が占めた。市場からのプレッシャーや銀行の融資打ち切りに悩むほか、税金を減らしたいといった動機が考えられる。手口は「売り上げの過大計上」が約3割で最も多く「架空仕入れ・原価操作」や「経費の繰り延べ」が続いた。

東京地裁は24年7月の判決で「粉飾は巧妙で悪質」と指摘。「共犯者の働きかけにより本件に及んだ側面が否定できないことを考慮しても刑事責任は軽くない」として、元社長を懲役2年、執行猶予4年の有罪とした。共犯とされたコンサルの男は無罪を主張し、公判が続いている。

今は派遣のアルバイト

「プロルート丸光は私の至らなさでこういう事態になったが、社会的には必要とされる企業だ」。最終意見陳述で絞り出すように述べた元社長は判決を受け入れ、控訴しなかった。退任後は夜勤の警備員として生計を立てていたが、逮捕されて失職。今は派遣のアルバイトとして早朝の品出しなどの仕事をしているという。

元社長が粉飾に手を染めてまで残そうとしたプロルート社は事件後に会社更生手続きの開始を申し立て、上場廃止となった。事件で取引は減ったが、残った従業員たちが謝罪と信頼回復に奔走し、スポンサー無しで「自主再建」する方針を打ち出した。同年7月に「ルートスタイル」に改称し再出発。元社長が頼るべきは外部のコンサルではなく部下や従業員たちだったのだろう。

CASE

3

「四顧の礼」に根負けして脱税ビジネスに加担、闇落ちした国際派税理士

「税」とは社会を支える基盤であり、国民は納税の義務を負う。不正な手段で免れれば法の裁きと非難は避けられず、それが税の専門家である税理士ともなればなおさらだ。企業に脱税スキームを提供するグループの一員として、大阪地裁で有罪判決を受けた60代の元税理士。道を踏み外した理由を「四顧の礼」に根負けしたからだと説明した。

２０１１年8月、税理士だった男は経営コンサルタント会社役員（当時）から熱心な説明を受けていた。役員が示したのが資金の流れを図にしたイラスト。税逃れの仕組みを企業に提供して報酬を得る「脱税ビジネス」だった。

具体的には顧客企業の資金を海外のペーパーカンパニーや海外口座を経由させ、企業側に戻す還流のスキームだ。その際に役員側が実態の乏しいサービスや資料を提供。企業側が対価として支払う形を取ることで資金を経費計上し、税金を大幅に圧縮できる。役員側は手数料として2割程度をもらう算段だった。

「だめです。明らかな脱税ですよ」

元税理士はシンガポールを拠点に海外法人の設立や企業の海外進出支援などを手がけていた。こうした仕事や専門家としての知識が、脱税スキームの運用に当たってこの上なく適任だと役員らを引きつけたようだ。

「だめです、明らかな脱税ですよ」。元税理士は直ちに違法性に気づき、にべもなく断った。それでも諦めない役員から勧誘を受け続け、最終的に参加を承諾した。

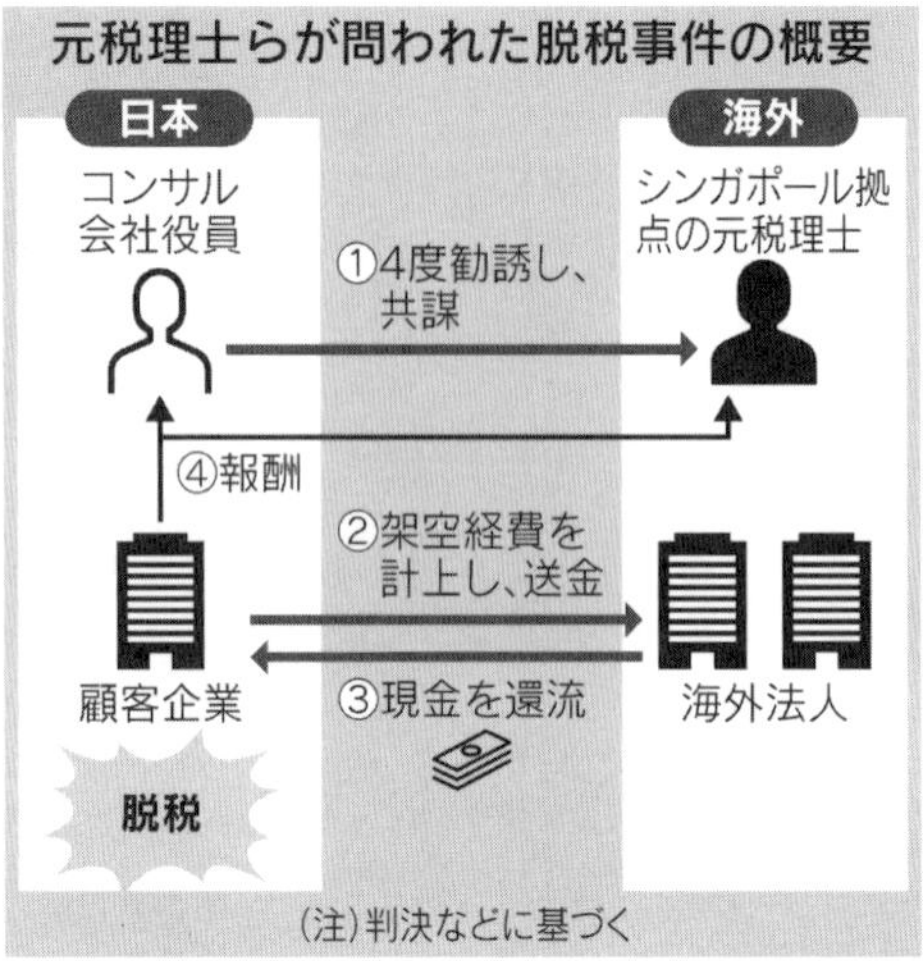

脱税ビジネスは計画通り、役員らのグループにより12～16年まで約5年間にわたって続いた。元税理士は居住するシンガポールで資金を還流するための法人設立や口座開設の準備のほか、架空経費を計上させるための請求書発行などをこなした。報酬はグループ内で分配され、元税理士は3年間で約4800万円を受け取った。

脱税事件は足元で増えている。国税庁によると、全国の国税局による「査察」で摘発した脱税は22年度に139件と、4年ぶりに増加した。経済の国際化やキャッシュレスの普及に伴い、国境をまたぐ資金の移動を隠れみのにしようとする巧妙な動きも目立つ。海外送金などが絡む国際的な告発事案は22年度に25件で、前年度の

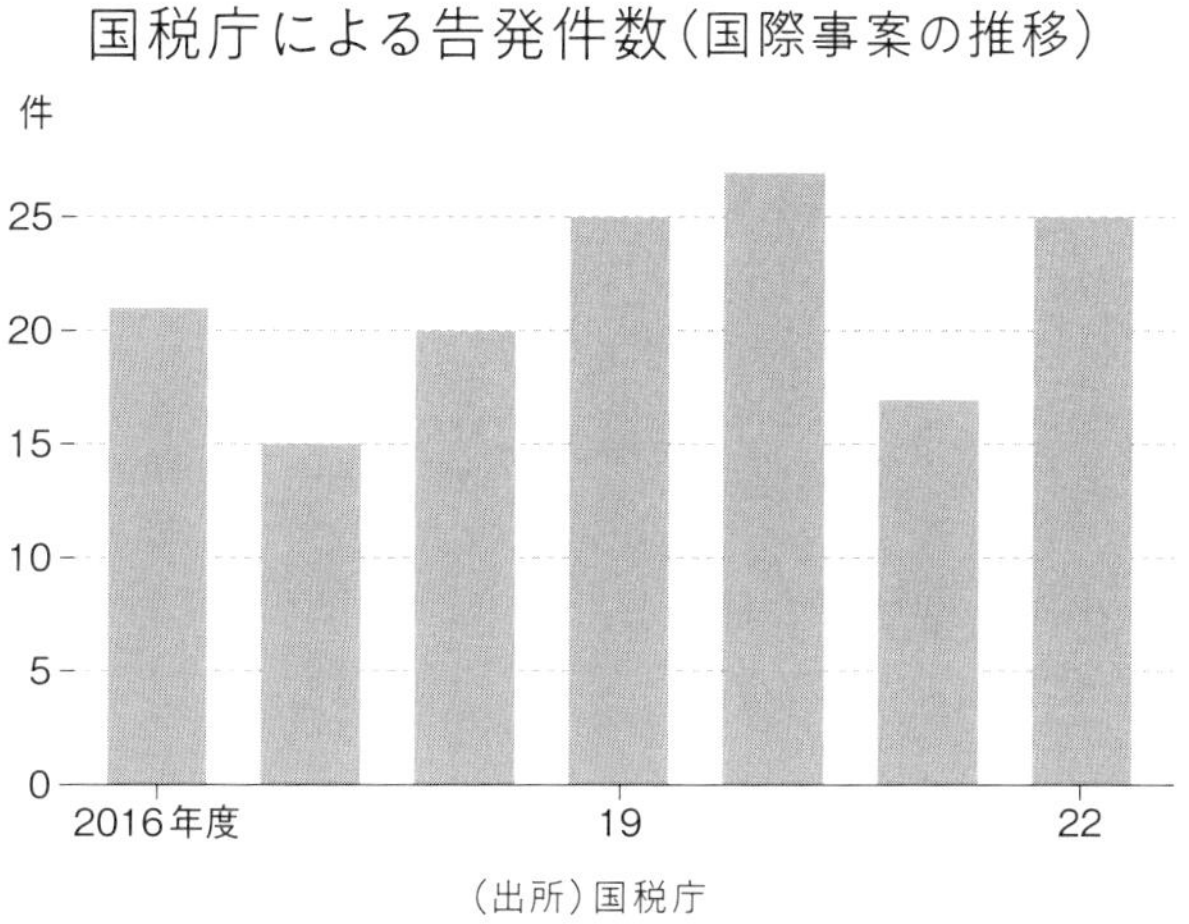

1・5倍に増えた。

一方、国際社会も連携して包囲網を築きつつある。経済協力開発機構（OECD）は「共通報告基準（CRS）」を設け、各国・地域の税務当局が国外口座情報などを互いに情報交換する仕組みをつくった。国際的な脱税や租税回避を防ごうと、今では約100カ国・地域が参加している。

元税理士らによる不正な税逃れも国税当局は見逃さなかった。大阪国税局の告発を受けた大阪地検特捜部がグループを摘発。21年に役員や顧客となった不動産会社2社の元社長らを法人税法違反の罪で在宅起訴し、最終的に6人と法人2社が有罪判決を受けた。

役員らが摘発された後もシンガポールに滞在していた元税理士は23年2月、日本に帰国し、逮捕された。大阪地裁は11月、元税理士に懲役1年、執行猶予3年、罰金80万円の有罪を言い渡した。

「執拗な勧誘に根負けした」

「税理士の参加が本件スキームの運営を一定程度促進したと認められる」。地裁判決はそう指摘し「税理士資格を有しながら脱税に加担した点は強い非難に値する」と断じた。

だが、捜査段階で脱税スキームを考案した主犯格と見られていた元税理士は、蓋を開けてみれば「話を持ちかけられて関与した」従属的立場だった。何度も断りながらも最終的に協力した理由を法廷で問われ「4回目に頼まれたときに承諾してしまった。執拗な勧誘に根負けした」とうなだれた。

続けて繰り返したのが後悔と反省の言葉だった。「本当は阻止できる立場にあった。今後は適正に納税していく」。税理士資格は返納し、脱税分は修正申告で加算税と延滞税も納付されたという。

「摘発する側」に立ちたい

悪事の誘いを断り切れなかった心の弱さを克服し、専門家の知見を正しく社会に生かせてこそ更生といえる。兆しは法廷で垣間見えた。自身が関わったような国境を越えた脱税手法はさらに深刻化していくとの見方を示し「自分のノウハウや経験を不正を摘発する側で使いたい」と語った。

防衛増税、所得税などの定額減税、インボイス制度――。「税」の1文字は、ニュースで話題に上がり続ける。全ての国民が相互に支え合う暮らしの基盤でもある税。ごまかしたり不正の誘惑に負けたりせず、正しい社会のあり方を論じ合うキーワードとして捉えていきたい。

CASE 4

インサイダー取引の抜け道と勘違いした副社長、「この程度ならいいと思った」

株取引には法的リスクもある。上場企業の幹部が未公表の重要事実を他人に伝え、利益獲得などを図れば、「インサイダー取引」の罪に問われるのは、周知の通り。だが、重要事実を伝えないまま、株取引を促す「推奨行為」も違法であることは、まだ十分に浸透していないようだ。大手証券会社出身の副社長すら「抜け道」と勘違いし、有罪判決を受けるに至った。

「明日の朝、早く売って。絶対に売って」。2021年4月15日夜、交際相手の男から電話で迫られた女性は通話を終えた直後、まだ売っていなかったアイ・アールジャパンホールディングス（HD）3200株を売り注文に出した。

男は同社の副社長で最高執行責任者だった。交際相手の女性に電話したころ、客として訪れた飲食店で知り合った別の女性と一緒にいた。「うちの株、下がるから売った方がいい」。同じことを伝えられた2人目の女性も、保有していた2000株すべてを売った。

副社長と女性2人の「特別な関係」

検察側の主張によると、2人の女性は男から月25万～30万円をそれぞれ受け取る特別な関係だった。それまでも男からの「助言」に依存して株取引を続けていたという。

男は少し前から、自社の株について「いい値段になっているから売ってもいいんじゃない」とやんわりと女性に取引を促していた。株を手放さなかったことに徐々に焦りをにじませ「なんで持ってるの」「朝9時までに出しておいてね」と畳みかけた。

男が株の売却を強く勧めた翌16日、同社は通期の売上高の業績予想を約14億円下方修正す

株取引不正推奨事件の構図

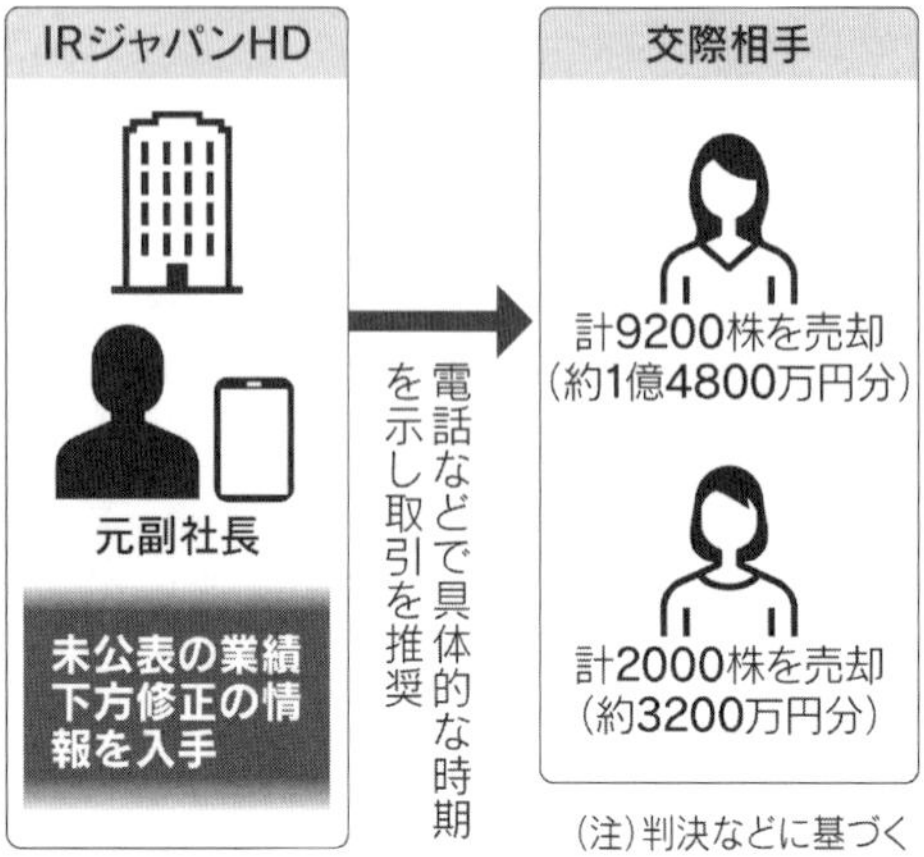

(注)判決などに基づく

ると公表した。同社の株価は大幅に下落。女性2人が損失を回避できた額は計2000万円を超えた。

同社は公表の1カ月ほど前から、経営会議などで売上高が伸び悩んでいる状況を共有していた。「今期は負けた」「連結売上高が(予想を)下回りそうだ」。幹部らの報告を受け、男は「皆さんの努力にもかかわらず、力不足で今期が未達に終わったことをわびたい」と語りかけた。

一方で、男の頭をよぎっていたのは株価が下がるまでの株売却の段取りだった。業績予想の変更は投資判断を左右する「重要事実」に当たり、上場企業は適時開示などで公表する必要がある。通期の予想売上高が100億円に満たな

会計不正に関与した人の内訳

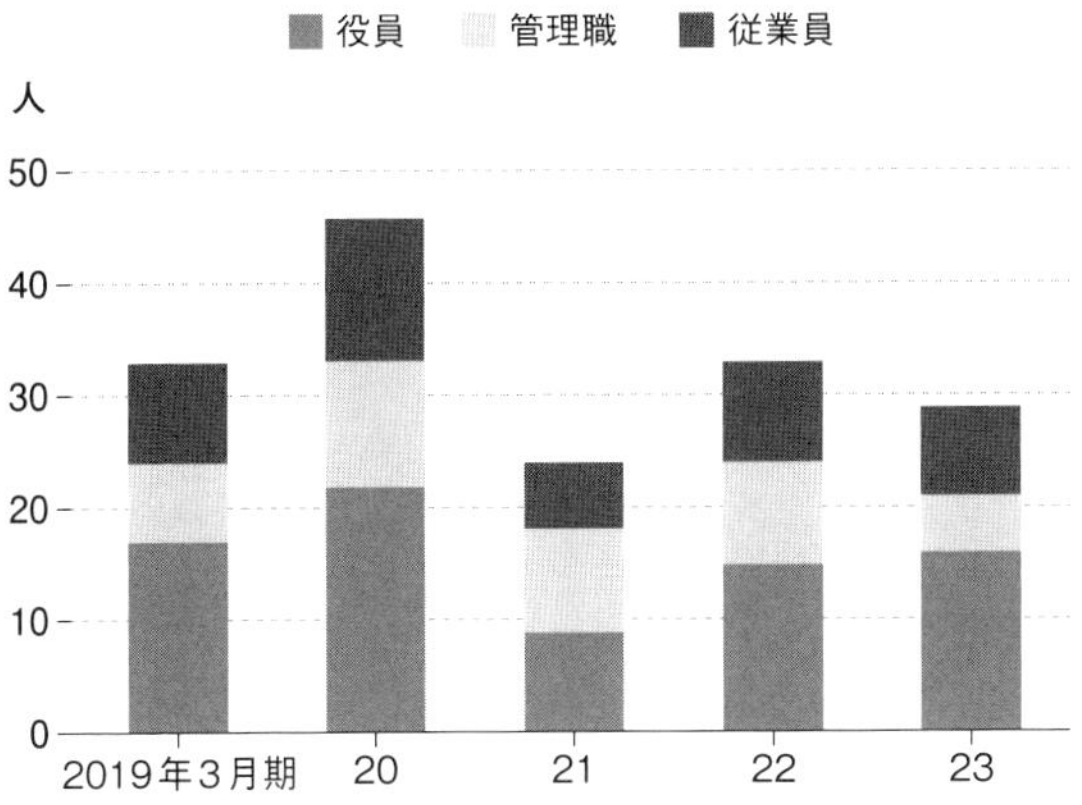

（出所）日本公認会計士協会
「上場会社等における会計不正の動向」（2023年版）

い同社で10億円以上も減収となれば株価下落は避けられない。２人の女性に持たせた株は公表前に売って損失を避けなければ。男はそう考えたのだろう。

とはいえ業績悪化を教えるわけにはいかない。金融商品取引法はインサイダー取引の実行者だけでなく、利益獲得や損失回避の目的で未公表の重要事実を他人に伝えた人も規制対象としている。大手証券会社で勤務経験がある男も当然そのことは理解していた。抜け道だと考えたのが、重要事実を伝えないまま、株取引だけを促すことだった。

だが、金商法は14年から、情報そのものを伝えなくても株の売買を促す「取引推奨行為」

を禁止の対象に加えている。男は法廷で「認識が甘かった。この程度ならいいと思っていた」とつぶやいた。

心理的な抵抗感

自らインサイダー取引に手を染めない取引推奨は、それだけ心理的な抵抗感が小さい可能性がある。企業の社内規定で明確に禁止されていないケースも少なくない。2人の女性のように、推奨されて株取引をした側が罪に問われないこともあり、社会の周知は十分とはいえない。

重要な情報に触れるため高い規範意識が求められる会社役員による不正は後を絶たない。証券取引等監視委員会によると、課徴金制度が導入された05～22年度でインサイダー取引をした人の5％は会社役員だった。

日本公認会計士協会が19年3月期～23年3月期に確認した粉飾などの会計不正は上場企業で172件あり、このうち半分弱の79件に役員が関わっていた。管理職まで含むと7割を占める。経営陣や管理職が不正を主導することで、内部統制（ガバナンス）が効かず「発見がより困難な状況にある」と同協会は指摘する。

繰り返されていた「推奨行為」

「証券会社時代は取引ができなかった。株取引がしたかった」と法廷で語った男。女性名義の株取引は事実上、自身のインサイダー取引の目的だった。10年ほど前から仕事で得た情報をもとに、複数の株で推奨行為を繰り返していたことも明らかになった。

「上場会社の役員という責任ある立場の自覚を欠いていた」。判決は男の姿勢を厳しく批判し、懲役1年6月、執行猶予3年の有罪判決を言い渡した。金融市場の第一線を走り、その手腕を買われて幹部に上り詰めた男は交際相手の歓心を買いたいという身勝手な動機と軽率な行為で立場を失った。

男の無自覚な行動により、他社の重要情報を多く扱う会社側もダメージを負い、信用回復に奔走させられている。

第7章

職場であった本当に怖い話。日常に流れる狂気

CASE

1

上司を消火器で殴打、「パワハラを受けた」の主張は認められなかった

おまえのせいで――。ゲーム会社に勤めていた男（41）は、職場に置かれていた消火器を元上司の頭部めがけて振り下ろした。後になって動機を「パワハラを受けていた」と説明したが、会社も司法もそうは認めなかった。ハラスメントがあったのか否か。判断が難しいケースもあるなか、従業員からの相談に適切な対応を求められる会社側の苦悩も透ける。

何が引き金になったのかは、本人にもわからない。

２０２３年４月11日午前10時50分ごろ、東京都内の大手ゲーム会社のオフィス。男は勤務中におもむろに自席を立ち、近くに置いてあった消火器を手に取った。向かったのはかつて上司だった男性の席。振り上げた「凶器」で突然、頭を殴りつけた。

男に当時の記憶は残っていないという。気が付いたときには会社の応接スペースで、駆けつけた警察官に取り囲まれていた。男は後に傷害罪に問われた公判で、防犯カメラの映像を見せられてようやく自分が何をしたのか認識できたと語った。

職場のストレスによる適応障害

「おまえがいるせいでやりたいことができない」「自分だけが悪いんですか」。同僚に取り押さえられながら、そう叫んでいたとされる男。検察側は、最初は首を絞めようとＬＡＮケーブルを手に取ったが、周りに人がいたため「一撃」で攻撃できるものを探し、近くにあった消火器を左手でつかんで犯行に及んだとした。

元上司は全治７日間の頭部打撲などのケガをした。男は逮捕され、即日会社を解雇された。

男は「パワハラ」を訴えていた

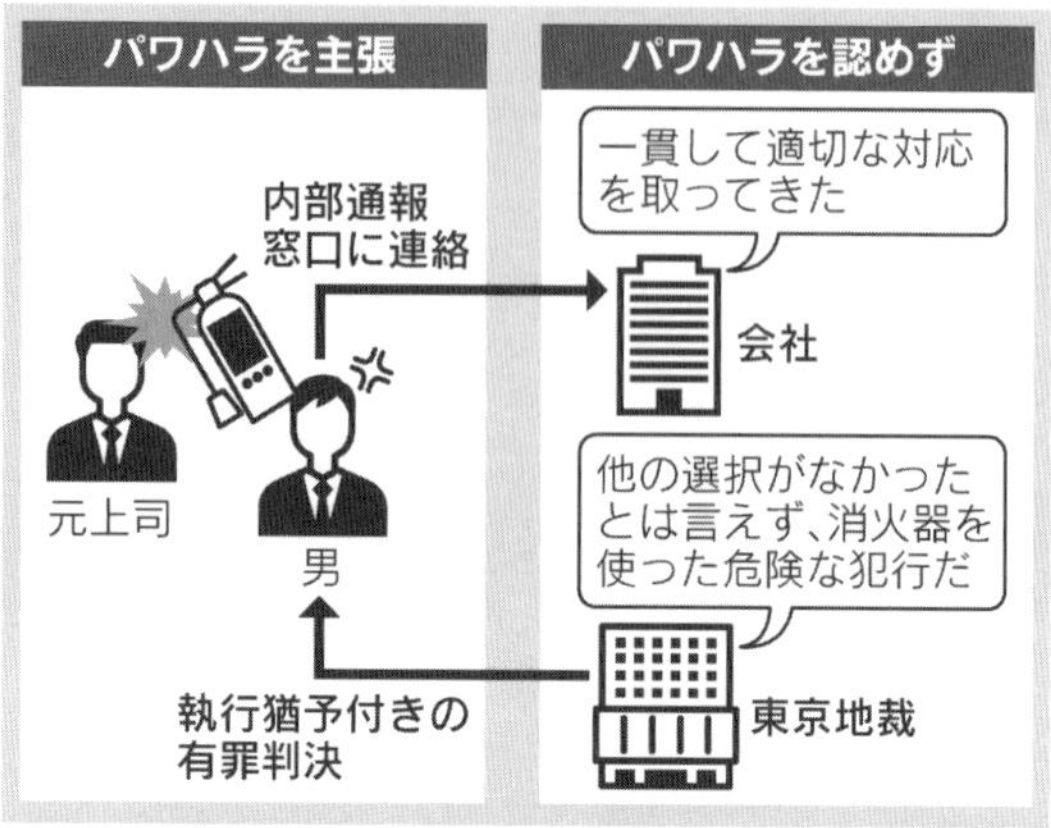

（注）判決などに基づく

凶行に及んだのはなぜか。男は元上司から受けた「パワハラ」が背景にあったと述べた。

男は会社が運営する施設のアルバイトから契約社員を経て、11年ごろ正社員になった。入社直後から元上司の下で「プランナー」として勤務し、他社情報の収集や商品への顧客の反応を調べ、システムの整備なども担ったとした。

仕事を進めるには元上司の承認が必要だったが「話しかけると面倒くさそうな反応をされ、提案は基本的に通らなかった」。机を並べる元上司に対し、憤りを募らせていった男。次第に頭痛などの症状が現れ、19年に職場でのストレスによる適応障害との診断を受けたという。人事担当者などに相談し、20年から元上司と別の

ハラスメント予防を進める上での課題

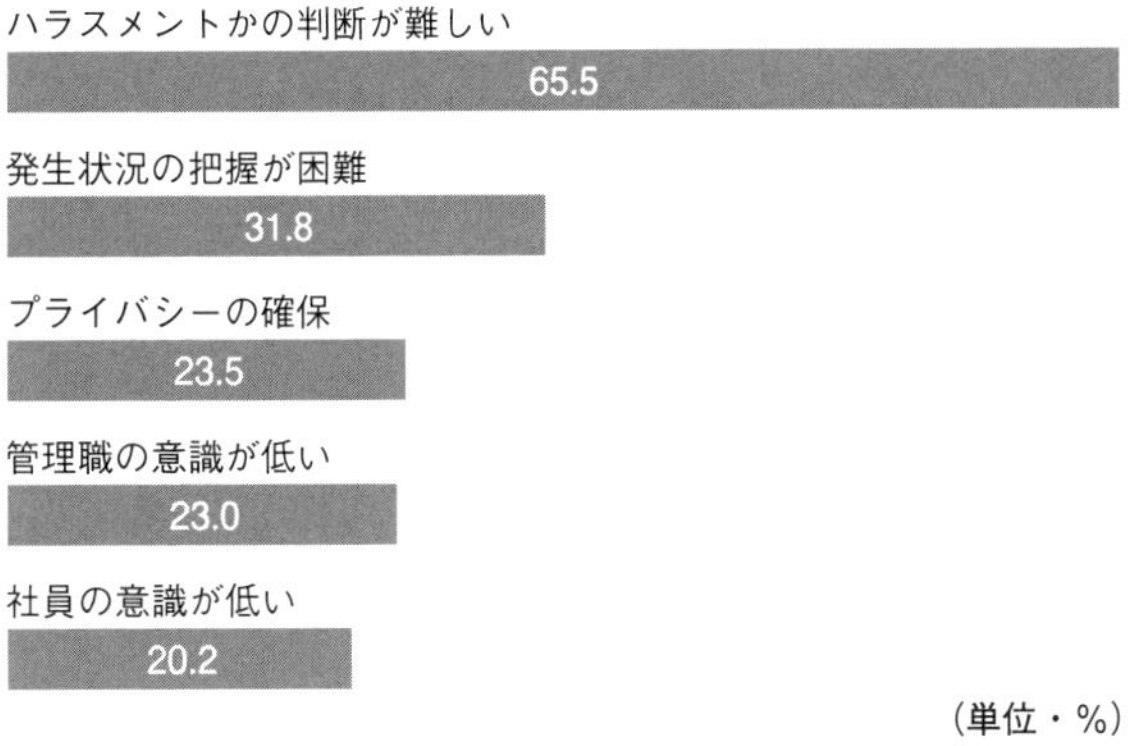

（注）6312の会社・団体が回答、複数回答
（出所）厚生労働省「職場のハラスメントに関する実態調査報告書」（2020年度）

チームに移った。

直接の関わりはなくなったが、男によれば、異動後の業務は元上司のチームが作ったコンテンツの商品化で、関係は完全には絶てなかった。新たなチームでも元上司の意見を聞く必要があり、自分が関わったことで提案が通らないなどして周りの信用も徐々に失い「追い詰められていく感覚があった」と主張した。

会社の内部通報窓口に「非常につらい」「実力行使も辞さない覚悟」などと連絡。この4日後、男は事件を起こす。

従業員の訴えがパワハラに該当するのか、対処に悩む企業は少なくない。

厚生労働省はパワハラの定義を①優越的な関

係を背景とした言動②業務上必要かつ相当な範囲を超える③労働者の就業環境が害される——の3要素を満たす行為とする。

「過大な要求」など具体的な6類型も掲げるが、同省が21年に公表した調査で、約6300社のうち最多の65・5%がハラスメントの予防や解決の課題について、そもそも「ハラスメントかどうかの判断が難しい」と回答した。

「目を向けてもらいたかった」

一方、社員側の調査で47・1%が、パワハラを受けていると知った後に会社が「特に何もしなかった」と答えた。「やった側」と「やられた側」の認識は必ずしも一致せず、対応を担う法務や人事、総務など管理部門の担当者は難しい判断を迫られている。

「少しでも自分の立場や状況に目を向けてもらいたかった」。男は被告人質問で、犯行に及んだ際の思いをそう明かした。だが、会社側の認識とはズレがある。会社は男の主張について、取材に「これまで一貫して適切な対応を取ってきた」と回答。そもそも社内調査などの結果、パワハラの事実はなかったとの認識を示した。

被害者は示談しても「処罰を望む」

23年10月の東京地裁判決も、パワハラがあったと認定してはいない。その上で犯行について「それ以外の選択肢がなかったとは言い切れない」と指摘。重量のある消火器を用いた危険性などを踏まえ、罰金刑が相当とした弁護側の主張を退け、男に懲役6月、執行猶予3年を言い渡し、確定した。

無防備な職場で突然、重さ数キロの消火器で殴られる。一歩間違えれば命に関わる危険にさらされた被害者の恐怖は計り知れない。判決の直前、元上司は男との間で示談に応じたが、それでも検察官に「処罰を望む」との意向を示した。

公判で「自分の好きなコンテンツに携われるのは幸せだった」と語った男。大好きな仕事なのにままならない日々にひとり悩みを深めていたのか。それとも恨みは一方的なものだったのか。近しい人に悩みを打ち明け、自身の状況を客観視できていれば「天職」との縁を失わずに済んだかもしれない。

CASE

2

勤務中にパンダのかぶり物、「最低評価を目指す」という社員をどうする？

トラブルが絶えない「問題社員」に頭を抱える職場は、少なくない。解雇のハードルが高いとされる日本ではなおのこと悩みは深くなる。関西のある会社が「不当解雇」で訴えられた。上司に向けた暴言、パンダのかぶり物で勤務――。会社への「反抗心」の発露だという男性社員の態度は、解雇権を行使する「合理的な理由」として認められるのだろうか？

「会社に来たくないから休み」。2013年8月、鉄道車体を製造する関西の企業に勤務していた40代の男性社員は、社内サイトで共有する自身のスケジュール欄に身勝手な「予定」を入力した。

約5年前に中途採用され、車体の設計を手がける部署に配属。当初こそ人事考課で責任感や積極性が評価される有望株だったが、慣れない寮生活への戸惑いに、父を病気で亡くすといったプライベートの不幸が重なり、抱え込んだストレスの矛先を会社に向けるようになっていた。

どのような理由があるにせよ、服務規則に反する行為を看過するわけにはいかない。会社は口頭と文書で改めるよう再三注意したが改善は見られなかった。反省文を求めると「反省することは全くない。建前上の反省文を提出します」などと突っ張った。

懲戒処分と配置転換でエスカレート

改心の余地無しとみた会社は譴責《けんせき》の懲戒処分を下し、別部署に配置転換。これが男性の「反抗心」という火に油を注ぐ。

会社が問題視した男性の行動の数々

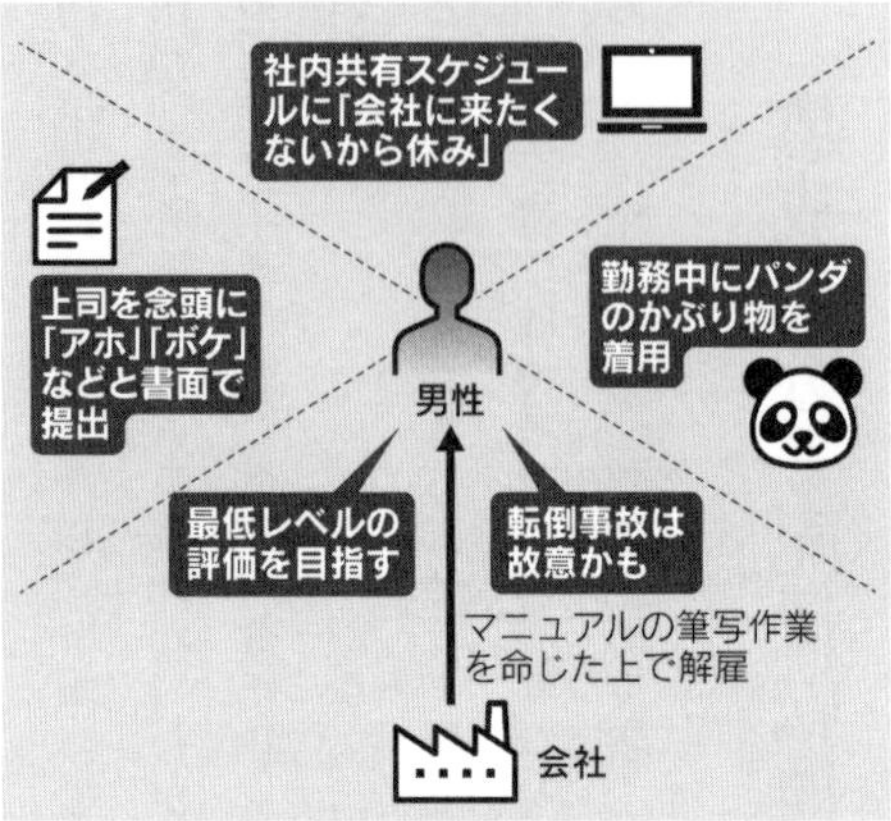

(注)判決などに基づく

勤務時間中にパンダのかぶり物を着用しだし、やめるように言われると「かわいい物が心の安静を保つのに重要な存在となっている」などと抗議。精神的に追い詰められているなら産業医に相談するように会社から提案され、ようやくいったん収まった。

配置転換に関する企業側の苦悩は、労務行政研究所の調査結果から垣間見える。24年1月に実施したアンケート（複数回答）によると、220社のうち67・7%が「職場トラブルへの対応」のために定期以外のタイミングで異動させることがあるとした。7割近い企業が「組織と人材のマッチング」に課題を感じているとも回答した。組織円滑化のために実施した異動も、

定期異動以外での配置転換の目的

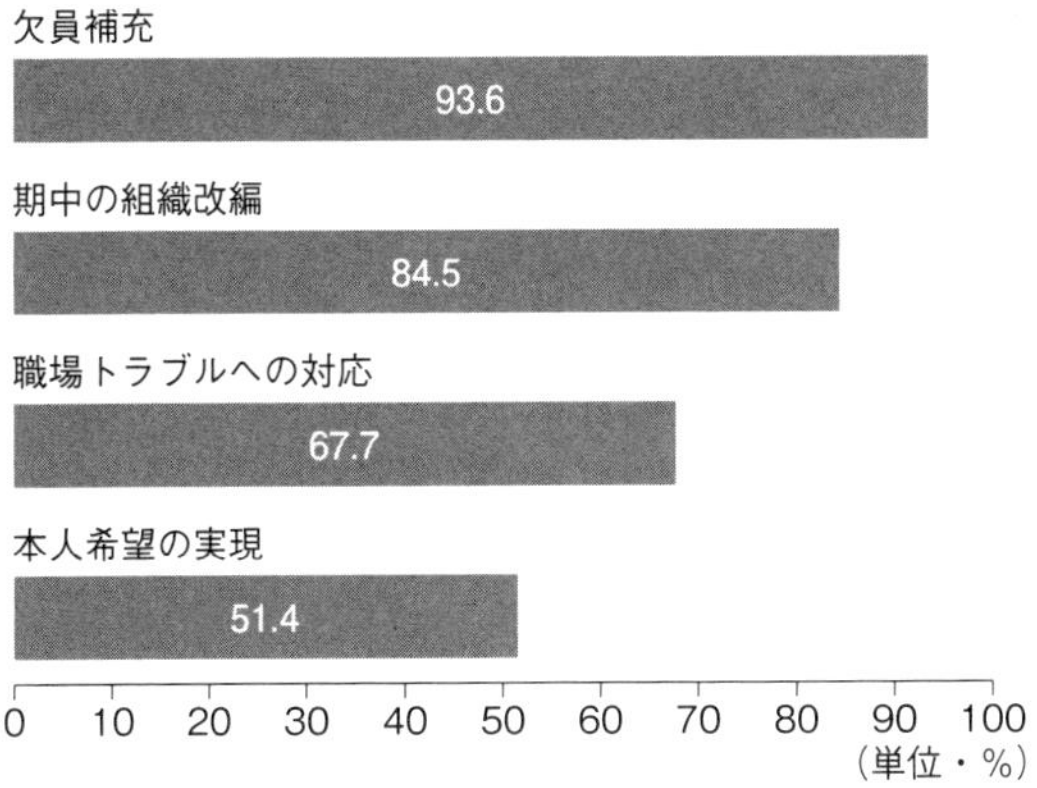

（注）220社の複数回答
（出所）労働行政研究所

配転先との相性が合わなければ逆効果となりかねない。

関西の会社は配置転換後に男性社員の行動が過激化したことも踏まえ、本人が希望していた設計部門の業務に就かせることにした。だが、今度は正式な異動ではなく、一時的な応援と位置づけたことが男性のさらなる反発を招いた。

会社に提出する書類に「アホぶちょー」「ボケ」「役立たず」などと記載し、社内の目標設定面談で最低レベルの「D評価を目指す」と公言。男性が専門とする業務の基本作業も「分からなくなった」と言い張った。挙げ句の果てに階段などで転倒する事故を複数回起こし、故意だったとほのめかした。

危険を伴うことから工場勤務を任せられなく

なり、扱いに苦慮した会社は男性に「安全冊子」のマニュアルを書き写すよう命じた。4日間にわたって計300枚以上を筆写させたが、いまさら業務に戻すわけにもいかない。19年4月、とうとう「勤務成績または業務能率が著しく不良で技能発達の見込みがない」として解雇を言い渡した。

「解雇権乱用」に当たるか?

欧米と比べて解雇のハードルが高いとされる日本。勤務態度が悪い、就業規則や業務命令に違反するといった理由で従業員を解雇し、裁判などで問題になるケースは多い。最高裁はかつて解雇について「客観的に合理的な理由を欠き、社会通念上相当でない場合は無効」との判断基準を示した。この「解雇権乱用の法理」は今では労働契約法に明文化されている。

解雇を通知された男性社員は、問題行動の多くは過去のもので現在は勤務意欲があると主張。解雇は不当で、命じられた筆写作業も肉体的苦痛を与える私的制裁で違法だったとして19年7月、解雇無効と損害賠償の支払いを求めて会社を提訴した。

大阪地裁は21年1月の判決で、かぶり物を着用するといった男性の一連の行動には「業務上の必要性や合理性が見いだしがたい」と指摘した。会社が解雇したことは、客観的にみて「合理的な理由が認められる」と判断。男性側が違法だと訴えた筆写作業は「相当性に疑問が生じうる」としつつも「業務命令権を逸脱・乱用したものとはいえない」と退けた。

同僚は「ほとほと嫌になった」

男性は判決を不服として控訴したが、高裁も訴えを認めず、そのまま敗訴が確定した。訴訟になってからは「(会社への)反抗心からだった。本当に迷惑をかけてしまった」と数々の問題行動をわびた男性だったが、時すでに遅し。同僚からは「ほとほと嫌になった」と惜しむ声はなかった。

不満や意見があるならば他に伝える方法はなかったのだろうか。「懲戒解雇も検討したが将来を考えて普通解雇とした」。更生を信じる会社からの最後の温情だった。

CASE

3

1分の遅刻で罰金100万円、「絶対服従」を求める元同級生との歪んだ関係

思えば、中学の同窓会に顔を出したのがすべての始まりだった。久々に再会した旧友から、一緒に働こうと誘われた男性。社長となった同級生は次第に居丈高な態度を取りはじめ、ミスしたり指示に反したりするたび「罰金」と称して金銭を徴収した。訴えによればその額、合計2700万円。ふたりの関係をゆがめたものはなんだったのか。

2013年、埼玉県内のある公立中の同窓会が開かれた。30代半ばになったかつての学友が昔話に花を咲かせ、近況を報告しあう。男性はひとりの同級生とあいさつを交わした。特別仲がよかったわけではない。中学だけでなく高校、大学も一緒だったが、同じクラスだったのは中1の1年間だけ。大学もキャンパスは別で、顔を合わせるのは17年ぶりだった。

経営していた理容室を廃業

この日を境にふたりは時折食事に行くなど付き合いを深めていく。「仕事を手伝ってほしい」。あるとき、同級生が持ちかけてきた。男性は当時、経営していた理容室を廃業したばかり。誘いに応じ、17年から同級生が仲間と設立した測量会社で測量部長を務めることになった。上司にあたる統括部長だった同級生は3年後、社長に就任。ふたりの間に明確な上下関係が生まれていった。

計画通りに業務が終わらなければ声を荒らげて叱責。仕事の進捗を30分おきにLINE（ライン）で報告させられた。「俺がきょうなんて言ったか覚えてるよな」「覚えております。申し訳ございませんでした」。ラインに残るやりとりはおよそ旧友同士とは思えない。「ぶっ飛

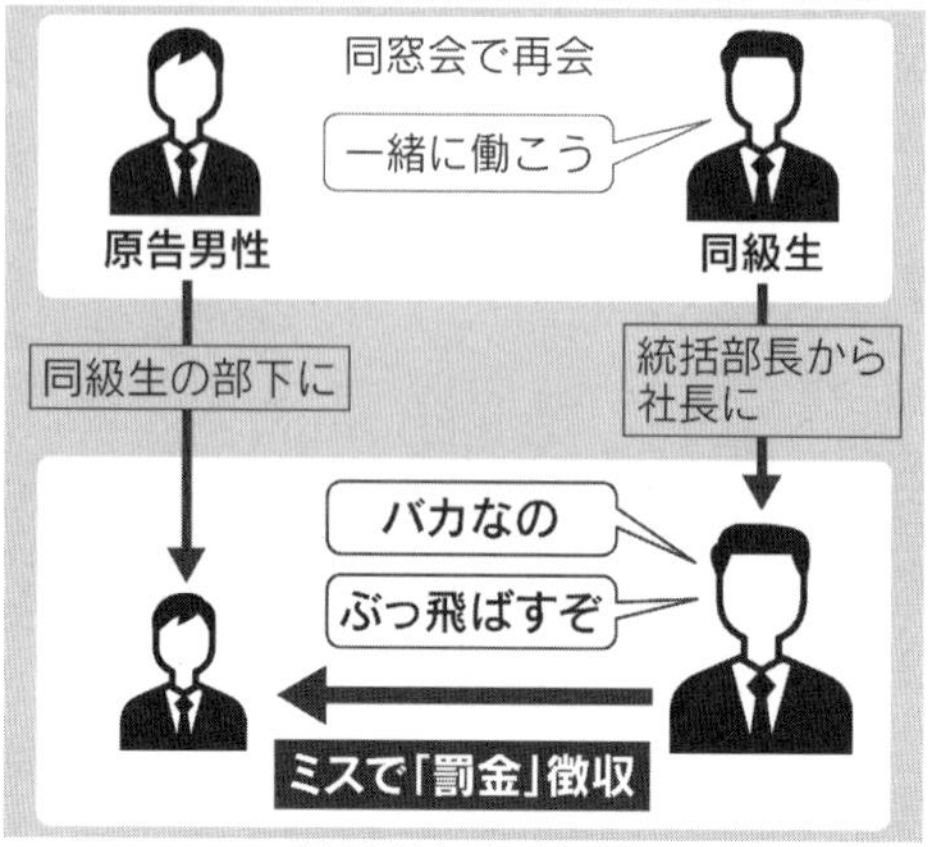
男性と同級生の関係はねじれていった
(注)判決などに基づく

ばすぞ」「バカなの」。そんな罵倒も送り付けられていた。

19年ごろからミスをするたびに「罰金」と称して金銭を要求されるように。訴状によれば最初は1回1万円だったが、1分の遅刻で100万円を取られたこともあった。「机きたない」など、男性のメモには取るに足らない理由も記されている。男性側の訴えでは、徴収された総額は21年までに計2724万円。いよいよ払えなくなると同級生は男性のクレジットカードを使って私物を購入した。

「洗脳されていた」

異常な環境だった――。男性がそう述懐する

人間関係をリセットした相手

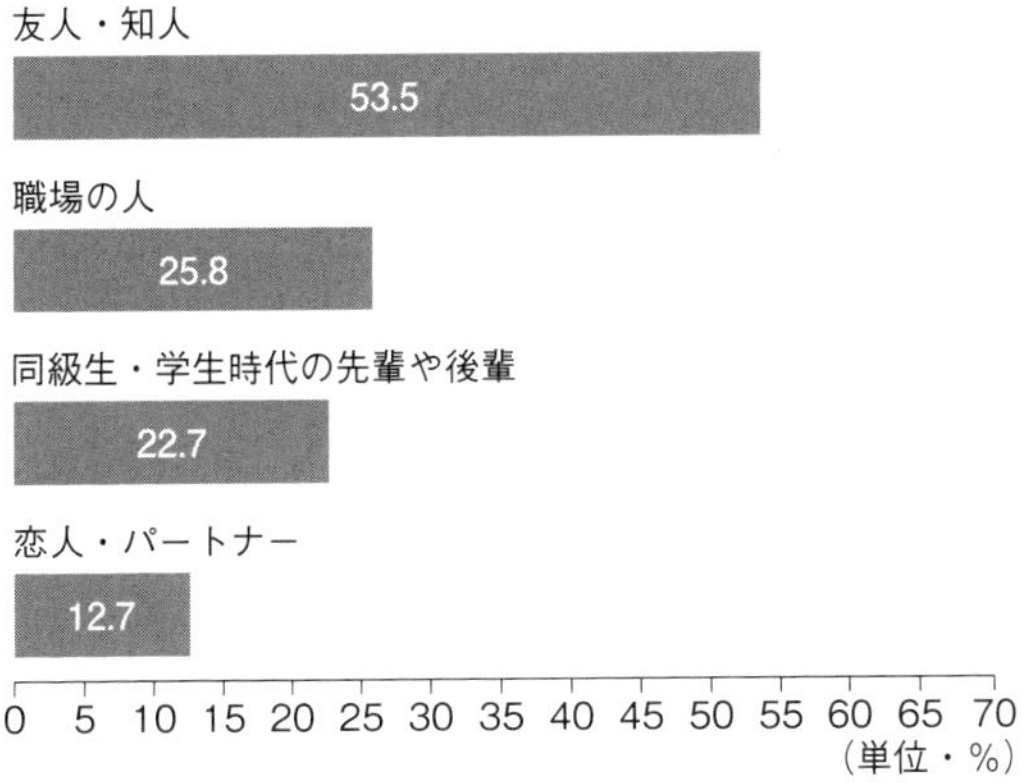

（注）「人間関係をリセットした経験がある」とした984人が複数回答
（出所）クロス・マーケティング「人間関係に関する調査」（2024年）

職場を脱することができたのは21年5月のこと。罰金などの支払いで預金が底を突き、母親に借金を申し入れたところ「なぜそんなにお金が必要なのか」と聞かれた。事情を打ち明け、会社を退職。支払わされた金額相当の損害賠償などを求め、同級生と会社を訴えた。

男性は陳述書で、当時の心境を「服従しなければ何をされるか分からないという恐怖に支配され、洗脳されていた。正常にものを考えることができなかった」と振り返った。会社を辞めようにも「払えていなかった罰金を払えと言われたり、会社が被る損害をおまえに請求すると脅されたりした」という。

対する同級生は、そもそも「罰金」という仕組みは男性がミスを減らすために男性自身が提案したものだと反論した。実際に現金を受け取ったことは一度もないと事実関係を全面的に否定。「信頼していた友人にこのようなかたちで裏切られたことが残念でならない」と強調した。

関係性の認識にもズレがあった。同級生は社長になった後も「(男性との)関係に変わりはなかった」とし、ふたりの間に「長期にわたる交友関係、対等な立場で事業を行うパートナーとしての信頼を基礎とする関係があった」と説明した。

だが、男性にとっては対等や信頼とは無縁の関係だった。「何を言っても最終的に(同級生の)言うとおりにさせられる。言うことを聞かないと暴言や暴力を振るわれる。怖かった」

人間関係、4割がリセット

身近な人間による精神的支配の代表例が、家族や交際相手などからのドメスティックバイオレンス(DV)だ。支配される環境に長く置かれると正常な感覚がまひし、反論や周囲への相談すらできなくなるとされる。今回は同級生同士という間柄だったが、明確な支配関係ができあがっていた。

調査会社のクロス・マーケティングの24年調査で、「人間関係をリセットした経験がある」と答えた人は984人と調査した2400人の4割を占めた。相手（複数回答）は友人や知人が53・5％、職場の人が25・8％、同級生や先輩・後輩が22・7％。事情は様々だろうが、男性と同級生のような近すぎず遠すぎずといった距離感が関係をこじらせやすいのかもしれない。

東京地裁は24年1月の判決で、男性が主張した2700万円余りのうち約327万円は「罰金」だったと認定した。勝手にカードで買い物した分などをあわせて、会社と連帯するなどして1243万円を支払うよう同級生に命じた。残業代の支払いも命じられた会社側は控訴したが、同級生は判決を受け入れた。

判決によると、ふたりの関係は再会直後から既にゆがんでいた。同窓会からまもなくして男性は同級生に50万円を貸している。返済完了前に次なる借金があり、一緒に働くようになってからも金を媒介にした関係が常態化していた。やがて関係は崩れ、法廷で対峙する。同じ教室で学んでいた頃、こんな将来は予測していなかっただろう。

CASE

4

睡眠薬服用で搬送された店長、大量発注は本当に独断だったか？

古書店チェーンの女性店長は追い詰められていた。会社のイベント用に自身が商品化したグッズが大量に売れ残り、損失は1400万円に上った。会社側は「独断でリスクの高い契約を結んだ」と解雇を通知。店長は処分無効を求める裁判を起こした。失態の裏側に、管理職としての重圧に悩み、不安を募らせてきた店長の「気負い」が浮かぶ。

「目標よりも大きく下回っている状況です。原価回収に努めていきます」。2019年5月下旬、東京都内の古書店で店長を務めていた30代の女性は、役員らに宛てて弁明のメールを送った。

3週間ほど前、会社が主催した3日間のイベントで人気アニメのキャラクターイラストをあしらったバスタオルとキーホルダーを販売した。約1年前に社内の会議で提案し、商品化の了承を得た。作品の権利を持つ出版社などと交渉し、契約までこぎ着けた肝煎りの企画だった。

「なぜ受注生産じゃないんだ」

反響は無情ともいえるほど薄かった。会社側によると、売れ残りはバスタオル約3900枚のうち3000枚、キーホルダー約1万個のうち6600個近く。

「なぜ受注生産じゃないんだ」。怒った会社の社長は店長に説明を求めた。社内決裁の時点では購入希望者の注文分を作る「受注生産」のはずだったのに、店長はグッズを先に作って在庫を売る契約にしていた。

訴訟では「受注生産」を巡る契約が焦点となった

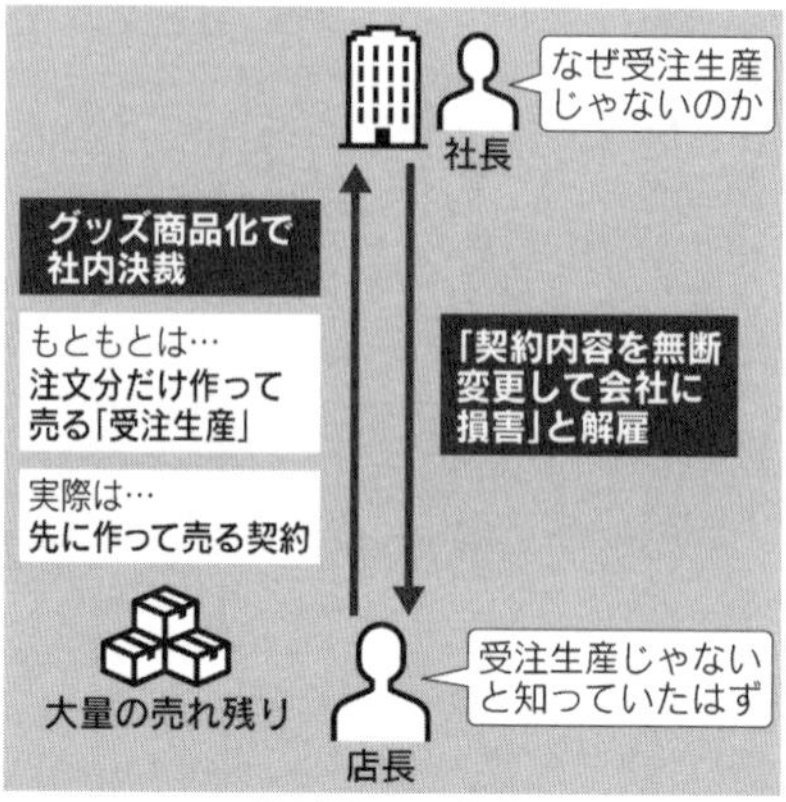
なぜ受注生産じゃないのか
社長
グッズ商品化で社内決裁
もともとは…注文分だけ作って売る「受注生産」
実際は…先に作って売る契約
「契約内容を無断変更して会社に損害」と解雇
大量の売れ残り
受注生産じゃないと知っていたはず
店長

（注）判決などに基づく

臨時会議の開催が決まり、責められると思った店長は前日に多量の睡眠薬を服用して搬送された。そのまま休職。会社は20年5月に「独断で大量の発注をし、会社に多大な損害を与えた」などとして解雇を通知した。店長は「会社としてゴーサインがあった」と反発。従業員であることの地位確認などを求めて提訴した。

受注生産は消費者が注文してから受け取るまでに一定の時間がかかる。在庫を抱えるリスクを抑えられ、需要が見込みにくい場合などは有効だが短期のイベントには不向きな場合もある。店長もイベントで販売する以上、店頭で直接商品を引き渡すものだと認識し、版権を持つ出版社側と交わした契約を受注生産にしなかった。

裁判の最大の焦点は、会社側がこの契約内容

管理職になりたくなかった理由

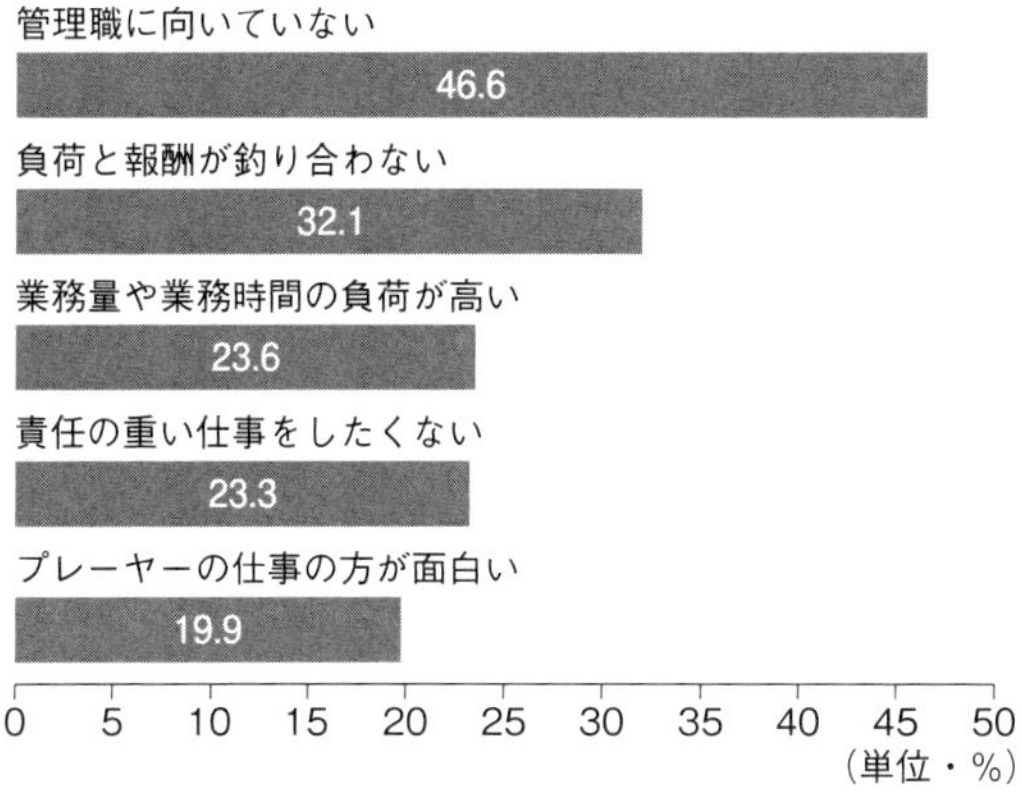

（出所）日本能率協会マネジメントセンター（2023年）

を認識していたかどうかだ。会社の規定は、外部と契約を結ぶ場合は役員会の承認を得て、正式な社判を押印すると定める。店長は役員会を通さずに領収証用のゴム印を押して契約を交わしていた。会社側は店長が契約内容の変更を隠蔽したと指摘。「刑法の有印私文書偽造罪や背任罪に該当しうる」と厳しく非難し、解雇は正当だと強調した。

対する店長は、幹部から受注生産ではない前提で「（発注数は）売り切れると思う数でやればいい」と言われるなど、会社側も契約の変更を認識していたと主張。社判を押すルールは知らなかったと述べた。裁判では、イベントの終了後はすべての責任を取らされる恐怖で、会社から帰宅すると幼い娘の前で涙を流していたと明

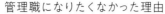

かした。

23年3月の東京地裁判決は、店長の対応に「一定の問題があった」と認めた。ただ、会社側がイベントを告知するウェブサイトで販売商品は会場で代金を払って受け取るという印象を与えていたことや、多くの販売員を確保していたことなどから「受注生産でないことは認識していた」とも認定した。

ゴム印による契約書の作成は「規定違反」としたが、ルールが周知されていたとは言えず隠蔽の意図はなかったと判断。故意や重い過失までは認められず、処分は厳しすぎるとして解雇無効と結論付けた。高裁で和解が成立。店長は会社側に迷惑をかけたことをわび、会社側は一定の解決金を支払うことを確認して争いは終わった。

「自分が頑張れば」

店長は入社10年目の15年から、都内の主要店舗で20人ほどのスタッフを率いるようになった。法廷では幹部から「大ざっぱだけど力はある」と能力を評価する発言もあった。

だが、当の本人は職責の重さにもがいてきたようだ。「店長会議でうまく話せなかったらどうしよう」と悩み、眠れない日々を送った。イベントで売る商品が少ないと聞き、期待に応えたい一心で「自分が頑張れば」とグッズの商品化を提案した。当時の同僚は「店の仕事にも会議にも出て（グッズの）デザインも全部ひとりでやって大変そうだった」と感嘆したが、熱意と努力は結果的に裏目に出た。

日本能率協会マネジメントセンターが23年に実施した調査で、１０７２人の管理職の約３割にあたる３１７人が「管理職を続けたくない」と回答した。管理職になりたくなかった理由（複数回答）で最も多かったのは「管理職に向いていない」の46・６％。「負荷と報酬が釣り合わない」（32・１％）や「業務量や業務時間の負荷が高い」（23・６％）が続いた。

もともとアニメや漫画が好きだったという店長。陳述書で「楽しく働ける好きな会社だった」と振り返ったが、文面はこう続く。「しかし、自分を犠牲にして長時間労働を求められ、グッズの売れ行きが悪いと個人を激しく責められ、解雇に追い込まれた」

店長になったことで仕事の魅力を感じられなくなったのだとすれば、従業員にとっても会社にとっても残念な話だ。管理職が望まれないポジションにならないためにはどうすればいいのか。訴訟は会社のサポートのあり方も問いかけている。

CASE

5

自分の名前で上司を罵る身に覚えのないチャットが……、アクセス権限悪用の恐怖

ある企業の社内で、ビジネスチャットに異変が起きた。上司を罵る誹謗中傷のチャットが、身に覚えのない自分の名前で送信されている。犯人は、サーバーへのアクセス権限を持っていたシステムエンジニア。メンタルの弱さをからかわれた恨みと、技術的な興味が動機だったという。IT（情報技術）を悪用した社員の不正は、後を絶たない。

「あの人使えない」「調子乗ってる」「いなくなってほしい」――。2022年8月ごろ、約40人が働く東京都内のソフトウエア会社で、従業員のひとりは上司を罵る誹謗《ひぼう》中傷のチャットが自分の名前で同僚宛てに送信されていたことに気がついた。

同時期に従業員がIDとパスワードを入力してもチャットにログインできない事態も発生していた。会社側はすぐに内部システムの調査を開始。するとチャットの認証情報を保存するサーバーで、従業員のパスワードが何者かに書き換えられていた。

変更されたパスワードは、システムエンジニアの男と同じものであることが判明した。同社はチャットツールをカスタマイズして他社に提供するとともに、社内で従業員同士のやり取りに使っていた。男はチャットの機能や仕様を顧客向けに調整する業務に携わり、サーバーへのアクセス権限を持っていた。

同僚の一言に恨み

男はその後、私電磁的記録不正作出・同供用などの疑いで警視庁に逮捕された。当初は容疑を否認していたが、起訴されると素直に認めた。23年10月に東京地裁で開かれた公判で、

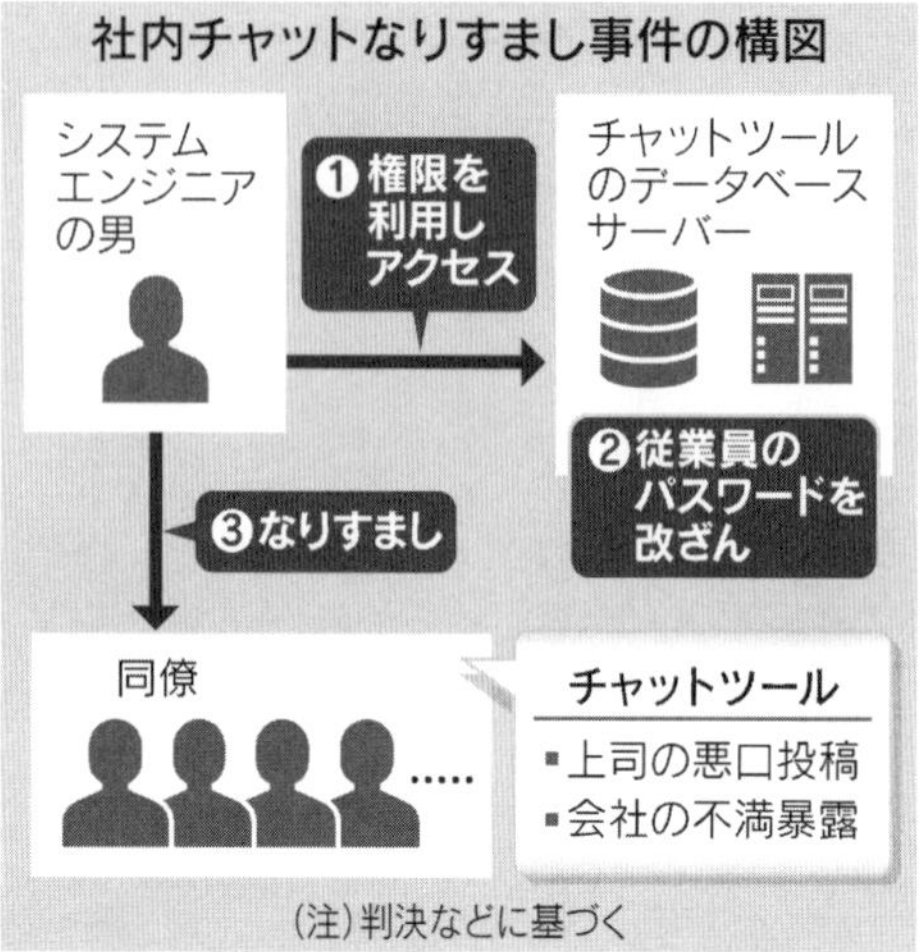

自分で稼ぎながら弁償していくと反省の弁を述べた。

起訴内容などによると、男は22年9月から23年1月にかけて同僚19人分のパスワードを勝手に書き換え、自分が自由に投稿できるようにしていた。同僚になりすまし、社内チャットに不正ログインした回数は63回に及んだ。

上司の悪口投稿を捏造《ねつぞう》していただけではなかった。従業員がチャット内に個人的なメモとしてつづっていた会社の不満を、他の同僚が見える形で暴露した。同社が勤怠管理に使用するシステムの認証情報も不正に入手し、複数の同僚分を無断で閲覧していた。

何が男の暴走を招いたのか。公判の被告人質

「内部脅威」の実行者

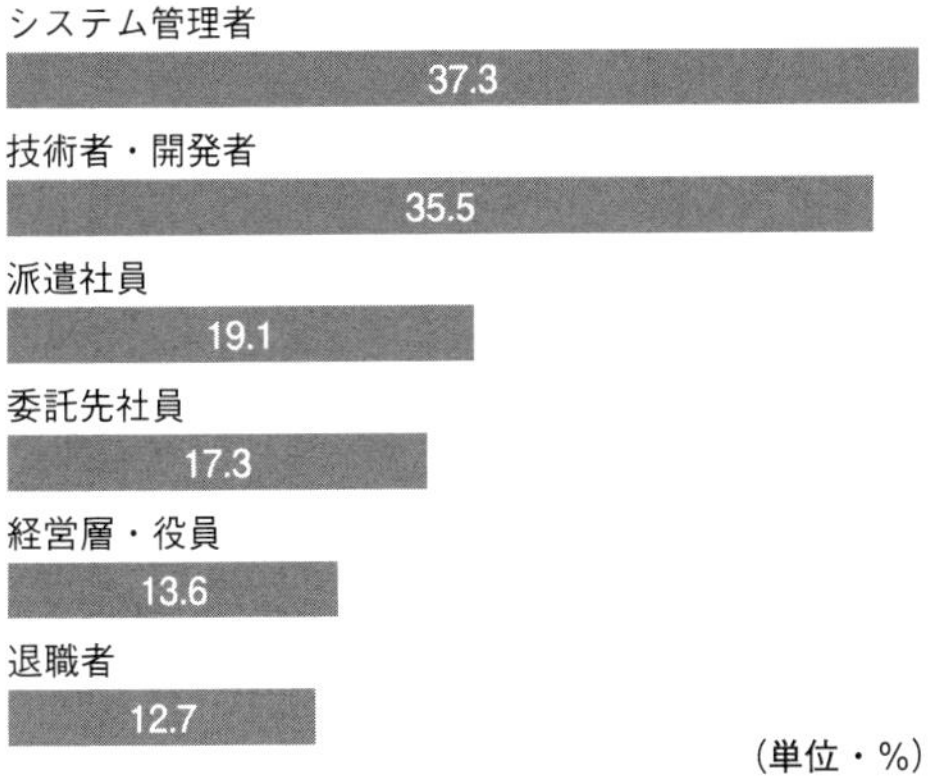

(注)2015年に調査、従業員300人以上の企業が対象、複数回答
(出所)情報処理推進機構

問などで明らかになった内容によると、男は16年に入社して以降、仕事の忙しさもあって度々休職していた。ある同僚から「メンタルが弱い」などとからかわれ、恨みを募らせたという。この同僚は男が不正にパスワードを変更したひとりで、弁護人に「仕返しか」と聞かれた男は「はい」と答えた。

一方で、残る18人への恨みについて男は「特にない」と法廷で述べた。動機について「内部のシステムがどうなっていたかという技術的な興味」と「驚かせてやろうといういたずら目的だった」と弱々しく語った。

東京地裁は男に前科がないことなどを考慮。懲役2年、執行猶予4年の判決を言い渡した。男は身じろぎもせずに聞いていた。

後絶たぬ内部脅威

企業内部の情報を巡り、ＩＴ知識や権限を悪用して不正を働く「内部脅威」は後を絶たない。

経済産業省の外郭団体、情報処理推進機構（ＩＰＡ）が15年に約３６００人を対象にした調査によると、従業員数３００人以上の企業でシステムの破壊や改ざんといった内部侵害の実行者で最も多かったのが「システム管理者」（37・３％）だった。「技術者・開発者」も35・５％に上った。

同じ年に内部脅威の経験者２００人に不正の内容や理由を尋ねたところ、故意の不正で多かったのは情報の持ち出しで「業務が忙しく終わらせるため」（16％）が理由の最多だった。「企業・組織や上司などに恨みがあった」など人間関係を発端とする回答も見られた。

同機構は22年に公表したガイドラインで、複数の管理者が作業内容を相互監視するほか、管理者権限を使う際はログを残すなどの取り組みが不正抑止につながると指摘した。

損失300万円以上

内部脅威は企業側にとってもマイナスになる。検察側によると、男の事件で被害サーバーの代替費用などで会社側が被った損失は300万円を超えた。会社のイメージも悪化した。「(同社が提供する)チャットツールを使いたくないという(顧客の)意見が出ていたと聞いた。業務を妨害してしまい大変申し訳ない」。男は公判で後悔を口にした。

業務のデジタル化が進み、効率性が上がった一方で想定していなかったリスクも浮かんできた。情報セキュリティーの分野では近年、社内の人間の通信も信頼せず全て検証する「ゼロトラスト」の考え方が普及している。

CASE

6

結果を出さなければクビかも。上司に示唆されて名刺データに不正アクセス

仕事で渡した自分の名刺が知らないところで悪用されているとは誰も思わないだろう。ある企業がクラウド上に保有していた膨大な名刺データが不正に閲覧され、投資用マンションの営業リストに転用されていた。実行役として摘発されたのは不動産会社の営業マンたち。彼らを犯行に駆り立てたのは売り上げ達成への強いプレッシャーだった。

東京都内のある不動産会社の営業部に所属する社員たちは日夜、営業電話をかける先のリスト作りに追われていた。会社が力を入れていたのは、老後の資産形成の選択肢として需要が広がっていた投資用マンション。成約率を上げるため、1件でも多くの連絡先が必要だった。

2022年の春から夏にかけて、同部の次長が「Sansan取れないかな」と部下たちに漏らした。Sansanはクラウド型の名刺管理サービス大手で、様々な企業が膨大な取引先の名刺データを登録している。「関係者を名乗ってIDを取る方法もあると思うんだよね」。におわせたのは利用企業からアカウントIDやパスワードといったログイン情報を窃取し、不正にアクセスする手口だった。

「ブラックだったから」

捜査関係者によると、同部に所属する20代の男性社員は売り上げが伸びないと上司にあたる次長から非難され、休日返上で働くこともあった。結果を出さなければクビにされるかもしれないと危機感を抱くほど追い詰められ、次長の発言を業務命令として受け止めた。

名刺データ不正アクセス事件の構図

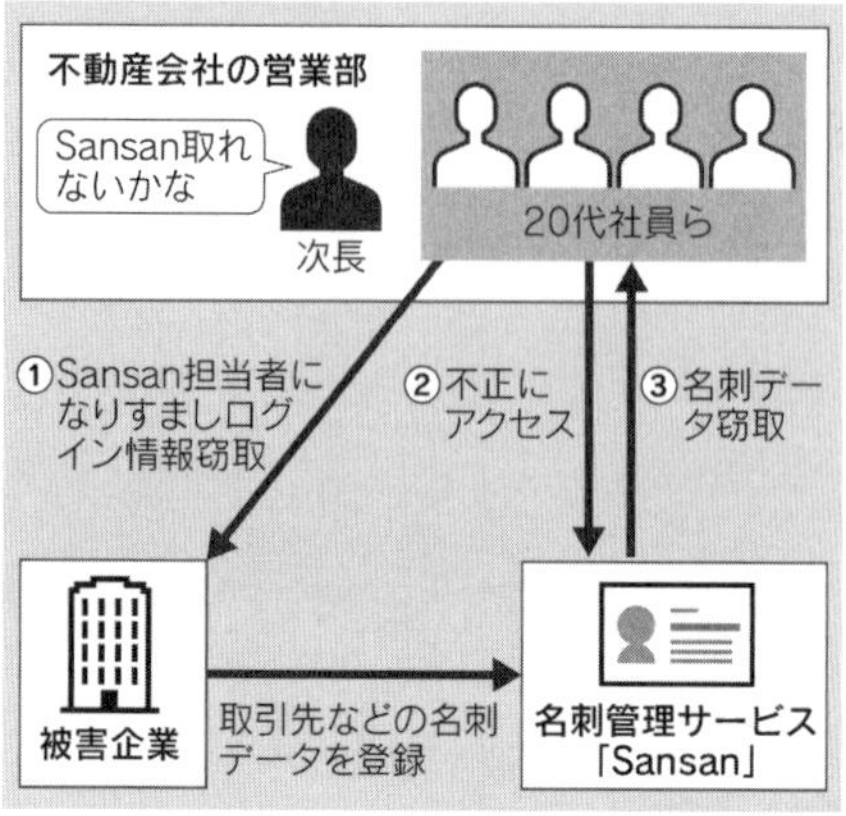

（注）役職はいずれも当時。判決などに基づく

そして一線を越える。男性社員は同年11月、設備工事会社の従業員に対してＳａｎｓａｎの担当者をかたったメールを送った。設定の変更に必要な手続きだと説明し、ログイン情報をだまし取る。同様に次長の発言を聞いていた別の営業部社員２人も同じ手口でＩＤなどを窃取。一連の事件で不正に閲覧された恐れのあるＳａｎｓａｎの名刺データは計約４００万件に上ったという。

顧客データなどの情報資産が流出するリスクは近年、拡大している。東京商工リサーチによると、23年に上場企業やその子会社が公表した個人情報の漏洩・紛失事案は１７５件。統計を開始した12年以降で最多となった。人間心理の

個人情報漏洩事案などの公表件数は増加傾向

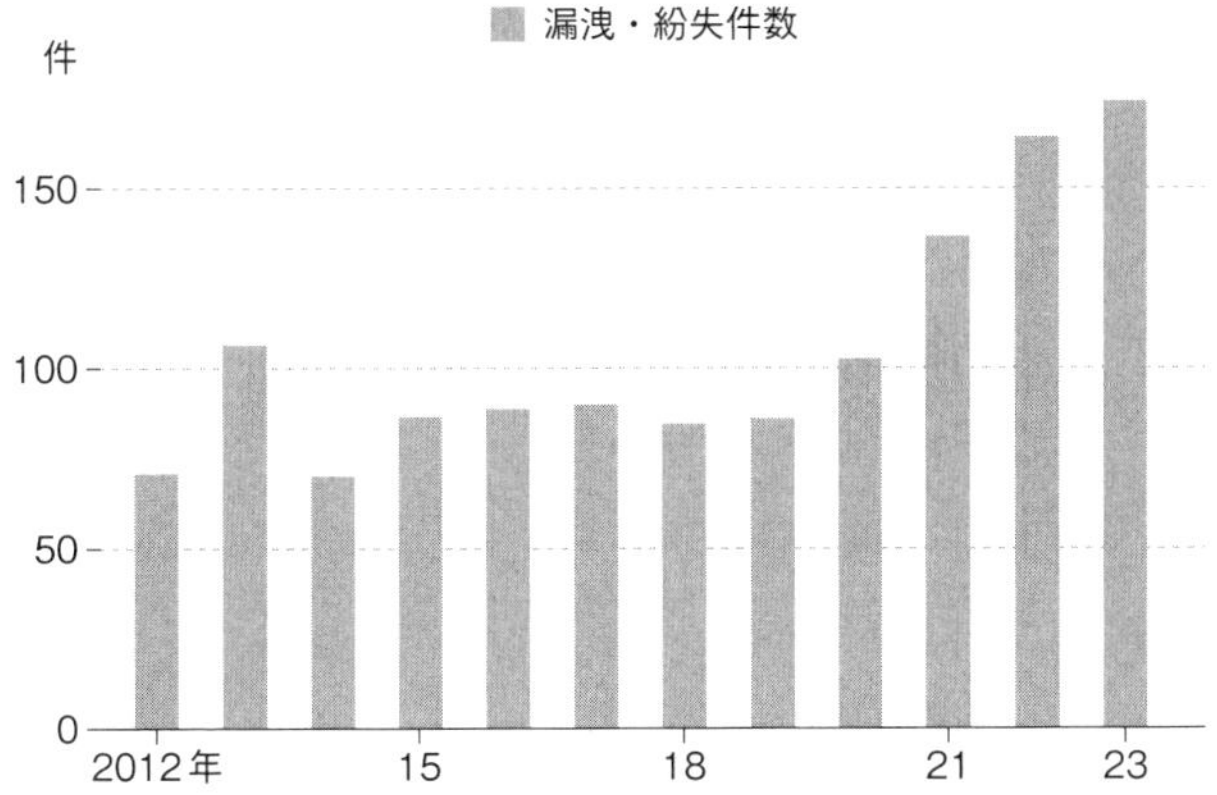

（注）上場企業とその子会社を対象に集計
（出所）東京商工リサーチ

隙を突いて言葉巧みに漏洩を促す攻撃だけでなく、情報窃取の機能を持つマルウエア（悪意のあるソフトウエア）も拡散され猛威を振るう。

警視庁は23年3月、Ｓａｎｓａｎや被害企業からの相談を端緒として捜査を始めた。不正アクセスを実行した20代の社員ら5人を24年2〜4月に相次いで不正アクセス禁止法違反容疑で摘発。１人は不起訴となったが、残る４人は罰金刑を受けた。

警察官が事情聴取のために訪ねた際、５人のうち数人は既に退職していたという。辞めた1人は取り調べで、退職理由について「ブラックだったから」と社内の勤務環境を挙げた。

次長も事件に共謀したとして同法違反容疑

で逮捕・起訴された。自身の公判の被告人質問で、次長は社員らに対する指示を明確に否定。当時の発言をアドバイスと説明し「強制したつもりはなかった」と釈明した。弁護側は「(次長が)犯行を主導したわけではない」と主張した。

繰り返し犯行を指示していた上司

だが、24年6月の東京地裁判決は次長が繰り返し犯行の指示や示唆をしていたと認定した。反省の態度を示していることなどから執行猶予付きの有罪判決としたが、判決文は「(実行役の)共犯者よりも明らかに責任は重い」と厳しく指弾した。

警視庁は当初、会社が組織的に関与していた可能性を視野に入れて捜査していた。適用された不正アクセス禁止法は、従業員が業務に関連して違法行為を行った際に法人も罰する「両罰規定」が存在しない。会社が摘発されることはなかったが、企業としての対応や社内のコンプライアンス(法令順守)意識は裁判でも焦点となった。

次長の法廷供述によると、Ｓａｎｓａｎから不正なログインについて警告を受けた社内では、取得した情報をＰＤＦファイルとして保存した上、社外からログインするよう従業員に指示があったという。

「会社ぐるみの組織的犯行」

身分を偽って情報を引き出す手法は社内で「偽電《ぎでん》」と呼ばれ、次長が入社した10年ごろは既に横行していた。Ｓａｎｓａｎを利用する企業の従業員に金銭を支払い、対価として名刺データを入手するグレーな手口も存在した。次長は公判で、こうした環境に長年身を置いていたことから「法に触れるという認識が不足していた」と悔やんだ。

判決は「会社ぐるみの組織的犯行」と明確に述べた。企業犯罪の初期の研究者で知られる米犯罪学者は20世紀前半、従業員があしき組織風土を学んでいくうちに犯罪に手を染めるようになると論じている。次長は逮捕後に退社し、別の会社で電話番や掃除係をしながら再スタートを切った。

CASE

7

カスハラなのか？ 言い争いを仲裁した「道の駅」責任者に慰謝料請求

多くの人でにぎわう日曜日の「道の駅」で客同士が言い争うトラブルが起きた。施設の男性責任者が仲裁して引き離したが、その後に一方の客から「強引に腕をつかまれてケガをした」と慰謝料を請求された。思わぬ形で降りかかった火の粉。社会問題化しているカスタマーハラスメント（カスハラ）なのか、顧客軽視のツケなのか。訴訟は「店」と「客」の微妙な関係も浮かび上がらせた。

2021年夏、関東地方にある道の駅。日曜日の昼過ぎということもあって多くの利用客でにぎわっていた。店舗前の広場でもうすぐ沖縄の「エイサー踊り」が始まる。施設管理の責任を負う運営会社の部長はイベントが滞りなく開催されるよう見守っていた。

そこに従業員が慌てた様子で走り込んできた。「部長、店の中でお客さん同士がケンカしてます」。店舗内に駆け付けると「こいつは変だ」「頭がおかしい」などと大声が聞こえてきた。混み合う店内の一角が不自然なほどぽっかり空いている。見ると、その中心で2人の買い物客が向き合い、声を荒らげる中年男性にもう一方の男性客がスマートフォンのカメラを向けていた。

「迷惑だからとにかく店の外に出て」

このままでは客がおびえて帰ってしまう。部長は「他のお客さんに迷惑だからとにかく店の外に出て」と2人に動くよう促した。大声を上げていた客は店外に誘導できたが、スマホで撮影していた男性客は出口に向かう途中、再び店の奥に戻ろうとした。

「すみません、一回出てください」。重ねて言ったが応じる様子はなく、部長は男性客の腕を

訴訟は客同士のトラブルに端を発した

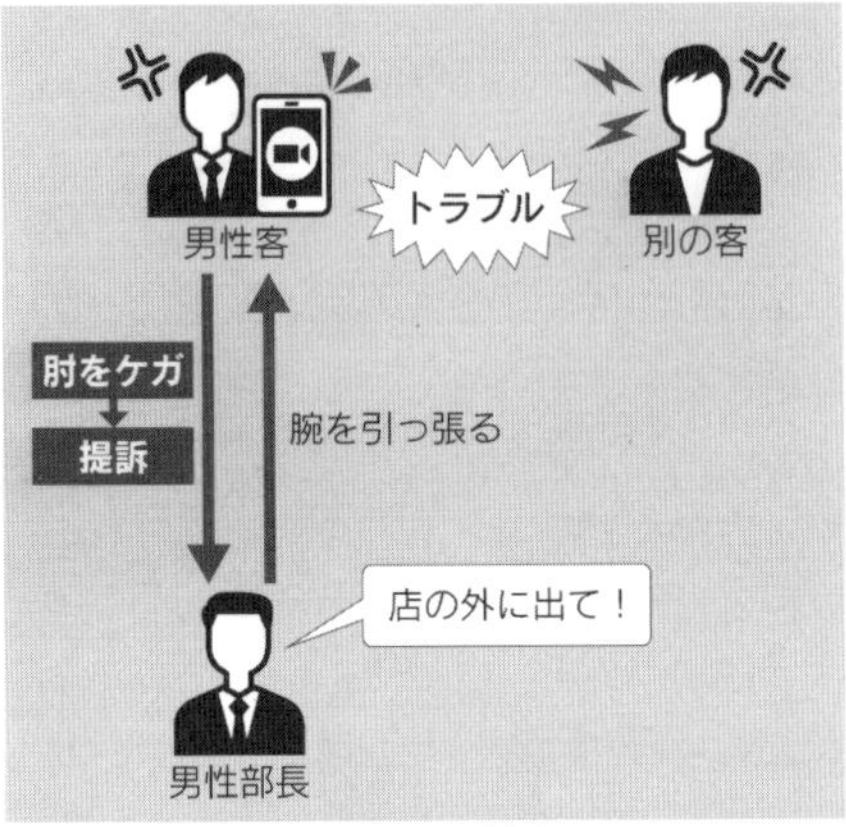

（注）判決などに基づく

つかんで数メートル引っ張った。ようやく店の外に出た男性客は、今度は部長にカメラを向けた。

後日、部長のもとに男性客側から慰謝料を求める書面が届いた。部長に引っ張られたことで肘の関節を捻挫する全治2週間のケガをしたという。部長は支払いを拒み、争いは56万円の賠償を求める訴訟に発展した。

「店を守らないといけないのでとにかく表に出てほしかったというだけです。どっち（の客）がいいとか悪いとかの判断はない。事情は関係ない」。法廷に立つことになった部長は証言台で、そう振り返った。

男性客を外へ連れ出したのは施設の営業利益を守り、安全を図るための行為で違法性はない

過去3年間の「カスハラ」相談件数の変化

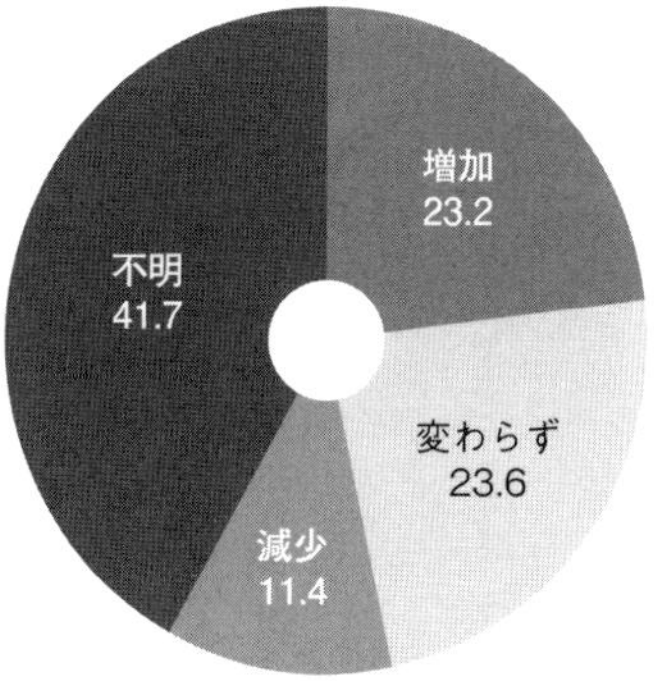

（単位・％）

（注）四捨五入の関係で合計100％にならない
（出所）厚生労働省（2023年度）

と繰り返し強調した。スマホで撮影した男性客の行為にも苦言を呈した。「（トラブルの相手を）刺激したと思う。私も（カメラを）向けられたので、あまりいい気分にはならないし、なんでそんな必要あるのかなと」

客と店との関係は近年、急激に変化している。客などが従業員に迷惑行為をする「カスハラ」の問題が顕在化。厚生労働省の23年度調査によると、過去3年間でカスハラの相談があった企業のうち、相談件数が「増加した」と答えたのは23・2％で「減少した」（11・4％）を上回った。企業に従業員保護を義務付ける法整備の議論も進む。

もちろん客から寄せられるクレームには正当

なものも含まれる。店側と客側とでは物事の見え方は当然異なり、対応の線引きは悩ましい問題になる。他の客を含む全体の秩序を守りたい店と、買い物に来ただけなのに心外な対応をされたという客。立場の違いが深い溝を生んだのか、今回の訴訟も裁判所が和解を勧告したにもかかわらず、最後まで折り合うことはなかった。

「粘り強く促すのが相当」

24年7月の地裁判決は部長の考え方に一定の理解を示した。トラブルで他の客が近寄りがたくなるなどの影響が生じ、部長にとって事態の正常化を図る必要があったことは「否定できない」と述べた。

だが、その手段には厳しい判断を突きつけた。男性客は物理的な攻撃を加えていたわけでもなく「単に店の中にとどまろうとしていた」と指摘。部長は「粘り強く働きかけるなどして、あくまで任意に退出するよう促すのが相当だった」とした。腕を引っ張った行為の違法性を認め、部長と運営会社に慰謝料や治療費など約12万円を連帯して支払うよう命じた。部長側は控訴せず確定した。

ケンカではなく絡まれた

そもそもなぜトラブルは起きたのか。男性客側の主張によると、陳列棚の通路を通ろうとして居合わせた中年男性に声をかけたところ、相手が急に大声を浴びせてきた。男性客が「騒がないで」となだめても「警察を呼んで」などと叫びだしたため、自身の身を守るために証拠を残す目的で動画を撮影したという。

男性客にとっては、ケンカというよりも絡まれたという認識だった。それなのに事情を聞くこともせず、自分に問題があったと決めつけて強引に外に連れ出されたとして店側の対応の違法性を主張していた。

訴訟記録によれば、部長が店内の2人に話しかけてから男性客の腕をつかむまでの時間は数十秒。責任者として見て見ぬふりもできない状況で、粘り強く働きかけてもダメだったときはどうすべきだったのか。当然ながら判決文にそんな「仮定の話」は書かれていない。

第8章

SNSの闇。バズリから生まれる誹謗中傷、毀誉褒貶

CASE

1

編み物系ユーチューバーが削除申請を乱用、ライバル動画を次々と封殺

「編み物」の動画投稿を始めて半年、著作権侵害の疑いがあるとして突然、複数の動画が削除された。削除要請をしたのはライバルの編み物系ユーチューバー。全く身に覚えがなかったが、相手は「酷似している」と譲らない。正当な権利主張か、言いがかりか——。周囲の愛好家らも巻き込んだ法廷闘争は、迅速な対応を優先するプラットフォームの姿勢も映し出した。

北陸地方に住む女性は2019年夏、趣味の編み物をテーマにした動画の投稿を始めた。子育ての合間に週1本のペースで制作し、ブログで編み物の手順を示した「編み図」も公開した。ほかの人と一味違った作品を紹介している自負はあった。

チャンネル登録者数が半年で約6千人まで増え、広告収入も月1万円強となった頃、スマートフォンにユーチューブ側から1通のメールが届く。「著作権侵害通知があったため動画を削除しました」。消された動画はブックカバーを編んだもの。憧れのユーチューバーが動画で紹介していた編み模様を参考に、本人の許可を得るなど細心の注意を払っていた。

「三度目は命取り」

思いも寄らない嫌疑にスマホを持つ手が震えた。メールには著作権侵害を訴えたアカウントが記載されていた。同じくユーチューブに編み物動画を投稿している関西地方に住む女性で、自分とは作風が異なると動画を見て感じていた。改めて動画を一通り見ても、何が問題視されたのか見当がつかなかった。

「何か誤解しているに違いない。きちんと説明すれば分かってもらえるはず」。メッセージ

著作権侵害通知で立て続けに動画が削除された

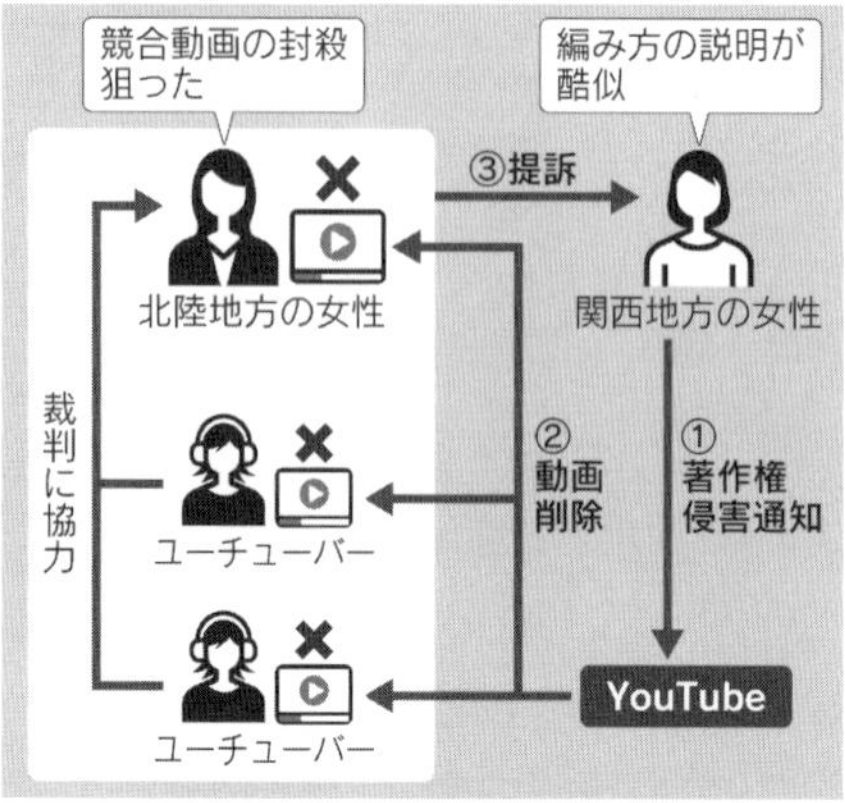

(注)判決などに基づく

を送ると、返ってきたのは突き放したメール。「動画を上げる前に著作権を勉強された方がいいと思います」「ご納得いただけないのであれば裁判を考えてください」。具体的に相手のどの動画の著作権を侵害したとされたのかは分からずじまいだった。

そうしている間に相手の要請で別の動画も削除された。編み方や編み模様を自分で考えた自信作だった。ユーチューブは著作権侵害で削除要請を3回受けるとチャンネルが停止される。あと1回ですべての動画が削除されてしまう。寝付けないままスマホを手に、夜通し手がかりを探した。

同じ相手から削除要請が出ていたのは自分だけではなかった。ブックカバーで参考にした憧

削除要請に対するユーチューブの対応

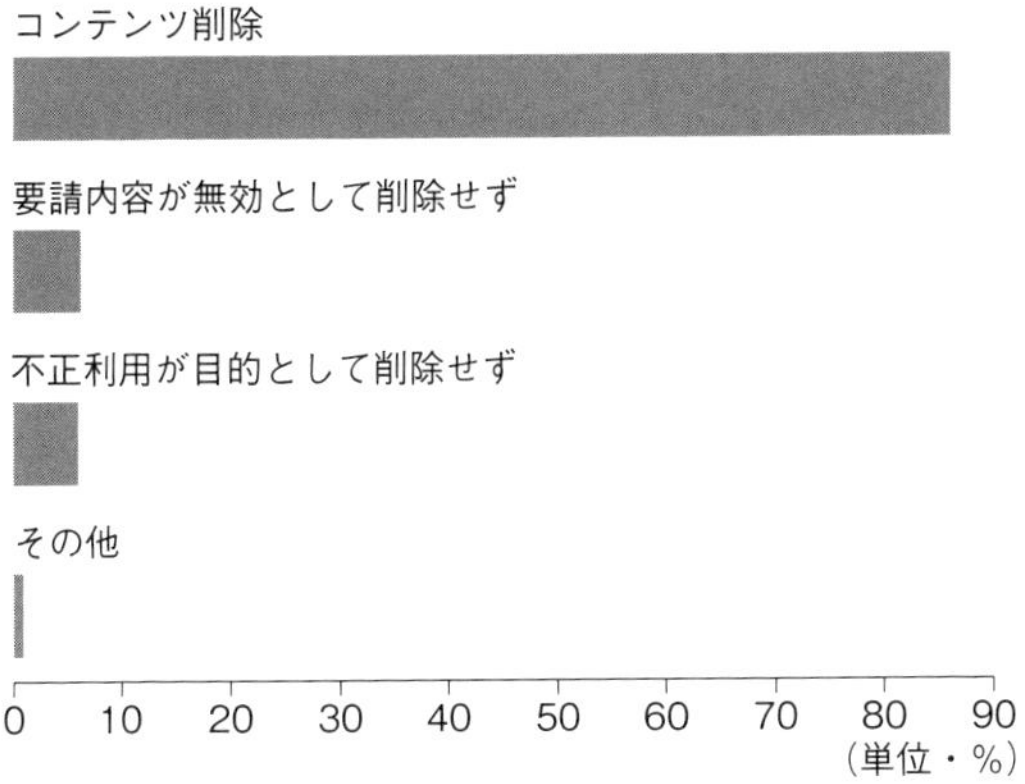

（注）2023年7～12月

（出所）「YouTube著作権透明性レポート」

れのユーチューバーは８本削除されていた。しかも相手は自身のチャンネルのコメント欄で自分たちを激しく攻撃していた。誤解を解きたい一心で自分のブログに経緯を記すと、相手のコメント欄にそのままコピペされ「二度あることは三度ある。三度目は命取り」と脅された。ブログは炎上し、アクセス数は見たこともない数字に跳ね上がった。

そんなとき救いの手を差しのべる人物が現れた。手芸歴60年以上、チャンネル登録15万人を誇る編み物ユーチューブ界の「レジェンド」。著作権に詳しい弁護士を紹介してもらい、ユーチューブに動画削除に対する不服を申し立てるとともに削除要請した相手に損害賠償を求める訴訟を起こした。

裁判では、相手が編み物や編み方は著作物とならないことを認識しながらも、けん制目的で競合動画の封殺を狙ったと主張した。同じく動画を削除された他の編み物ユーチューバーらも書面を提出するなどして加勢した。

これに対し、相手側は「自身の投稿動画は著作物に当たる」と反論した。得意の英語を生かして海外の文献や動画を調べ、日本で知られていなかった編み方を分かりやすく紹介したのだという。証人尋問で「私は盗まれた側なのに悪いって言われてるのはおかしい」などと述べた。

「速やかな削除対応」が悪用される

米デジタルミレニアム著作権法（ＤＭＣＡ）は著作権者から権利侵害の指摘を受けた場合、直ちに投稿を削除すればサイト運営者は法的責任を免れると規定する。多くのプラットフォームが手軽に削除要請できる仕組みを採用し、要請があれば速やかに削除に応じている。

だが、著作権への理解不足による誤った要請やライバルを封じるための悪用も少なくない。ユーチューブではウェブフォームなどから削除要請を出せるが、23年7～12月に約17万人から提出があった152万件の要請のうち1割以上が誤りや悪用だった。

一審判決は編み方の技術や手法は著作権法の保護の対象とならず、技術的な説明の表現が似るのは自然だとして「多くの場合、創作性があるとはいえない」とした。その上で、今回は双方の動画の編み方の説明や表現方法が特に似ているとは認められないと判断。相手側は著作権侵害が成立しない可能性があると認識しながら削除要請したなどとして7万円の賠償を命じた。

「賠償額26万円」で確定

二審判決はさらに踏み込み、削除要請の仕組みを使ってライバルの動画削除に至った行為を「制度の乱用」と指摘。賠償額を26万円に増額し、最高裁でそのまま確定した。

「かぎ針もユーチューブも見るのも嫌」なところまで追い込まれていた北陸の女性。今もコツコツと投稿を続け、チャンネル登録者数は3万人近くにまで伸びた。ほつれ絡まっていた糸がほどけたかのように、他のユーチューバーらも精力的に作品を発表している。

CASE

2

「バズる」動画で〝男気〟が売りの社長が暴走、ハラスメントで訴えられる

企業や商品の魅力をアピールする上で、SNSの重みは増している。だが「バズる」内容に執着するあまりモラルを欠けばもろ刃の剣になりかねない。社長の〝男気〟を売りにした動画でフォロワーを増やした関西の中小企業。動画で取り上げた従業員から名誉を傷つけられたと民事訴訟を起こされた。裁判所は個人間のトラブルで片付けず、会社の責任にも踏み込んだ。

「職場の裏側を投稿しております」。京都市の内装会社は2020年5月に動画共有アプリ「TikTok」（ティックトック）のアカウントを開設した。投稿は日々の社内での出来事などの当たり障りのない内容。工事現場を見回った社長が従業員に休憩を促したり、「慰労会」と称する飲み会で感謝を示したりといった従業員思いの一面ものぞかせていた。

投稿していたのは40代の男性社長。10年ほど前に同社を設立し、軽量鉄骨を用いた工事を強みに売り上げを伸ばしてきた。会社のホームページには新店舗の内装からトイレの改修まで幅広い工事が施工事例として掲載されている。

「職人急募」の投稿も

TikTokの活用には営業だけでなく、知名度を高めて従業員確保につなげたいとの思いもあったのかもしれない。人手不足が叫ばれる昨今、同社も例外ではなかったようで、ホームページに「求人募集中」の文字が目立つ。「職人急募」と題した動画も複数回投稿されていた。

ただ、いつしか動画の中の会社は世間でイメージされる「働きやすい職場」とは縁遠くな

会社の動画投稿を巡る訴訟の構図

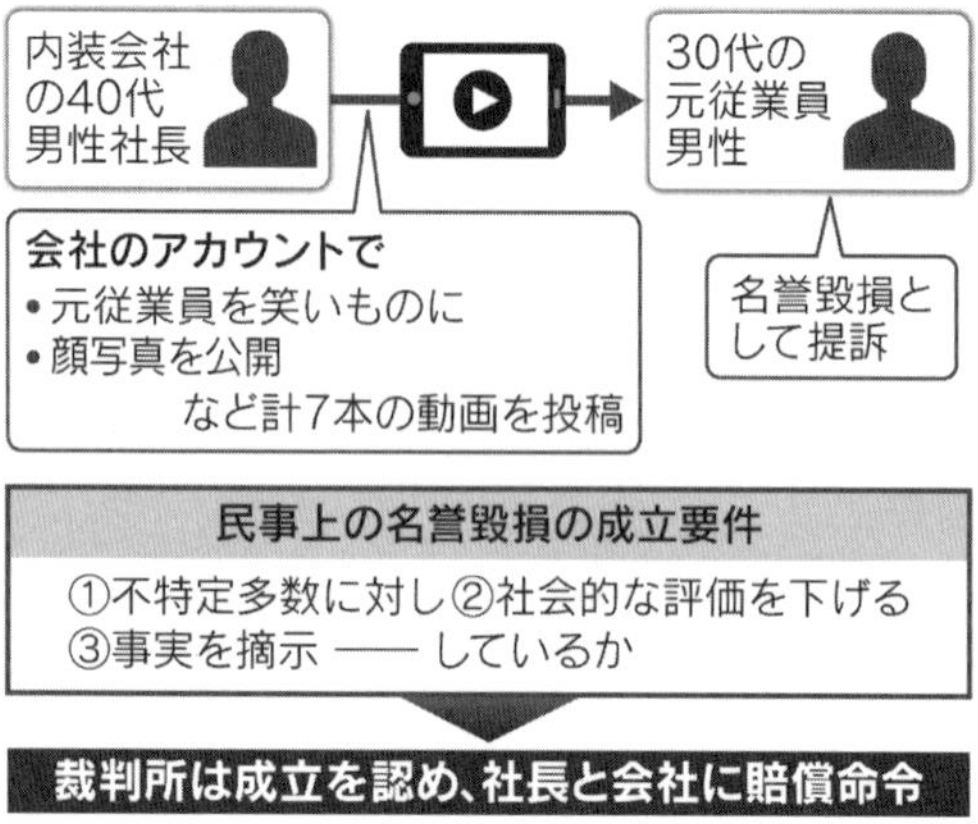

(注)判決などに基づく

っていった。「メーキング」と題された投稿の中には、従業員に工具の重要性を説く一方で、片付けが不十分なことを理由に「どつくぞ」と言いながらやり直しを命じる場面もあった。

内容が過激なほど注目を集め、熱心なファンがつくことはＳＮＳでよく見られる光景だ。社長による激しい「説教」に留飲を下げる視聴者もいたのか、開設から2年あまりで同社アカウントのフォロワーは7万人を超えていた。人数が増えるにつれ投稿内容はさらに過激さを増していく。

半裸の上半身に油性ペンで

特に目立ったのが22年2月に働き始めた30代

企業のSNS活用目的

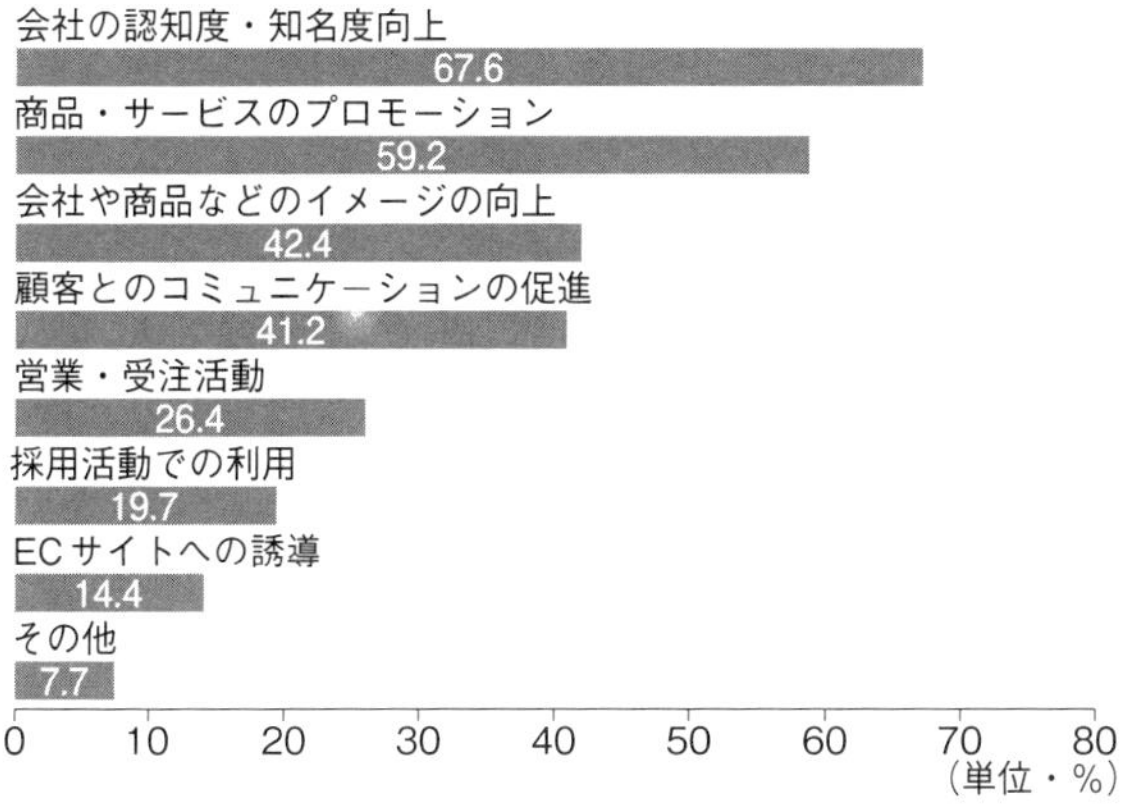

（注）複数解答
（出所）帝国データバンク

の男性従業員を取りあげたシリーズだ。「ＴｉｋＴｏｋを見て社長の下で働きたいと思った」と希望を抱いて入社した男性だったが、社長はある動画で社内のトラブルに対して男性が虚偽の説明をしたと糾弾。「嘘つきが直りますように」などと半裸の上半身に油性ペンで書き込んだ。男性が懸命に謝罪する姿を社長と別の従業員らが笑いものにした。

社内のコミュニケーションどころか、視聴者には「いじめ」に見えたことだろう。男性は入社から2カ月後、出社を拒否するようになった。謝罪の強要や性的な嫌がらせの言葉を繰り返し受けるといったハラスメント、殴る蹴るの暴行を受けたなどとして警察に駆け込む事態にまで発展した。

男性の切迫した行動とは裏腹に、その後も社長の行為はエスカレートしていった。事情を聴きにきた警察官とのやり取りを撮影して投稿。男性が会社貸与の作業服や工具を返却していないことを激しく非難し、顔写真も公開した。視聴者に「目撃情報を募ります」などとあおる動画も。男性は22年9月、7本の動画によって名誉を傷つけられたとして社長に損害賠償を求めて提訴した。

企業のSNS活用は規模の大小を問わず広がる。帝国データバンクが約1000社を対象にした23年調査によると、大企業、中小企業、小規模事業者でいずれも4割程度が活用していると回答。一般消費者向けに商品やサービスを提供するBtoC企業に限ると74%に上った。目的は「会社の認知度・知名度向上」(67・6%)が最多で、「商品・サービスのプロモーション」(59・2%)、「営業・受注活動」(26・4%)、「採用活動での利用」(19・7%)など多岐にわたる。一方で、投稿が炎上して評判を落とすなどトラブルに発展するケースも少なくない。SNSリスクを回避する知恵も欠かせなくなっている。

民法上の名誉毀損は、①不特定多数の人に対し②社会的な評価を下げる③具体的な事実を告げる——ことで成立する。訴訟で社長は動画の内容は該当しないなどと争ったが、大阪地裁は23年10月の判決で、一般人の感覚を基準とすると一連の動画は男性について「謝罪がろくにできず人に迷惑をかける人物」という印象を与えると指摘した。名誉毀損の成立を認めて社長に動画削除と22万円の支払いを命じた。

「叱責動画」の投稿は続く

会社法は代表取締役などが職務について第三者に損害を与えた場合、会社もその責任を負うと定める。判決は動画が会社のアカウントで投稿されていたことから社長の「職務だった」と判断。会社にも賠償責任があると認定し、連帯して支払うよう命じた。社長は控訴したが24年3月、大阪高裁で判決はそのまま確定した。

法的な責任を認定されてもなお、フォロワーに支持されるうまみはあるのだろうか。内容が過激になるにつれて再生回数が伸び、X（旧ツイッター）で拡散されるなどして80万回以上再生された動画もあったという。社長が登場する同社のアカウントは今も投稿が続き、従業員を叱責する様子はなお散見される。

CASE

3

「ファスト映画」で賠償5億円、「タイパ」便乗商法の重過ぎる代償

無名のユーチューバーが、映画を短く編集する「ファスト映画」に目を付けた。軽い気持ちで始めた投稿は「タイパ」ニーズを捉え、瞬く間に人気チャンネルに。約700万円の広告収入を稼いだ。だが、その先に待っていたのは有罪判決と賠償金5億円。「私には資力はありません」という訴えもむなしく、請求通りの賠償命令を受け入れるしかなかった。

定職につかず、編集ソフトを使って「ゲーム実況」と呼ばれる動画を投稿していた男。「ユーチューバーとして生計を立てたい」と人気のゲームを次々と扱ったが結果は芳しくない。十分な稼ぎは得られなかった。

苦戦する自らの投稿と対照的に、アクセスを集めていたのが映画を短く編集した「ファスト映画」だった。あらすじなどを書き添え、2時間の映画もわずか10分ほどで内容をつかめる。再生回数が数十万回に上る動画も珍しくなかった。

タワマンに引っ越すという夢

「弁護士に聞いたけど問題ない」。男は同居していた女やオンラインゲームで知り合うなどした3人の仲間を誘い、編集やナレーションなどの役割を分担。2020年の初めごろ「ポケットシアター」と名付けたファスト映画の専用チャンネルを開設した。

掲げた紹介文は「手軽に映画を解説していくチャンネル」。投稿のたびに数十万単位のアクセスが集中し、半年余りで公開した54本の再生回数は計約1000万回に達した。懐に入った広告収入は約700万円。アパートに住んでいた男は、タワーマンションに引っ越す夢を

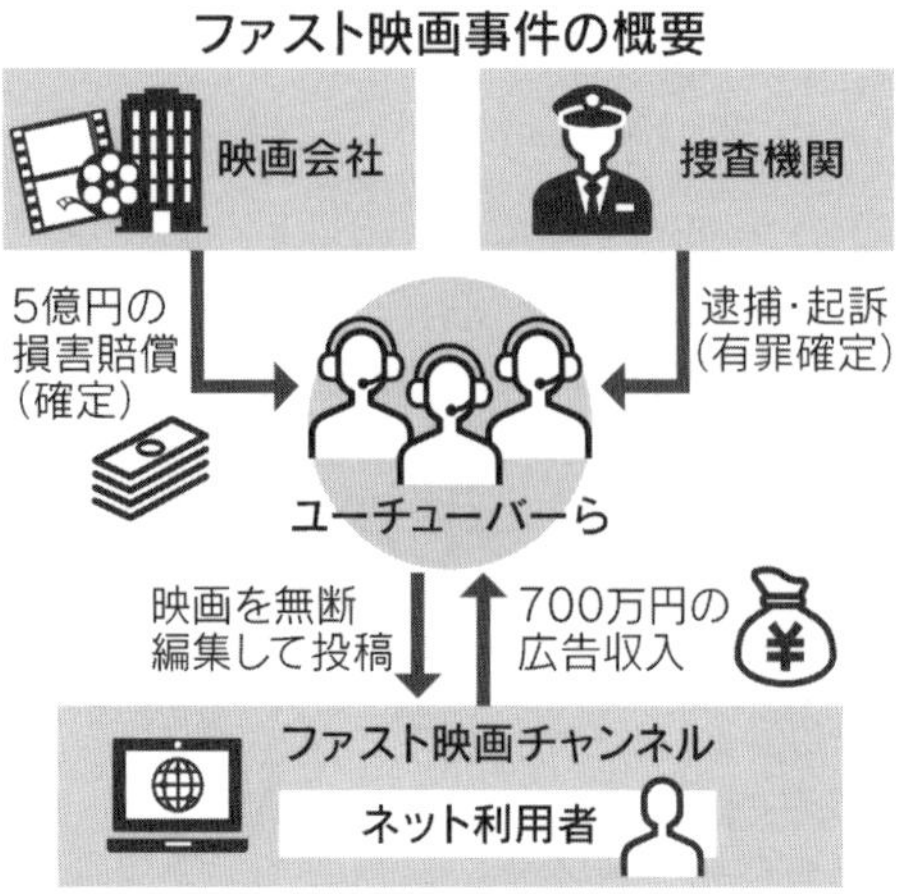

（注）判決などに基づく

思い描くようになった。

短時間で多数のコンテンツに触れたいという「タイパ（タイムパフォーマンス）」需要は強まっている。セイコーグループが23年6月に公表した10～60代の男女1200人を対象にした調査で、約87％が「タイパを重視する時間がある」と答えた。内容は睡眠や料理、買い物など生活に欠かせない時間に続いて、動画視聴が約27％だった。

時間の効率性は日常的に意識され、様々な業界で時短を売りにしたサービスが注目を集めている。男が運営するポケットシアターも、いつの間にか人気チャンネルに育っていた。

男は周囲に大丈夫と言っていたが、当然なが

「タイパ」を重視する時間

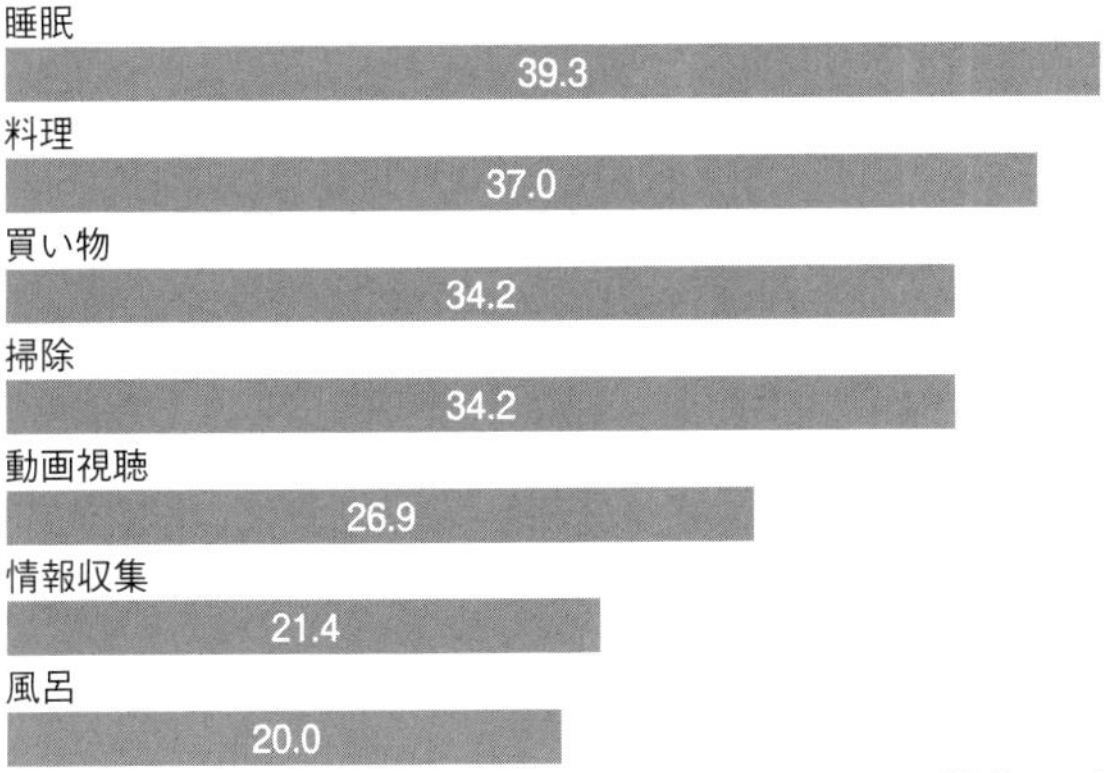

（単位・%）

（注）セイコーグループ調べ、複数回答

ら著作物の改変や無断投稿は違法だ。後ろ暗いところもあったのだろう。権利侵害だと訴えてきた会社の作品は扱うことを避けた。サイト閉鎖を避けるために複数のチャンネルも用意した。摘発を逃れるための工夫はぬかりないはずだった。

突然の通知

巨額を投じて制作した映画を短縮加工され、無料で公開された映画会社の怒りは深い。一般社団法人コンテンツ海外流通促進機構（CODA）の21年の調査でファスト映画の被害額は推計９５６億円。業を煮やした映画会社がCODAを通じ、米国の裁判手続きを使って投稿者の特定に乗り出した。

開設から半年以上が過ぎた20年秋、ユーチューブを運営するグーグル側から男に、チャンネルの開設者が特定されてＣＯＤＡ側に開示されたと通知が届いた。責任追及を受けうることを意味していた。

「私には資力はありません」

21年6月、男らは著作権法違反容疑で宮城県警に逮捕された。ファスト映画を巡る全国初摘発という汚名が付いてきた。同年11月、仙台地裁で執行猶予付きの有罪判決が言い渡された。「あなたが思っている以上に罪は重い。損害賠償に誠意を持って対応してください」。裁判長の説諭を男はうつむいたまま聞いた。

実際、男らは映画会社など13社に民事でも訴訟を起こされていた。訴状記載の請求額は「5億円」。再生1回につき２００円の算定だった。

「私には資力はありません」。請求額に驚いた男は、東京地裁で開かれた民事訴訟で弁護士を通じて訴えた。和解は成立せず、22年11月に請求通りの賠償命令が言い渡される。男は判決を受け入れるしかなかった。

「必ず特定され、制裁を受ける」

ファスト映画などの投稿を巡り、著作権法違反で有罪となるケースは男の事件以降も続く。投稿者たちの認識の甘さに対し、映画会社側の危機感は強い。「必ず特定され制裁を受けることになる」と話す専門家もいる。

タイパを売りにした動画投稿で手っ取り早く大金を稼いだ男は今、どれだけの時間をかけて支払えるのかわからない巨額の賠償金と向き合っている。普段気軽に楽しんでいる動画の先に、背負いきれないペナルティーを科される投稿者の存在をイメージできるだろうか。

CASE

4

食べログ訴訟、大量閉店させたアルゴリズム変更の適否

5年前のある日を境に、グルメサイト「食べログ」で自分の店の点数が一斉に下がった。客足は遠のき、経営していた店舗の7割が閉店に追い込まれた。焼き肉チェーン店の社長は「不当な評価の引き下げだ」と提訴。一審は勝ったものの、2024年1月の二審判決では「合理的な理由があった」とされ逆転敗訴した。姿の見えない「アルゴリズム」(計算手法)との闘いは続く。

「２０１９年5月21日から全てが変わった」。焼き肉チェーン店「ＫｏｌｌａＢｏ（コラボ）」を全国展開する韓流村（東京・港）の社長は、経営する店舗の評価点が食べログで軒並み下がった日の衝撃を忘れられない。出張中に部下から報告を受け、確認すると点数は全店舗平均で0・2ポイントほど下落。３・51点だった都心の店舗は３・06点になっていた。

食べログ側が評価点を算出するアルゴリズムを変更したその日まで、経営は順調だった。米国ファンドでの勤務を経て、自らの手で会社を興したいと1号店を開いたのは09年。10年間で店舗網は全国28店まで拡大し、年商20億円規模の外食チェーンに育った。客の信頼も厚く、口コミによる評価点が高かった食べログ経由の予約は3割強を占めていた。

7割の店舗が閉鎖に追い込まれる

客足は目にみえて減った。月５００件ほどの予約があった店舗は月80件に。その後の新型コロナウイルス禍も追い打ちとなり、７割にあたる19店舗が閉鎖に追い込まれた。

何ができるのか。ヒントになったのが公正取引委員会が20年3月に公表した調査報告書だった。グルメサイトが飲食店に対して正当な理由なくアルゴリズムを変更するなどして不利

食べログ訴訟の構図

(注)判決などに基づく

益を与えると、独占禁止法上の問題になりうると明記されていた。

評価点下落はチェーン店を狙い撃ちしたのではないか――。食べログ側からの情報開示は一切なく、確信はつかめないものの、他のチェーン店の評価点の変化も自ら詳細に調べ、裁判で闘うことを決めた。「食べログは『飲食チェーン一覧』として６６３６チェーンを掲載しているが、選び方や選ぶ時期は恣意的で不当な差別だ」と力を込める。

「アルゴリズム」は食べログだけではなく、口コミサイトや検索サイトなどあらゆるサイトで使われている。大量の投稿や情報から悪質な内容のものを排除し、より公平で利用者にとって

デジタルプラットフォームに関する相談内容

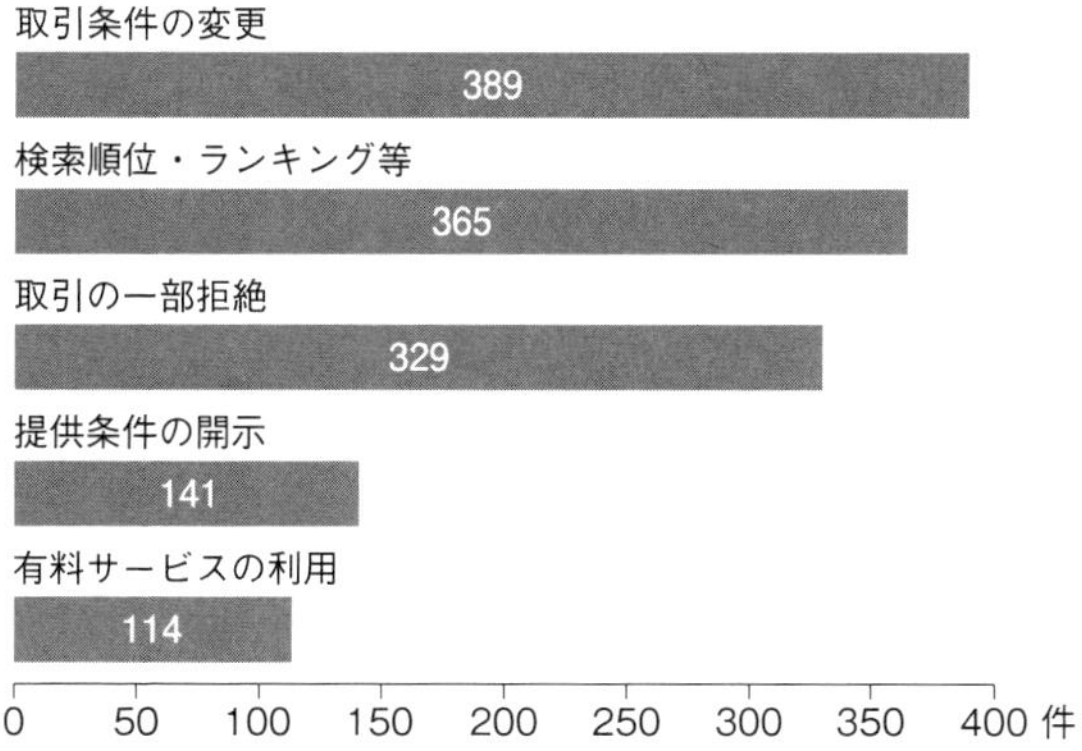

（出所）経済産業省窓口に寄せられた相談（2021年度）

有益なレビューが期待できるためだ。

事業者が運用を外部から見えない「ブラックボックス」としているのも、やむをえない面がある。計算の仕組みが分かってしまえば、意図的な投稿によって点数を操作する不正行為を招きかねない。食べログ側の関係者は「実際に客を装った『サクラ』を使って点数を上げていたと見られるチェーン店もあった」と明かす。

訴訟でも食べログを運営するカカクコム側はアルゴリズム変更について「一般消費者の信頼を確保するために必要な変更だった」と主張。その上で第三者が裁判記録を閲覧できない「制限」も申し立て、認められた。

食べログのアルゴリズム変更は妥当だったのか。最大の争点を巡り、司法判断は割れた。22年6月の一審判決はチェーン店を対象にした評価点下落は「手段として相当ではない」と判断し、カカクコム側に3840万円の賠償を命じた。

「アルゴリズム」を巡って分かれる判断

これに対し、24年1月の二審判決は変更はチェーン店対象の部分だけにとどまっていないとした上で、一連の変更は「消費者の感覚とのズレの是正」「不正な口コミの影響の排除」の目的があったと認め、賠償を命じた一審判決を覆した。

日本で独禁法違反が民事訴訟で争われることは少ない。優越する地位にある相手と法廷闘争を続けることが現実的に難しいだけでなく、相手の違反行為の立証責任も原告側が負うことのハードルが高いためだ。企業が取引先を「優越的地位の乱用」で自ら訴え、司法に認定されたケースは少ないと見られる。

ただ、事業者は食べログなどの「デジタルプラットフォーム」に自らの経営を依存せざるをえなくなっているのが現状だ。圧倒的に強い立場にある検索サイトなどに対する事業者側の納得感は高くはない。経済産業省が22年に公表したデータによると「検索順位・ランキング等」（３６５件）や「取引条件の変更」（３８９件）などに関する相談が窓口に多く寄せられていた。

「声をあげるのは怖い」

地裁で審理中だった20年12月、社長は同様に被害を受けたチェーン店を募るため「被害者の会」を立ち上げた。似た境遇の飲食店と集団訴訟につなげる狙いだったが「声をあげるのは怖い」「裁判費用が用意できない」と後に続く企業はほとんど現れなかった。

長引く訴訟は韓流村の経営を圧迫している。社長は23年末、銀行に頼み込んで当座資金のつなぎ融資を受けた。食べログの点数が下がってから４年と８カ月。ゼロから育てた企業が直面した苦境はやはり不当な仕組みが原因だったのか。それとも合理的な計算の産物なのか。結論が最高裁に持ち越される中、きょうも多くのユーザーがサイトに表示された点数を参考に行く店を探している。

第9章

若者たちの心に、司法はどこまで迫れるだろうか

CASE 1

歌舞伎町リンチ死、「トー横」に集まる若者たちの希薄な関係と暴力性

正座が崩れるたびに座り直させ、輪になって顔や胸を蹴り続ける。43歳の男性を死に至らしめたのは若者たちの理不尽な暴力だった。舞台は東京・歌舞伎町の一角、通称「トー横」。かつて違法風俗店やカジノが並んでいた街は、「浄化作戦」と再開発を経て、娯楽の集積地を目指したが、引き寄せたのは居場所を求める「キッズ」たちだった。

2021年11月末、眠らない歌舞伎町のネオンが消え、人の姿が減る午前8時ごろ。10階建て雑居ビルの屋上で、ひとりの男性が若者たちに囲まれていた。

中心にいたのは互いを「兄弟」と呼び合っていたアオイ（26）とノボル（28）。「助けてほしい」とすがる男性をかまわず蹴り続けた。男性は肋骨30カ所以上を骨折し、臓器も損傷。そのまま放置され、亡くなった。

「トー横のお父さん」

男性と若者らの接点が「トー横」だった。歌舞伎町の中心にある新宿東宝ビルの周辺を指す。虐待やいじめなどの事情を抱え、家庭や学校に居場所のない少年少女らがＳＮＳを通じて集まっていた。

男性は彼らの悩み相談に乗り、食事をともにすることもあった。「トー横のお父さん」として知られ、定期的に出入りしていたアオイとノボルとも面識があった。

だが、理不尽な暴力は突如噴出する。傷害致死罪に問われた2人の公判で検察側が明らかにしたのは、ささいな理由から暴行がエスカレートしていく様だった。

トー横と呼ばれる地域とその周辺

（注）取材に基づく

「オレの名前を勝手に出した」「迷惑かけんなや」――。事件当日、不良少年グループとトラブルになった男性は、トー横の武闘派だったアオイとノボルに助けを求めた。駆け付けた2人は、解決のため勝手に名前を出されたことを理由に逆に暴行を主導する側に回った。

「名前を使われることが（暴行の）正当な理由になると思っているのか」。公判で問いただされると、アオイは短く「はい」と答えた。理由については多くを語らないまま実刑判決を言い渡され、審理は終わった。

事件が起きたとき、アオイとノボルは出会って1カ月もたっていなかったとされる。それぞれ相手の本名も出身地も知らなかった。ノボル

相談できる人がいる場所

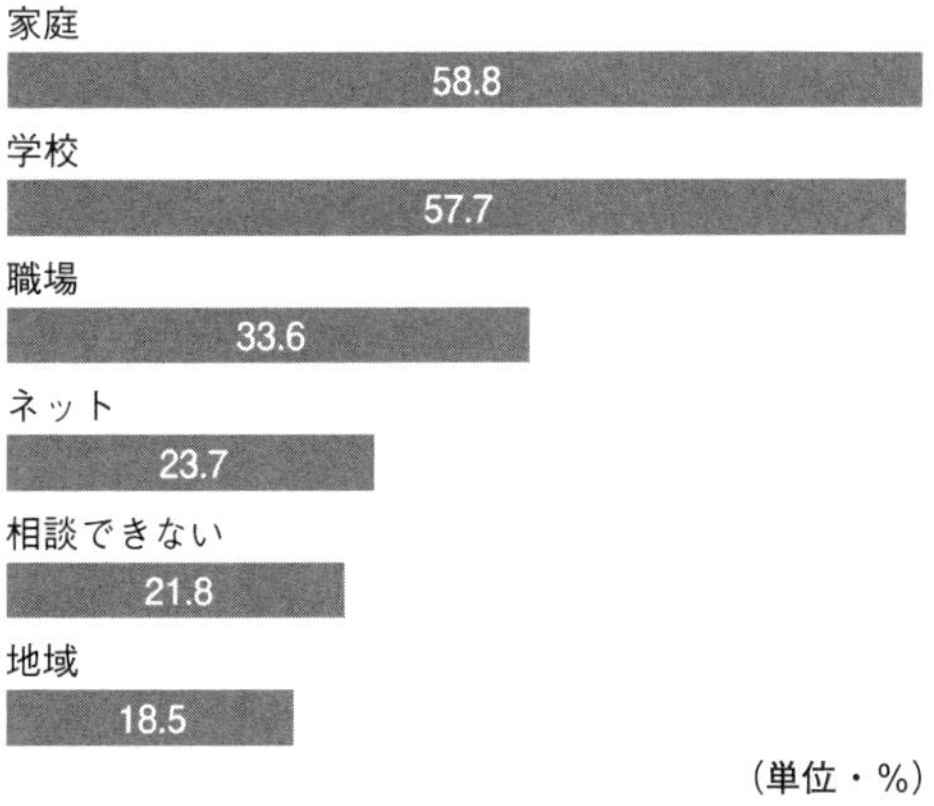

（注）13～29歳対象のアンケート調査
（出所）内閣府（2019年度）

はアオイの公判で「彼がついてきてくれるなら今後も関わりたい」と呼びかけたが、アオイは「もう関係を続けないと思う」と素っ気なかった。

「何の目的で暴行されなければならなかったのか、納得できる部分は何一つなかった」。公判に参加した被害男性の兄は、希薄な関係の若者たちがまとう暴力性を理解できずにいる。

「弟は情に厚く、人が寄ってくるタイプだった。その人柄につけこんで、理由のないいじめのターゲットにしていただけなのか」。釈然としない気持ちを抱え、今も現場となった雑居ビルに足を運ぶ。

違法風俗店やカジノ、悪質な客引きが横行

していた新宿・歌舞伎町。00年代前半に「浄化作戦」が展開され、新宿区はその後、地元商店街などと連携して大衆文化や娯楽の拠点に生まれ変わらせる方針を掲げた。それに沿って、東宝は新宿コマ劇場跡地に約230億円を投じ、15年に新宿東宝ビルを開業した。

「ほっとできる場所がどこにもない」

ゴジラの頭部がのぞく真新しい高層ビルは、国内外から多くの観光客を呼び込む街の新たなシンボルとなった。想定外だったのは引き寄せられた中に未成年も多数含まれていたことだろう。

区によると、18年ごろから「トー横キッズ」と呼ばれる子どもたちが集まりだした。いつしか未成年飲酒や薬の過剰摂取、子どもを狙った性犯罪などが横行する場として知られるようになる。区の担当者は取材に「歌舞伎町が悩み多き青少年の居場所としてSNS上で有名になるとは思わなかった」と漏らした。

計画通りに進まないことはよくあるが、難しいのは若者や子どもがSNSをたどって集まる流れを止められないことだった。内閣府の19年度調査で、13〜29歳の男女1万人の約5％

が「ほっとできる場所がどこにもない」と回答。困ったときに「どこにも助けてくれる人がいない」という回答も10％を超えた。警察は摘発や保護を進めているが、日常に居場所がなければ彼らはまた戻ってくるという。

「トー横ミドル」「トー横シニア」も

23年4月に地上48階建ての「東急歌舞伎町タワー」が開業し、周辺はにぎわう一方だ。新型コロナウイルス禍前の喧噪《けんそう》を取り戻しつつある歓楽街にはキッズだけでなく「トー横ミドル」や「トー横シニア」と呼ばれ始めた中高年層の姿も見える。

「光のタワーの演出が歌舞伎町に新たな彩りをもたらします」。施工会社が完成時に高らかにうたった再開発。強すぎる光が寄る辺なき若者らを引き付け、足元に暗い影を落としたのだろうか。

CASE

2

京大院生が就活WEBテストを替え玉受検、関電入社後も「副業」継続

関西電力に勤務していた男の「副業」は、就職活動中の学生になりすました適性検査の受検代行だった。不正を助長するれっきとした違法行為だが、いつしか受け取る感謝の言葉にやりがいを覚え、過ちを省みることはなくなっていた。「人助けのつもりだった」と法廷で説明したが、罪に問われた男だけでなく、誘惑に負けた就活生も「罰」を受けることになる。

「京都大学大学院卒、ウェブテスト請負経験4年」「通過率95%以上、どんな方でも募集中」――。受検代行業として活動中だった当時のツイッター（現X）のプロフィル欄に、キャリアと実績を誇示するうたい文句が並んでいた。男は2科目で4000円と割安感もアピール。就活に不安を抱える学生からのメッセージが途絶えなかった。

始めたきっかけは2019年春、友人からの誘いだった。ウェブ型適性検査（WEBテスト）は基礎学力を測る問題と、性格の傾向を把握する問題の2種類がある。学力問題で基準点を設定する企業もあり、抜け目ない学生らの間で既に「替え玉受検」は横行していた。当時まだ大学院生だった男は、学力という自身の強みを生かせるバイト感覚で代行請負に手を染めた。

「人助けになると思っていた」

最初の頃はあっせん業者を通じて依頼を受けていたが、報酬の取り分を大きくするため、20年8月にツイッターで直接募集を開始。この頃から「仕事」に対する向き合い方が変わったという。

就活WEBテスト「替え玉」事件の構図

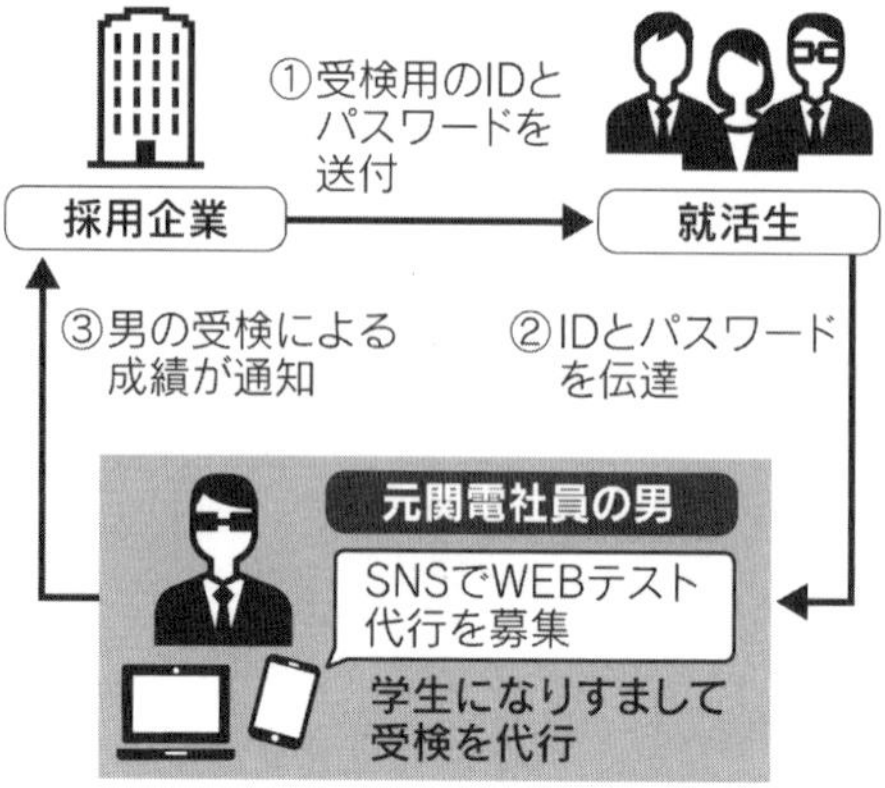

（注）検察側冒頭陳述に基づく

「無事内定を得られた方から報告いただきました！」「人生が変わる経験に携われて本当にうれしいです」。依頼に応えた充実感や達成感を熱っぽくつづるツイッターの文面からは、公正な試験をゆがめたことへの自責の念はみじんも感じられない。

やがて小遣い稼ぎで始めた受検代行にやりがいを見いだし、没頭するようになる。大学院を卒業し、関西電力に入社後も「副業」として熱中。退勤後に自宅で明け方までテストを受け続けたこともあった。

働き方が多様化する中、国は副業の広がりと定着に向けた旗を振っている。18年に企業や労働者向けの指針を作成。総務省の調査によると、

副業者数の推移

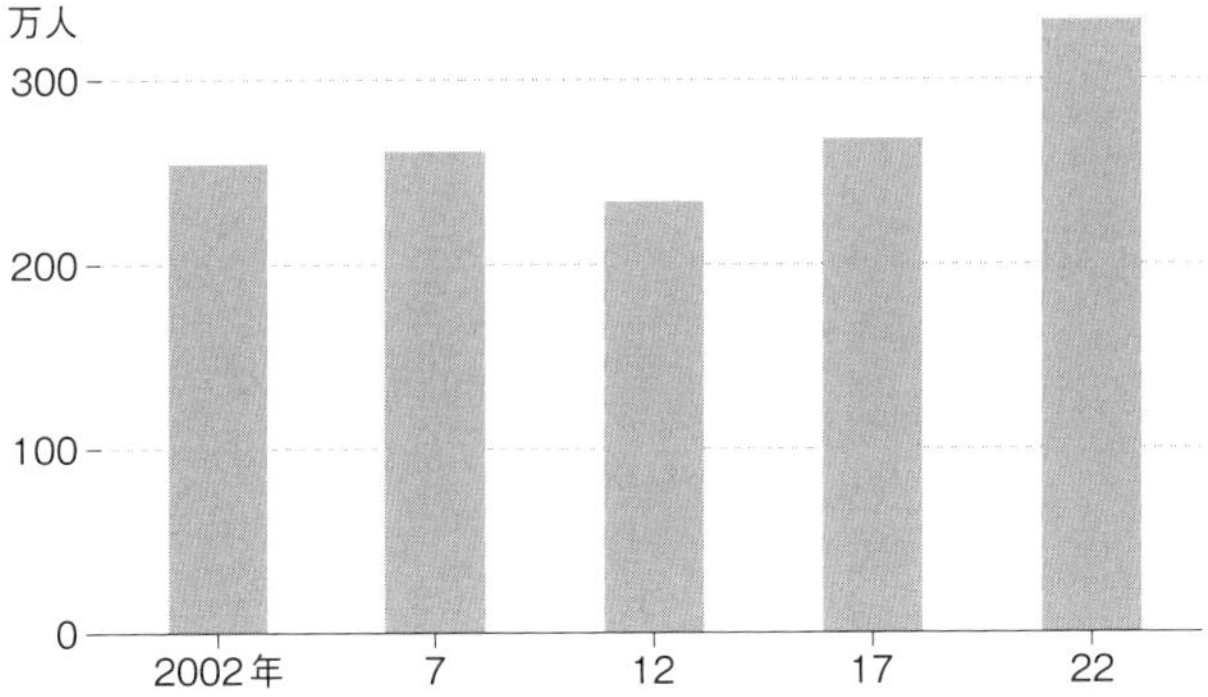

（出所）総務省「就業構造基本調査」

22年の副業者数は３３２万人と前回調査（17年）から64万人増えた。本業以外の経験が新たな技術や知識の習得に役立つという考え方は根付いてきている。

だが、能力が生かせてやりがいがあっても、不正な稼ぎ方であればやがて捜査当局の目に留まる。男のアカウントは警視庁のサイバーパトロールで見つかり、22年11月に私電磁的記録不正作出・同供用容疑で逮捕された。受検代行で摘発されたのは全国で初めてだった。捜査関係者によると、男の仕事の「実績」は累計４０００件以上、受け取った報酬も４００万円を超えていたという。

23年3月、東京地裁で開かれた公判で男は起訴内容を素直に認めた。「今振り返ると間違いだと思うが、当時は人助けになると思っていた」とした上で、動機を「優秀な人が通過できず面接に進めないのがかわいそうだと思った」と説明。ツイッターで語っていた持論と重なる、順法意識の欠けた優しさだった。

判決は懲役2年6月、執行猶予4年。「ウェブでの採用試験に対する信頼を著しく害した刑事責任は軽視できない」と断罪されたが、反省の態度も考慮され実刑は免れた。

学生2割が「不正続ける」

大量の応募者を効率的にふるい分けるツールとして、採用担当者に重宝されているWEBテスト。普及に拍車がかかったのが新型コロナウイルス禍だった。自宅のパソコンから受検できる特性が「非接触」の時代に適合した。

マイナビの調査によると、23年卒の採用活動で上場企業（回答359社）の79・9％が実施を予定していた。会場などで受けるペーパー型の15・4％を大幅に上回った。

事件はWEBテストにおける不正の実態を明らかにしたが、懸念は今も消えていない。人工知能（AI）を監視に活用するなどの取り組みは進んではいるものの、実効的な対策はなく、就活生のモラルに頼らざるを得ない面が大きい。

男の逮捕により「顧客」の大学生3人も書類送検された。このうち1人は商社や金融機関など23社の採用試験で代行を依頼していた。警察の調べに対し「当初は自力で受検していたが、不採用が続いたので替え玉を依頼した」と説明した。3人はいずれも不起訴処分となったが、不正で通過した採用選考や内定は辞退を余儀なくされた。

そもそも男の副業が成立したのは利用者がいたからだ。心の弱さや焦りから就活生が甘い誘惑に負けてしまう限り、不正なビジネスはなくならないのかもしれない。

Xでは今も依頼を募集中と見られるアカウントが複数見つかる。就活支援の「DEiBA Company」（東京・千代田）の事件後の調査で、24年春卒業予定の学生約990人のうち23％が、友人や業者に頼むといった不正受検を「続ける」と回答した。

CASE 3

中学生の息子をいじめた生徒を父母が140分追及、訴訟合戦の泥沼に

中学生の息子をいじめた男子生徒に、夫婦は強い言葉を抑えられなかった。殺人事件の容疑者を挙げて「そっくりだ」となじり、シラを切り続ける相手に慰謝料を求める裁判を起こした。だが、逆に相手の生徒から「一方的な追及で精神的に追い詰められた」と訴え返された。争いの場を法廷に移した非難の応酬は5年過ぎても終わらず、泥沼となった。

２０１８年4月、ある日の午後6時ごろ。東京都内の公立中学校の教室で、１組の夫婦が息子をいじめた相手が来るのを待っていた。やがて中学3年の男子生徒（当時）が母親に付き添われて入って来た。学年主任が両者を引き合わせると、妻が早速切り出した。「うちの息子が不登校になっている。お聞きになっていますよね」

発端は約半年前の席替えだった。「私語がうるさい」と感じた息子から相談を受けた妻が、担任に「席替えをしてほしい」と要望。実際に席替えがされた後、面白くないと感じた男子生徒ら数人のクラスメートから息子が嫌がらせを受けるようになったという。

「知らない」の一点張り

夫婦側の訴訟資料などによると、男子生徒らは「（息子が）トイレの後に手を洗わない」などと言い回り、モノマネをしてからかった。息子は日記に「尻に膝蹴りをしてきた」とも書いた。18年1月ごろから別室で自習するようになり、3月からフリースクールに通い始めた。心的外傷後ストレス障害（ＰＴＳＤ）の診断も受けた。

いじめを主導したと見られる男子生徒側との面会の場は、夫婦の求めを受けて学校側が設

いじめを巡る訴訟のイメージ

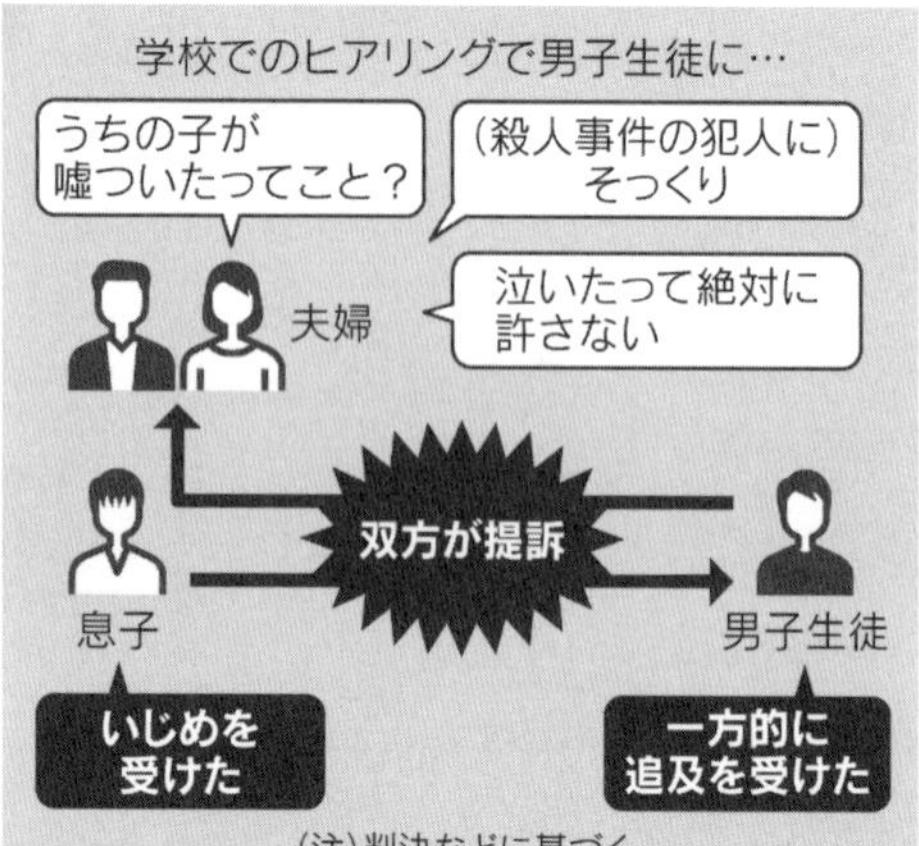

（注）判決などに基づく

定した。当の男子生徒は「知らない」「言っていない」と首を振るばかり。「うちの子が嘘ついたってこと？」「悪口は言えても本当のことは言えない？」。夫婦の言葉は次第に鋭さを増していく。夫は少し前に起きた殺人事件の容疑者を取り上げて言った。「そっくりですよ。あんた、そういうふうになるよ」。男子生徒の母親は「なんですか、その言い方は」と抗議。男子生徒も机をたたいて泣き叫んだが、夫は「泣こうが何しようが絶対に許さない」と告げた。

ヒアリングが終わったのは午後8時ごろ。追及は約2時間20分に及んだ。

いじめを認めない相手側に対し、息子は20年11月、いじめの賠償を求めて男子生徒ら同級生2人を提訴した。その3カ月後、逆に夫婦から

全国の小中高校などのいじめ認知件数

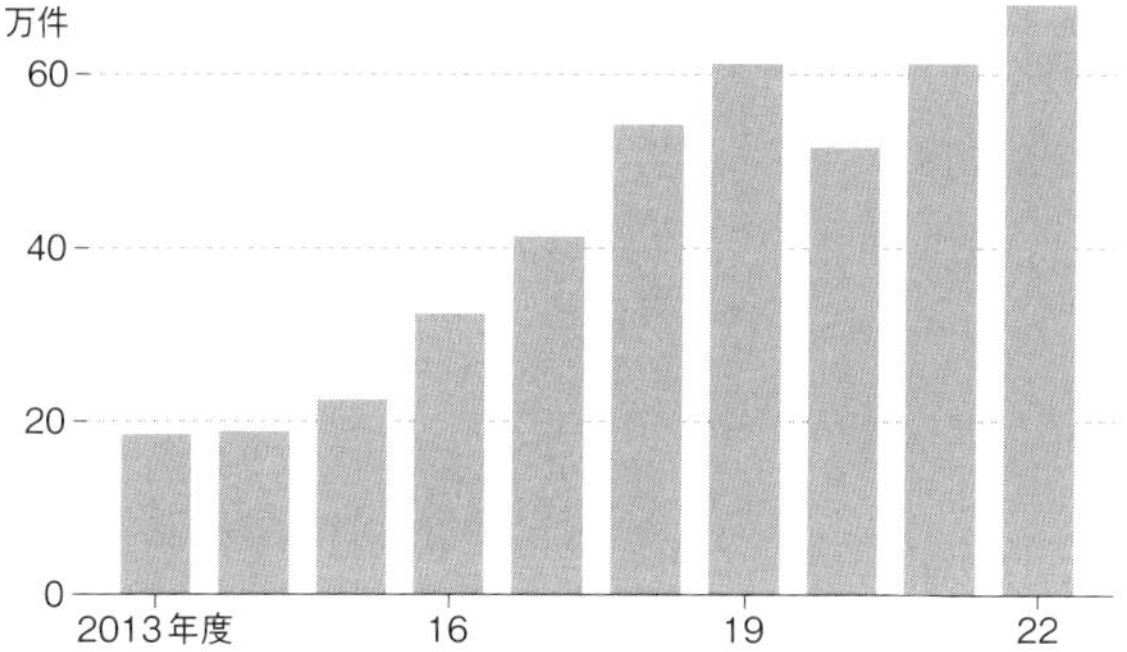

（出所）文部科学省

一方的な非難の言葉を浴びたとして男子生徒が慰謝料を請求する訴訟を提起。事態は「訴訟合戦」の様相を呈する。

息子は裁判で「普通に学校で勉強したかっただけなのに、なぜあんなにひどいことをされたのか納得いかない。彼らはいじめを認めていないし、反省もしていない」と陳述。今も精神的な不調が続き、薬を服用していると明かした。

夫婦は書面で感情をむき出しにした。夫は面談時の男子生徒が「聞いていない、やっていない、知らないの一点張り」だったとして「被害者感情を逆なでする不誠実なものだった」と強調した。

一方の男子生徒はヒアリング以降、体調不良に苦しんできたと主張した。陳述書によれば「外に行こうとしても体が動かなくなり、学校に行くことができなくなった」と言い、中学卒業後に進んだ高校も思うように通えなかったとした。「思い込みでいじめをしたと言われるのは納得いかない」と、いじめに当たる行為はなかったと反論した。

双方が慰謝料を請求

夫婦との面会について、男子生徒は「何を言っても聞き入れてくれなかった」。男子生徒の母親も陳述書で、特に相手の妻に対して「自分の子どもの言うことが全て正しいと思っている」との印象を抱いたと振り返った。

双方が慰謝料を請求した訴訟の判決は23年10月、下された。東京地裁はまず、他の生徒への聞き取り調査などをもとに、息子への行為の一部が「いじめに当たる」と認定した。「悪質性は高い」としながらも、PTSD発症との因果関係までは認められないとして、男子生徒らに各5万円の賠償を命じた。

続いてヒアリングでの夫婦の言動を検討した。男子生徒を犯罪者に例えた夫の発言を「自分の人格や将来を否定されたと感じてもおかしくない」と問題視。「14歳の中学生に威圧感を与え、精神的苦痛を味わわせるもので不適切な面があった」と認定した。

長引いた争い

ただ、事実関係の否定に終始した男子生徒の態度に「思わず攻撃的になってしまった面は否定できない」と夫婦に理解も示した。声を荒らげたのも一部の場面にとどまるとして、男子生徒側の請求は全面的に退けた。きっかけとなったいじめやヒアリングから、5年以上が過ぎていた。

文部科学省によると、全国の小中高校などで22年度に認知されたいじめの件数は68万件で過去最多を更新した。我が子が当事者になる可能性は一層増している。いじめが許されないのはいうまでもないが、加害者もまた子どもで、大人が鋭利な言葉を投げつけていいことにはならない。判決はそうクギを刺した。

だが、実際に苦しんでいる我が子と、事態に向き合おうとしない相手方を前にしたとき、果たしてどれだけ慎重に言葉を選び、冷静に対応できるだろうか。そもそも当事者同士を引き合わせた学校側の対処は適切だったのか。名も無き訴訟がいくつもの難題を突きつける。

CASE

4

東大前刺傷事件、「偏差値70以下は人間じゃない」と語った少年の嗚咽

「東大理3」志望を公言するも、成績が伸び悩んでいた高校2年の少年は、東京都文京区の東京大学前で受験の日に人を刺し、自らも死のうとした。高校受験での不合格を機に、拘置所でも参考書を開くほど自分を追い詰めていた。「勉強以外にも人を測る『ものさし』を考えてみてください」と語り掛けた裁判長の言葉は少年の胸にどう響いたのか——。

2022年1月15日、都心は朝から冷え込み、空はうっすら雲がかかっていた。午前8時半ごろ、高校3年だった女性は大学入学共通テストを受けるため、会場の東京大に向かって歩いていた。セーターにジャンパーを重ね着し、マフラーを巻いて寒さ対策は万全だった。キャンパス前で突然、体に衝撃を感じた。走り去る学生服姿が見えた。リュックサックと服を貫通するほどの力で背中を刺され、その場に倒れ込んだ。

女性を含む3人に対する殺人未遂などの疑いで逮捕されたのは、名古屋市内の進学校に通う少年。法廷では凶行に及んだ理由を「人を殺せば罪悪感で自殺できると思った」と語った。何にそこまで追い詰められていたのか。

「自分だけ落ちた」

法廷供述によると、少年は中学2年の頃、世界で活躍する医師をテレビ番組で見て憧れを抱いた。好きな漫画などを断って勉強にのめり込み、呼応するように成績は伸びた。3年時に学年で1桁台の順位をとり、通っていた塾から愛知県外の進学校の受験を勧められた。これが結果的にターニングポイントとなった。

東大前刺傷事件までの主な経緯

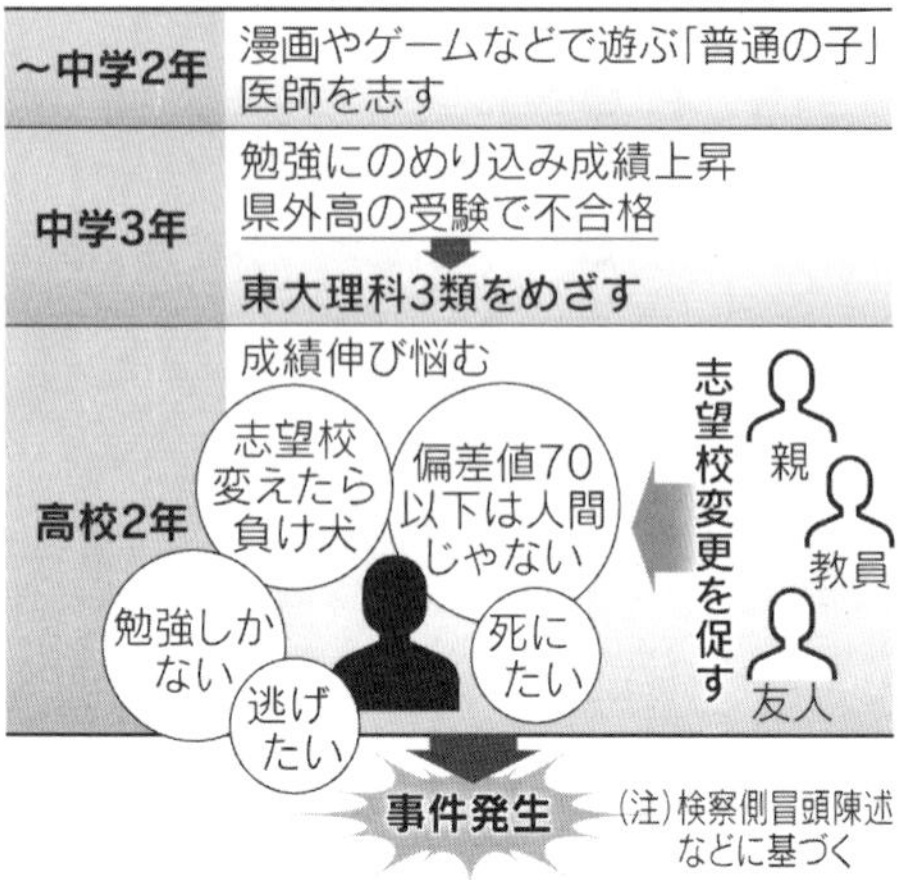

～中学2年
漫画やゲームなどで遊ぶ「普通の子」
医師を志す
中学3年
勉強にのめり込み成績上昇
県外高の受験で不合格
東大理科3類をめざす
高校2年
成績伸び悩む
志望校変えたら負け犬
偏差値70以下は人間じゃない
勉強しかない
逃げたい
死にたい
志望校変更を促す
親
教員
友人
事件発生

（注）検察側冒頭陳述などに基づく

県外高はすべて不合格で、県内の進学校に通うことになった。塾の仲間は全員が一緒に受けた県外の高校に受かっていた。

「自分だけ落ちたという醜態、失態が許せなかった。汚名返上、名誉挽回をしたいという気持ちになった」。医学部に進む東京大理科３類の合格を自分に誓った。

「理３に行く」。高校入学時、少年はクラス全員の前で宣言した。当時のクラスメートは「ひとりひとりに使っている参考書を聞いて回っていた。印象に残っている」と振り返る。休み時間も勉強していたという。

２年に進級した頃、睡眠は２時間ほどになっていた。起きているほとんどの時間は勉強に充てた。眠くなったときはカッターナイフなどで

企業が採用基準で重視する項目

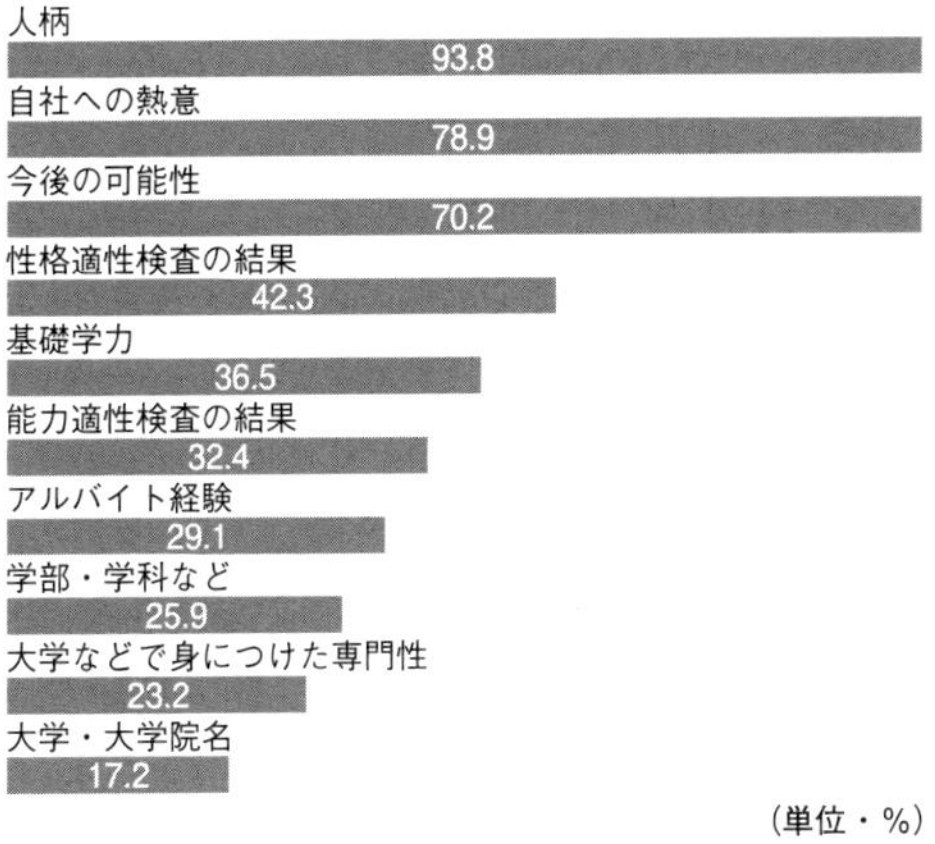

（注）複数解答

（出所）リクルート就職みらい研究所「就職白書2023」

自分の体を傷付けた。

周囲も同じように受験勉強に力を入れだすと学内の順位はみるみる落ちた。勉強しても一向に上がらない。両親や担任は志望校の再考や文系への転向を促した。その方がいいと頭で理解しつつ「理3を諦めたら周りに負け犬だとばかにされる」と考えた。

成績が伸び悩む自分を許せなくなった。2年の冬には「偏差値70以下は人間じゃない」と父親に話すほどに思い詰めていた。後に精神鑑定に携わった専門家は「勉強からどう逃れようか苦しさが垣間見える時期だった」と分析した。少年は自殺と家出を考えるようになり、1カ月後、事件を起こした。

「受験戦争」が過熱したのは1960年代の高度経済成長期。大企業への就職の足がかりとして難関大学を目指す学生があふれた。それから半世紀以上。現在は東京大に多数合格する進学校でも海外の大学を受ける生徒が少なくない。進路の選択肢は多様化している。

リクルート就職みらい研究所の「就職白書2023」によると、企業側が採用選考で重視する要素（複数回答）で最も多かったのは「人柄」で93・8％を占めた。続いて「自社への熱意」（78・9％）「今後の可能性」（70・2％）などが上位に入り、「基礎学力」は36・5％、「大学・大学院名」は17・2％で10番目だった。いわゆる「学歴フィルター」は薄まりつつあるといえる。

「自分には勉強しかない」

だが、少年は意識を変えられなかった。事件を起こす前、自分の学歴や収入をあげるためなら他人は蹴落とす対象だと捉えていた。逮捕後も拘置所内で開いたのは参考書だった。「自分には勉強しかない」。罪を償うため、稼げる職業につくには学力が必要だと考えていた。

検察側は懲役7年以上12年以下の不定期刑を求刑。弁護側は保護処分を求めた。更生を願っていたのだろうか。「周りからの救いがあれば事件を起こさなかったのではないか」と投げかける裁判員もいた。

法廷で証言に立った両親は、進学先や将来の職業について強要したことはなく、息子の内心は事件後に初めて知ったと明かした。「勉強ばかりしていて心配だった」「もう少し気にかけてあげられれば」と悔やんだ。

「素直に生きていきたい」

「勉強以外にも人を測る『ものさし』を考えてみてください」。被告人質問でそう諭した裁判長は23年11月の判決公判で「正面から向き合って、改善する努力をしてください。人生に対する希望を見つけて、社会復帰してほしい」と説諭した。判決は懲役6年以上10年以下の不定期刑。閉廷後、少年は背中を曲げ、頭を下げ続けた。

「虚栄心や功利、学歴で自分を押し殺したり、自分の価値を決めたりせず素直に生きていきたい」。最終意見陳述で嗚咽《おえつ》をもらしていた少年。価値観を変えるのは勉強よりも難しいかもしれない。視野を広げるために周囲や社会がどう関われるのか。事件はそんな教訓も残した。

おわりに

司法記者や法務担当者として幾つかの裁判所で傍聴した経験がある。閉廷後に東京地裁を出て横断歩道を渡れば、すぐそこは日比谷公園。京都地裁なら京都御苑、神戸地裁なら湊川神社で一息ついた。

廷内の緊張とは異なり、トラブルと無関係に見える人々の表情は一様に明るい。ただ、憩いの場と裁きの空間とを隔てるものは、たった一本の道路しかない。

ある日突然、一通の内容証明郵便が届く。無視していると、今度は赤く「特別送達」と印字された封書を郵便局員に手渡された。中身は訴状。放置しておけば訴え通りの判決が下されるらしい。どうすればよいのか――。

日本経済新聞は2023年7月から毎週金曜日に「揺れた天秤～法廷から～」を電子版で公開している。実際の民事訴訟や刑事事件を題材に「誰もが陥りかねない社会の落とし穴」を浮き彫りにするコラムだ。身につまされるような事例を取り上げているせいか、読者の反響は小さくなく、このたび日経BPの提案で書籍としてまとめることになった。記者たちが生活者かつビジネスパーソンとしての問題意識に基づいて発信した連載を更に厳選。書籍タイトル、ヤギワタルさんによる表紙のイラストともコンセプトを見事に表す形で仕上がった。

分厚い訴訟記録と向き合い、取材・執筆に当たったのは日頃から裁判・事件取材に携わる記者たちだ。最高裁、高裁、地裁を幅広く担当する嶋崎雄太はじめ15人の執筆者の名前を巻末に記載した。

「法の不知はこれを許さず」という法諺《ほうげん》がある。法律を知らなかった場合でも違法行為は罰せられる、との趣旨だが、本書にある具体的なトラブルを巡る適用法令や法解釈、司法判断を読むにつけ、得られるべき権利を守るためには「法の知」が不可欠であることを実感する。きっと読者にも同じ思いを共有していただけるだろう。

発刊のお声がけは日経ビジネス・クロスメディア編集部から頂いた。全般的な編集を担当された小野田鶴・副編集長の熱意あふれる姿勢には感服の一言だった。様々な取材テーマを抱える中、私のわがままに対応してコラムを発信し続けてくれるデスクや記者陣の奮闘ぶりと併せ、最後に感謝申し上げたい。

日本経済新聞社　社会部長　尾崎実

初出・執筆者一覧

第1章　会社員たちの転落劇。小さな慢心が悲劇を呼ぶ

CASE1　洗剤「お持ち帰り」で失った銀行副店長のポスト。懲戒解雇はやりすぎか？　2024年5月10日／嶋崎雄太
CASE2　入社歓迎会で泥酔からの暴言、失った「商社内定」の切符は重かった　2023年10月6日／嶋崎雄太
CASE3　誠実勤続30年の教員、たった1度の飲酒運転で退職金1720万円を失う　2023年8月18日／嶋崎雄太
CASE4　妻との関係悪化で手を染めた覚醒剤、やめられなかった大手私鉄の検査主任　2024年6月21日／嶋崎雄太
CASE5　会社支給のスマホで集団移籍のグループチャット、引き抜き工作が明るみに　2023年10月13日／木村梨香

第2章　まさか、あの会社で。有名企業のスキャンダル

CASE1　ソニー生命不正送金、詐欺でも「返した」ビットコイン運用益は53億円　2023年7月28日／嶋崎雄太
CASE2　隠れ副業の負債で追い込まれたソフトバンク部長、起死回生策は投資詐欺　2024年9月20日／小西雄介
CASE3　近ツー過大請求事件、真面目な社員たちが会社のために犯した組織的な悪事　2024年3月22日／森賀遼太
CASE4　営業秘密を持ち出した「かっぱ寿司」元社長、「すごいと思わせたかった」　2023年7月14日／嶋崎雄太、菊池喬之介
CASE5　積水ハウス地面師事件、社長視察後、稟議書は猛スピードで社内を回った　2023年12月1日／柏木凌真

第3章　平穏な家庭が壊れていく。溶けていくお金に、ご近所トラブル

CASE1　「仕組み債」で1000万円を溶かした母、証券会社の責任は？　2024年7月19日／木村梨香
CASE2　たった1人の住人が乱す平穏、マンション理事長は103号室の競売を求めた　2025年1月10日／嶋崎雄太
CASE3　夢の大型マンション「晴海フラッグ」、入居延期でかさむ賃料をどうする？　2024年1月12日／嶋崎雄太、伊藤仁士
CASE4　イブに届かぬピザ。52分遅れで訴訟を起こした　元夫と家族たちの「後味」　2024年12月20日／木宮純
CASE5　隣人は見ていた。防犯カメラが夫婦の暮らしをがんじがらめにする　2024年3月15日／嶋崎雄太

第4章　会社員はつらいよ。今どき職場の悲喜こもごも

CASE1　「文句があるなら代案を出せ！」、会議で手が出て1億4000万円の賠償請求　2024年1月19日／嶋崎雄太
CASE2　チャットでこぼした愚痴が社長に知られ、「テレワーク禁止」からの自主退職　2023年9月8日／嶋崎雄太
CASE3　米国人上司が「ババア」「かわいくない」と女性部下に発言、解雇は違法か？　2024年10月18日／中川紗帆
CASE4　非常勤講師の雇い止め。理由は成績評価が厳しく、学生に不人気だから　2024年4月12日／三宅亮
CASE5　「違法と知りながら上司が強要」した偽装請負、過大な負担でうつ病に　2024年5月24日／大野永暉
CASE6　通勤電車で泥酔客から女性客を救った男性、「名誉の負傷」に労災は認められず　2024年4月5日／嶋崎雄太
CASE7　育休から復帰したら部下がゼロに。「こんなに休む人はいない」　2024年2月2日／木村梨香
CASE8　「出禁」になった運送会社、売り言葉に買い言葉で社員と係争に　2024年6月14日／嶋崎雄太
CASE9　定年後再雇用による基本給6割カット、「不合理」ではないのか？　2024年3月1日／秦明日香

第5章　パパ活なのか、恋なのか。男女のすれ違いが事件になるとき
CASE1　50代会社役員が「恋人」と信じた女子高生には、「本当の彼氏」がいた　2024年3月8日／伊藤仁士、小林伶
CASE2　理事長の秘密の「隠し子」、母が書いた誓約書は子を縛るのか？　2024年8月16日／嶋崎雄太
CASE3　認知症の妻を絞殺した元大学教授、「妻がここにいて、ワイン1杯があれば」　2023年11月10日／秦明日香
CASE4　遺族年金を争った「2人の妻」、余命2年の夫がかけた突然の電話の真意は？　2024年5月17日／野村健太、秦明日香

第6章　秘密資金に粉飾、脱税……闇落ちする経営者たち
CASE1　秘密資金2800億円に騙された外食チェーン会長、「まだ先生らを信じたい」　2024年10月11日／藤田このり
CASE2　「自分の代で潰すわけにはいかない」、100年企業を守るため手を染めた粉飾　2024年10月4日／菊池喬之介
CASE3　「四顧の礼」に根負けして脱税ビジネスに加担、闇落ちした国際派税理士　2023年12月22日／柏木淩真
CASE4　インサイダー取引の抜け道と勘違いした副社長、「この程度ならいいと思った」　2023年10月27日／秦明日香

第7章　職場であった本当に怖い話。日常に流れる狂気
CASE1　上司を消火器で殴打、「パワハラを受けた」の主張は認められなかった　2023年10月20日／嶋崎雄太
CASE2　勤務中にパンダのかぶり物、「最低評価を目指す」という社員をどうする？　2024年11月15日／木宮純
CASE3　1分の遅刻で罰金100万円、「絶対服従」を求める元同級生との歪んだ関係　2024年7月5日／嶋崎雄太
CASE4　睡眠薬服用で搬送された店長、大量発注は本当に独断だったか？　2024年2月16日／嶋崎雄太
CASE5　自分の名前で上司を罵る身に覚えのないチャットが……、アクセス権限悪用の恐怖　2023年11月3日／小林伶
CASE6　結果を出さなければクビかも。上司に示唆されて名刺データに不正アクセス　2024年7月12日／小林伶
CASE7　カスハラなのか？　言い争いを仲裁した「道の駅」責任者に慰謝料請求　2024年9月13日／嶋崎雄太

第8章　SNSの闇。バズりから生まれる誹謗中傷、毀誉褒貶
CASE1　編み物系ユーチューバーが削除申請を乱用、ライバル動画を次々と封殺　2024年8月23日／小西雄介
CASE2　「バズる」動画で〝男気〟が売りの社長が暴走、ハラスメントで訴えられる　2024年8月9日／木宮純
CASE3　「ファスト映画」で賠償5億円、「タイパ」便乗商法の重過ぎる代償　2023年9月29日／伊藤仁士
CASE4　食べログ訴訟、大量閉店させたアルゴリズム変更の適否　2024年1月26日／藤田このり、伊藤仁士

第9章　若者たちの心に、司法はどこまで迫れるだろうか
CASE1　歌舞伎町リンチ死、「トー横」に集まる若者たちの希薄な関係と暴力性　2023年9月1日／伊藤仁士、菊池喬之介
CASE2　京大院生が就活WEBテストを替え玉受検、関電入社後も「副業」継続　2023年9月22日／森賀遼太
CASE3　中学生の息子をいじめた生徒を父母が140分追及、訴訟合戦の泥沼に　2023年12月8日／嶋崎雄太
CASE4　東大前刺傷事件、「偏差値70以下は人間じゃない」と語った少年の嗚咽　2023年11月17日／秦明日香、菊池喬之介

まさか私がクビですか？
なぜか裁判沙汰になった人たちの告白

2025年 3月17日　初版第1刷発行
2025年 6月17日　初版第3刷発行

著者	日本経済新聞「揺れた天秤」取材班
発行者	松井 健
発行	株式会社日経BP
発売	株式会社日経BPマーケティング 〒105－8308 東京都港区虎ノ門4－3－12
ブックデザイン	小口 翔平＋神田つぐみ（tobufune）
校正	株式会社聚珍社
編集	小野 田鶴
制作	クニメディア株式会社
印刷・製本	TOPPANクロレ株式会社

本書籍に関するお問い合わせ、乱丁・落丁などのご連絡は下記にて承ります。
https://nkbp.jp/booksQA

ISBN 978-4-296-20750-3